고사성어, 중국과 만나다 1

엮은이 | **김동광** 金東光

• 중국 길림성 연변 출생
• 1992년 중앙민족대학 졸업
• 1992년 중국국제방송국 조선어부 입사
• 2004-2006년 중국국제방송국 서울지국 특파원으로 근무
• 현재 중국국제방송국 조선어부 주임

고사성어, 중국과 만나다 1

초판 1쇄 인쇄 2019년 8월 8일
초판 1쇄 발행 2019년 8월 16일

엮은이	김동광
펴낸이	이대현
책임편집	이태곤
편집	권분옥 홍혜정 박윤정 문선희 임애정 백초혜
디자인	안혜진 최선주
마케팅	박태훈 안현진

펴낸곳	도서출판 역락
출판등록	1999년 4월19일 제303-2002-000014호
주소	서울시 서초구 동광로 46길 6-6 문창빌딩 2층 (우06589)
전화	02-3409-2058
팩스	02-3409-2059
홈페이지	http://www.youkrackbooks.com
이메일	youkrack@hanmail.net

ISBN   979-11-6244-398-9 04910
        979-11-6244-397-2 04910(전3권)

이 도서의 국립중앙도서관 출판예정도서목록(CIP)은 서지정보유통지원시스템 홈페이지(http://seoji.nl.go.kr)와 국가자료종합목록
구축시스템(http://kolis-net.nl.go.kr)에서 이용하실 수 있습니다. (CIP제어번호 : CIP2019030669)

고사성어,
중국과 만나다

01

김동광 엮음

역락

수천 년 유구한 중국역사 중에서 문화는 그 문명을 이어준 혈맥이고 언어와 문자는 그 문화를 꽃피운 힘이다. 그중 성어는 중화문화에서 특히 중요한 위치에 있으며 중국문화의 가장 화려한 꽃으로 평가된다.

성어는 중국 한자 단어 중에서 고대로부터 이어져온 정형화된 단어로 현재 통계로 보면 총 5만여 개에 달한다고 한다. 네 글자로 된 사자성어가 95% 이상에 달하고 세 글자나 다섯 글자 심지어는 일곱 글자 이상으로 된 성어도 있다. 대부분 고대로부터 전해져 왔고 단어 사용 측면에서 보면 현대어와 비슷하면서 다른 부분들도 있다. 성어는 대개 하나의 이야기 혹은 역사유래가 있어 성어 자체가 하나의 짧은 구절을 이루는 경우가 있으며 고정적인 구조와 고정적인 해석이 있다는 특징을 보인다.

사람들이 오랜 기간 사용하고 그 과정에서 이루어진 성어는 그 뜻과 이야기적 성격 때문에 중국 전통문화의 대표적인 특징이 되었다.

성어는 길게는 수천 년, 짧아도 수백 년 전의 일들을 담았다. 주로 기록으로 남은 책들, 많이는 사서史書에서 유래하는 부분이 많으며 대부분 이야기는 정확한 출처와 내용이 존재한다.

수만 개에 달하는 성어는 방대한 정보가 내재되어 있다. 고대의 사회와 정치, 경제, 문화, 과학, 군사 등 거의 모든 분야가 포함되며 중국인들의 우주관과 인생관 그리고 심미관을 여실히 보여준다. 천하의 흥망성쇠와 인간의 희로애락이 오롯이 담겨 있는 성어, 여기에는 천하를 호령하던 황제에서 민초에 이르기까지 그 시대를 치열하게 살아갔던 사람들의 이야기가 있고 이 땅에 살아가는 동물과 식물의 이야기도 있으며 선과 악의 기준, 감동적인 사랑과 우정이 있다. 하여 성어를 알면 중국의 역사와 문화가 보이고 결국은 현재의 중국을 더 잘 알 수 있는 거울이 되는 것이다.

이 책에 소개한 470여 개에 달하는 고사성어는 대부분 중국인들이 자주 사용하는 성어로 골라 보았다. 또 철리성이 돋보이는 내용과 초학자들이 쉽게 배우고 사용할 수 있는 내용을 선택했다. 발음을 도와줄 수 있는 병음拼音표기에 성조聲調를 달았고 글자풀이를 했으며 뜻을 새긴 후 원저의 출처를 밝혔다. 성어의 이해를 돕는 이야기 부분은 될수록 짧으면서도 내용 전달이 잘 될 수 있도록 구성했다.

세 권으로 된 이 책을 정성스럽게 만들어준 역락출판사 관계자분들의 노고에 감사의 인사를 전한다. 이 책이 중국어를 배우고 중국의 문화와 언어에 관심을 가지고 있는 분들께 조금이나마 도움이 되었으면 하는 바람이다.

중국의 성어는 하나의 보물산과도 같다. 보물을 줍는 마음으로 작업을 마쳤고 이제는 여러분들이 보물을 주을 차례인 것 같다.

김동광

2019년 8월 베이징에서

| 차례 |

머리말   4

愛鶴失衆 애학실중   12

愛屋及烏 애옥급오   15

安步當車 안보당거   17

安居樂業 안거낙업   22

按兵不動 안병부동   24

暗箭傷人 암전상인   27

暗送秋波 암송추파   29

拔苗助長 발묘조장   32

白面書生 백면서생   34

白首同歸 백수동귀   36

百感交集 백감교집   39

班門弄斧 반문농부   42

包藏禍心 포장화심   44

抱薪救火 포신구화   48

杯弓蛇影 배궁사영   50

背水一戰 배수일전   53

篳路藍縷 필로남루   57

別有天地 별유천지   60

兵不厭詐 병불염사   63

兵貴神速 병귀신속   65

病入膏肓 병입고황   69

博聞强識 박문강지   71

不恥下問 불치하문   73

不得人心 부득인심   75

不拘小節 불구소절   77

不拘一格 불구일격   81

不可多得 불가다득   83

不屈不撓 불굴불요   86

不遺餘力 불유여력   89

不遠千里 불원천리   94

不自量力 부자양력   96

才高八斗 재고팔두   98

滄海桑田 창해상전   100

草菅人命 초간인명   103

草木皆兵 초목개병   105

超群絶倫초군절륜 107

車水馬龍거수마룡 110

車載斗量차재두량 113

沈魚落雁침어낙안 117

乘人之危승인지위 120

程門立雪정문입설 123

懲前毖后징전비후 126

赤膊上陣적박상진 129

衝鋒陷陣충봉함진 131

出類拔萃출류발췌 134

出奇制勝출기제승 137

出人頭地출인두지 140

出言不遜출언불손 144

初出茅廬초출모려 147

垂簾聽政수렴청정 151

春風得意춘풍득의 153

摧枯拉朽최고랍후 156

大功畢成대공필성 158

大逆不道대역부도 161

大喜過望대희과망 163

膽大如斗담대여두 167

當局者迷당국자미 169

當頭棒喝당두봉갈 172

道不拾遺도불습유 174

道聽途說도청도설 176

得隴望蜀득롱망촉 179

得心應手득심응수 183

德高望重덕고망중 186

東山再起동산재기 189

獨步天下독보천하 191

獨當一面독당일면 193

斷章取義단장취의 195

對症下藥대증하약 198

多多益善다다익선 201

多難興邦다난흥방 204

咄咄逼人돌돌핍인 207

方寸之地방촌지지 209

飛沙轉石비사전석 213

飛揚跋扈비양발호 216

分道揚鑣분도양표 218

分庭抗禮분정항례 221

焚書坑儒분서갱유 226

風聲鶴唳풍성학려 230

風雨同舟풍우동주 233

鳳毛麟角봉모린각 235

釜底抽薪부저추신 238

付之一炬부지일거 241

負隅頑抗부우완항 243

負重致遠부중치원 246

改過自新개과자신 248

肝腸寸斷간장촌단 251

高屋建瓴고옥건령 253

高枕無憂고침무우 256

各自爲政각자위정 258

苟延殘喘구연잔천 260

孤注一擲고주일척 263

刮目相看괄목상간 267

管鮑之交관포지교 271

鬼斧神工귀부신공 275

貴人多忘귀인다망 277

過河拆橋과하탁교 280

駭人聽聞해인청문 284

害群之馬해군지마 286

邯鄲學步한단학보 290

含沙射影함사사영 292

汗流浹背한류협배 293

好整以暇호정이가 295

何足掛齒하족괘치 298

河東獅吼하동사후 300

鶴立鷄群학립계군 302

鴻鵠之志홍곡지지 304

後顧之憂후고지우 306

後起之秀후기지수 308

後生可畏후생가외 311

狐假虎威호가호위 313

華而不實화이불실 316

畵虎類犬화호류견 319

畵龍點睛화룡점정 322

畵蛇添足화사첨족 324

黃粱一夢황량일몽 328

黃袍加身황포가신 331

揮汗如雨휘한여우 335

諱疾忌醫휘질기의 338

禍起蕭墙화기소장 341

機不可失기불가실 344

鷄蟲得失계충득실 346

鷄鳴狗盜계명구도 348

鷄犬不寧계견불녕 351

激濁揚淸격탁양청 352

寄人籬下기인리하 354

家喩戶曉가유호효 357

價値連城가치련성 359

監守自盜감수자도 362

漸入佳境점입가경 364

箭在弦上전재현상 366

交淺言深교천언심 368

驕兵必敗교병필패 371

蛟龍得水교룡득수 373

脚踏實地각답실지 376

揭竿而起게간이기 378

捷足先登첩족선등 380

竭澤而漁갈택이어 383

解衣推食해의추식 386

借花獻佛차화헌불 389

金屋藏嬌금옥장교 391

筋疲力盡근피역진 393

錦囊妙計금낭묘계 395

盡忠報國진충보국 398

近水樓臺근수루대 401

九死一生구사일생 403

酒池肉林주지육림 405

居安思危거안사위 407

擧棋不定거기불정 410

擧足輕重거족경중 413

捲土重來권토중래 415

成语故事

01

고사성어, 중국과 만나다

愛鶴失衆 애학실중

글자풀이	사랑 애(愛 ài), 두루미 학(鶴 hè),
	잃을 실(失 shī), 무리 중(衆 zhòng).
뜻풀이	① 학을 총애해 민심을 잃다.
	② 해야 할 일을 하지 않다.
출전	춘추·로(春秋·魯) 좌구명(左丘明)
	『좌전·민공 2년(左傳·閔公二年)』

유래　　　춘추시대春秋時代 위衛나라 혜공惠公의 뒤를 이어 아들인 희적姬赤이 보위에 오르니 그가 바로 예공懿公이다. 예공은 부국강병은 뒷전으로 하고 학을 기르는데 정신이 팔려 학원鶴園을 계속 확장해 심지어 백성들의 경작지를 점하기도 했다. 예공은 학의 색깔과 생김새, 크기에 따라 여러 등급으로 나누고 이들을 전문적으로 기르는 관리를 파견했다. 그 사육요구도 엄격하여 먹이가 신선해야 하고 못에는 고기를 기르고 화원에는 학이 즐겨 먹는 먹잇감들을 기르도록 했다. 관원들은 날마다 학을 씻기고 치장을 하여 "선학仙鶴"들의 깃털이 깨끗하고 그 모양이 비범하도록 해야 했다. 결국 그 도가 넘어 예공은 학들에게 관직을 제수하고 녹봉祿俸을 주도록 했다. 이에 백성들의 원성이 높아지고 대신들도 연이어 위나라를 떠나갔다.

　위공이 학을 좋아한다는 소문을 듣고 멀리 북방에 있는 연燕나라가 검은 목 두루미 몇 십 마리를 특별히 보내왔다. 예공은 전국을 시찰하려던 참이었는데 이 선물을 받고는 이렇게 말했다.

"검은 목 두루미는 학중에서도 으뜸이다. 속히 큰 화개華蓋를 단 수레를 마련하고 제일 좋은 말이 수레를 끌도록 하라. 이 선학들이 나와 함께 순유를 떠날 것이다. 이는 위나라의 풍요로움을 널리 알리고 또 이웃 나라들에 위나라의 국위가 강성해 이 귀한 검은 목 두루미도 선물로 바치는 사람이 있음을 알리게 될 것이다."

이때 북방의 적인狄人이 전국의 병력을 모아 위나라에 쳐들어 왔다. 예공은 적인의 침공이 예사롭지 않음을 알고 국내의 모든 장정들을 전선에 보내라고 명했다. 백성들은 배후에서 이렇게 원망했다.

"검은 목 두루미가 국위를 선양한다고 했으니 갑옷을 입혀 싸우게 하면 될 것이다. 학들은 작위와 녹봉을 받았으나 우리는 배를 곯고 있는 처지니 어찌 싸울 힘이 나겠는가?"

예공이 손수 군사들을 이끌고 적인들과 싸우러 갔다. 허나 병졸들이 싸울 마음이 없어 결국 황하黃河가에서 위나라 군대가 크게 패했다. 이 전투에서 예공이 죽고 이어 위나라도 결국 적인들에 의해 멸망되었다.

愛屋及烏 애옥급오

글자풀이	사랑 애(愛 ài), 집 옥(屋 wū), 미칠 급(及 jí), 까마귀 오(烏 wū).
뜻풀이	① 사람을 사랑하면 그 집 지붕의 까마귀까지 좋아하다.
	② 아내가 귀여우면 처갓집 말뚝에 대고 절을 한다.
출전	한(漢) 우승(優勝)『상서대전·목서·대전(尚書大傳·牧誓·大戰)』

유래   상商나라 말에 주왕紂王의 사치가 극에 달하고 폭정이 이어졌다. 서쪽 제후국의 수령인 희창姬昌이 상나라의 통치를 뒤엎으려 결심하고 동진東進을 준비했으나 불행하게도 그 뜻을 이루지 못하고 죽게 되었다. 희창의 아들인 희발姬發이 아버지의 뒤를 이어 왕으로 칭하게 되었는데 사서에서는 그를 주무왕周武王이라 한다. 주무왕이 기타 제후국들을 연합하여 주왕을 토벌하는 전쟁을 시작했다. 이때 주왕은 인심을 잃을 대로 잃었고 수하 군사들이 무왕에게 귀순하니 패전을 거듭했다. 주무왕의 군사들은 파죽지세로 상나라의 도읍인 조가朝歌를 점령했으며 대세가 기울었음을 안 주왕은 분신자살을 하고 상나라는 멸망했다.

　주왕은 죽었으나 천하가 아직 안정되지 않았다고 생각한 무왕은 여전히 근심이 많았다. 또 상나라의 남은 신료들을 어떻게 처리해야 하는지도 그의 골칫거리였다. 무왕은 강태공을 불러 상나라의 신료들을 어떻게 처리하면 좋을지 하문했다. 이에 강태공이 답을 올렸다.

"소신이 듣기로 한 사람을 사랑하면 그 집 지붕의 까마귀까지 좋아한다고 합니다.愛屋及烏 반대로 만약 한 사람을 싫어하면 그 집의 종들까지 미워한다고 합니다. 그러하오니 우리를 미워하는 상나라의 사람들을 한 사람도 남김없이 전부 죽임이 옳을 듯합니다."

무왕은 이런 처사가 지나치다고 생각했다. 이때 소공이 나서서 말했다.

"소신이 듣기로 죄가 있으면 죽이고 죄가 없으면 살려야 한다고 합니다. 죄가 있는 사람은 모두 죽여 그 뿌리를 뽑아야 하지 않겠습니까?"

무왕은 이 방법도 가당치 않다고 생각했다. 이때 주공이 이런 제안을 했다.

"소신의 생각으로는 이들을 모두 집에 돌려보내 각자의 땅에서 농사를 짓도록 해야 합니다. 군왕의 도리는 자신의 옛 친구와 친족들을 편애하지 않고 어진 정치를 베풀어 천하의 모든 사람들이 감읍하도록 하는 것입니다."

무왕이 듣고는 크게 기뻐하면서 마음속의 근심이 눈 녹듯 사라졌고 이 방책대로 하면 천하가 안정을 되찾을 수 있을 것이라 생각했다.
후에 무왕은 주공의 말대로 상나라의 옛 신료들과 백성들을 잘 대해주었고 천하는 곧 안정을 되찾았다. 민심을 얻은 서주西周는 날로 강성해졌다.

安步當車 _{안보당거}

글자풀이	편안할 안(安 ān), 걸음 보(步 bù),
	마땅할 당(當 dàng), 수레 거(車 chē).
뜻풀이	① 차를 타는 대신 천천히 걸어가다.
	② 본래는 안빈절검(安貧節儉)의 뜻.
출전	한나라(漢) 유향(劉向)『전국책·제책4(戰國策·齊策四)』

유래   전국시대戰國時代 때 제齊나라에 안촉顔斶이라는 현자가 있었다. 그는 재능과 도략韜略이 출중했으며 성품이 정직하여 종래로 권세에 아부하지 않았다. 제선왕齊宣王이 안촉의 명성을 듣고 그를 궁에 불러 들였다.

궁에 들어온 안촉은 대전 앞 계단까지 와서는 걸음을 멈추었고 제선왕이 이상하게 여겨 앞으로 들라고 명했다.

그러나 안촉은 그 자리에서 움직이지 않고 제선왕을 향해 큰 소리로 말했다.

"대왕께서 이리로 오시옵소서."

이를 본 대신들이 어찌 대왕을 오시라 하느냐고 안촉을 꾸짖었다.

허나 안촉은 전혀 주눅이 들지 않고 말했다.

"여러 신료들의 말씀은 정말 모르고 하는 소리요. 내가 대왕의 말대로 가까이 간다면 권세에 굴복하는 것이고 이는 사람들이 싫어하는 아첨쟁이란 말이요. 허나 대왕께옵서 손수 소생에게 다가오신다면 이는 현명한 자를 예로 맞이하는 군주의 아량을 보여주는 것이 되오. 이런 두 가지 상황이 있을 진대 나를 권세에 아부하는 사람으로 만드는 것이 옳은 것이요, 아니면 대왕에서 인재를 중시하는 모습을 보이는 것이 옳은 것이요?"

제선왕이 안촉의 말에 불쾌해하며 물었다.

"그럼 네가 보기에 한 나라 군주의 몸이 귀한 것이냐 아니면 현자가 존귀한 것이냐?"

안촉은 조금도 주저함이 없이 답했다.

"당연히 박식한 현자의 몸이 귀한 것이옵니다. 대왕께서는 이 일을 토론할 의미가 있다고 생각하십니까?"

제선왕이 참 고얀 놈이라고 생각하고 또 물었다.

"네가 하는 말에 어떤 근거라도 있는 것이냐? 아무 소리나 지껄여서는 안 될 것이야."
"물론 있고말고요."

안촉이 태연하게 말을 이어갔다.

"얼마 전 진秦나라가 수십만 대군으로 제나라를 공격한 적이 있사옵니다. 이들은 '유하혜柳下惠 묘지의 사방 50보 이내의 수목을 자르는 자는 죽음에 처한다'는 군령을 내렸습니다. 이와 함께 '제선왕의 목을 베는 자는 만 가구를 거느리는 제후에 봉하고 천 냥의 금을 상으로 내릴 것이다'는 군령도 내렸다고 하옵니다. 진나라의 군령으로 보면 대왕의 머리는 현자인 유하혜가 묻힌 묘지 주변의 나무보다 못한 것이 되니 당연히 현자와는 비교도 안

되는 것입니다.."

반박할 말을 잃은 제선왕이 불쾌함을 드러냈다. 이를 본 신료들이 나섰다.

"안촉아, 이리 오너라. 내가 가르쳐주지. 우리 대왕께서는 전차 천대를 거느리는 나라의 군주이시니 사방 천지 누가 그 영을 거부한단 말이냐? 이 나라의 모든 것은 대왕의 것이고 백성들은 모두가 머리를 조아린다. 너희 선비 놈들은 너무 졸렬하구나."

안촉이 이를 반박했다.

"틀린 말씀이오이다. 이전에 대우大禹가 나라를 다스릴제 제후국은 만을 넘었소이다. 바로 선비들을 존중했기 때문입니다. 상商나라 탕湯왕 때는 제후가 3천을 넘었으나 작금에는 겨우 24개밖에 안 됩니다. 이로부터 볼 때 선비들을 귀하게 여기는 것이 그 관건임을 알 수 있소이다. 예로부터 지금에 이르기까지 실용적인 일을 하지 않고 천하에 명성을 날린 사람은 없었습니다. 하기에 대왕께서는 다른 사람에게 가르침을 청하지 않음을 수치로 여겨야 하옵고 직위가 낮은 사람에게서 배우는 것을 창피하게 생각해서는 아니 될 것이옵니다."

안촉의 말에 제선왕은 자신이 잘못했음을 알고 이렇게 말했다.

"선생의 고견을 듣고 나니 저의 잘못을 알 수 있을 것 같습니다. 저의 스승으로 모시고 싶으니 이후에는 궁에 머무르시오. 매일 좋은 음식을 드시고 밖에 나갈 때는 수레를 타도록 하며 부인과 자식들은 화려한 옷차림을 할 수 있을 것이요."

허나 안촉은 이를 사양하며 말했다.

"산에서 나는 옥은 옥돌장인의 손을 거치면 그 모양을 잃게 됩니다. 비록 여전히 귀한 옥이나 진면모가 달라집니다. 가난한 시골에 살던 선비가 벼슬길에 오르면 부귀와 공명을 누리게 됩니다. 그 사람이 고귀하고 현명한 사람이 될 수 없다는 것은 아니지만 본연의 풍채와 마음은 파괴될 것이옵니다. 하기에 소인이 돌아갈 수 있도록 허락해 주시옵소서. 매일 늦게 변변찮은 밥을 먹을지라도 고기를 먹듯 맛있을 것이고 천천히 걸어서 가는 것 역시 수레를 타는 것 못지않을 것입니다安步當車. 이런 안정된 세월을 보낸다면 권문세족 못지않은 것이고 조용히 자신을 가다듬는 것 역시 즐거움이 아니겠습니까?"

말을 마친 안촉은 제선왕에게 하직을 고했다.

安居樂業 안거낙업

글자풀이	편안할 안(安 ān), 살 거 (居 jū), 즐거울 락(樂 lè), 업 업(業 yè).
뜻풀이	평안히 살면서 즐겁게 일하다.
출전	『노자(老子)』제80장

유래   노자老子는 성이 이李, 자字가 백양伯陽으로 춘추시대春秋時代의 사상가이고 도가道家학파의 창시자이다. 그는 노예사회에서 봉건사회에로 과도하는 격변의 시대에 살았다. 당시 이미 만승지국萬乘之國(전차 만대를 거느린 나라)이 출현했고 과학과 문화, 예술이 모두 비교적 높은 수준에 이르렀다. 그러나 노자는 이런 현실에 대해 인류의 재앙이 나타났다고 보았다. 그는 발전변화는 순환 반복된다고 여겼다. 때문에 노자는 인류사회가 "소국과민小國寡民" 즉 나라가 작고 백성이 적은 원시상태로 돌아가야 한다는 환상을 가지고 있었다.

    그는 『노자』라는 책의 제80장에서 소국과민의 이상적인 상황을 이렇게 묘사했다.

    '나라는 작고 백성은 적다. 비록 여러 가지 집기들이 있으나 사용하지 않고 사람들은 목숨을 중히 여겨 멀리 이사 가지 않는다. 배와 수레가 있어도 그

것을 탈 필요를 느끼지 않으며 무기는 있으되 사용하지 않는다. 백성들이 결승結繩(새끼매듭)으로 일을 기록하던 시대로 돌아가도록 한다. 모두들 맛있는 음식을 먹고 화려한 옷을 입으며 평안하게 거주하고 즐겁게 산다.安居樂業 이웃 나라끼리는 서로 마주 보고 집짐승의 울음소리 서로 들리나 사람들은 죽을 때까지 서로 내왕하지 않는다.'

"안거낙업"이라는 성어는 바로 이 글의 내용에서 유래한 것이다.

按兵不動 안병부동

글자풀이	누를 안(按 àn), 군사 병(兵 bīng),
	아닐 부(不 bù), 움직일 동(動 dòng).
뜻풀이	① 군대의 행동을 잠시 중지하고 기회를 기다리다.
	② 기회를 엿보면서 실제 행동에 옮기지 않다.
출전	전국·진(戰國·秦) 여불위(呂不韋) 등
	『여씨춘추·시군람제8·소류(呂氏春秋·恃君覽第八·召類)』

유래   춘추시대春秋時代 말 진晉나라의 동남쪽에 있는 위衛나라는 약소국으로 명의상 진나라의 동맹국이었으나 실제로는 진나라의 명에 따르는 신세였다. 위령공衛靈公이 즉위한 후 이런 굴욕적인 지위를 개변하고자 제경공齊景公과 맹약을 체결하고 진나라와는 관계를 단절했다.

진나라의 대권을 장악한 조앙趙鞅이 위나라를 진공하려 했고 이에 앞서 대부大夫 사묵史默을 위나라에 보내 조용히 사정을 알아보도록 했다. 반년이 지나 사묵이 돌아오니 조앙은 시일이 오래 걸린 연유를 물었다. 이에 사묵은 위나라의 사정을 세세히 알아보았노라고 하면서 말했다.

"지금 위나라는 원래 모함을 당했던 현신인 거백蘧伯을 상국(재상)으로 임

명했고 그는 크게 민심을 얻고 있습니다.”

이어 사묵은 위령공이 진나라와의 항전에 나서도록 국민들을 격려하기 위해 취한 방법들을 일일이 고했다.

위령공은 먼저 대부大夫 왕손가王孫賈를 파견해 백성들에게 진나라가 위나라의 자매나 여식이 있는 집들에서 모두 여자 한 명을 진나라에 볼모로 보낼 것을 명령했다고 전했다. 이 소식이 알려지니 위나라 도처에 울음소리가 넘치고 진나라에 대한 원망소리가 그치지 않았다.

전국의 백성들이 이를 사실로 믿도록 하기 위해 위령공은 왕손가에게 명해 종실 대부들의 딸들을 선발하도록 하고는 진나라에 보낼 준비를 했다. 그 결과 출발하는 일자에 수많은 백성들이 모여와 이들을 진나라에 보내서는 안 된다고 막았고 죽을 각오로 진나라 군대와 끝까지 싸우려는 결연한 의지를 보였다. 사묵은 또 공자孔子의 제자인 자공子貢도 위령공을 돕고 있다는 사실을 알리고는 이렇게 말했다.

"작금에 위나라는 현명한 신하들이 많고 민심도 한곳으로 쏠리고 있습니다. 왕은 현명한 신하들의 말을 중시하고 이들이 내놓은 계책을 가납하여 실행합니다. 우리가 무력으로 위나라를 굴복시키려면 큰 대가를 치러야 할 것입니다."

사묵의 소개를 들은 조앙은 위나라를 공격하는 시기가 아직은 이르다고 판단하고 군사작전을 취소하고 때를 기다렸다.

暗箭傷人 암전상인

글자풀이	어두울 암(暗 àn), 화살 전(箭 jiàn),
	다칠 상(傷 shāng), 사람 인(人 rén).
뜻풀이	남몰래 사람을 중상 모략하다.
출전	춘추·로(春秋·魯) 좌구명(左丘明)
	『좌전·은공11년(左傳·隱公十一年)』

유래　　　춘추시대春秋時代 정鄭나라의 정장공鄭庄公은 노魯나라와 제齊나라의 지지를 얻어 허許나라를 정벌하려 했다. 은공隱公 11년 여름 정장공은 궁 앞에서 군사들을 사열하면서 전차를 하사했다. 노장 영고숙潁考叔과 청년장군 공손자도公孫子都는 서로 전차를 차지하려고 말다툼을 벌였다. 영고숙은 이름난 맹장이었으며 나이 따위는 숫자에 불과하다고 여기는 사람인지라 재빨리 전차를 끌고 자리를 떴다. 이에 공손자도는 영고숙에게 앙심을 품게 되었다.

　가을이 되니 정나라 군사들이 허나라의 도읍 밖까지 진격했다. 공성전이 시작되자 영고숙은 군사들의 앞장에서 큰 깃발을 휘날리면서 성벽에 올랐다. 영고숙이 이제 곧 큰 공을 세우려는 찰나에 공손자도는 질투심에 불타 영고숙을 향해 화살을 날렸고 살을 맞은 영고숙은 성벽에서 떨어져 허망하게 죽었다. 다른 한 명의 장군 하숙영瑕叔盈은 영고숙이 허나라 군졸들에게 죽은 줄로 알고 큰 깃발을 집어 들고 군사들을 독려하여 끝내 성을 함락시켰다. 허나라의 국군인 허장공許庄公은 위衛나라로 도망쳤으며 허나라의 땅은 모두 정나라에 귀속되었다.

후세 사람들은 공손자도와 같이 다른 사람이 준비가 없는 틈을 타서 뒤에서 화살을 날리는 행위를 가리켜 "암전상인"이라 했다.

暗送秋波 암송추파

글자풀이	어두울 암(暗 àn), 보낼 송(送 sòng), 가을 추(秋 qiū), 물결 파(波 ō).
뜻풀이	① 은근히 추파를 던지다. ② 아첨하며 몰래 결탁하다.
출전	명(明) 나관중(羅貫中)『삼국연의(三國演義)』

유래　　　기원 188년, 한령제漢靈帝가 죽고 한소제漢少帝가 즉위하니 조정은 십상시十常侍가 장악했다. 대장군 하진何進이 십상시를 제거하려고 양주자사凉州刺史 동탁童卓을 낙양洛陽에 불러들이려 했다. 이를 알게 된 십상시가 선손을 써서 하진을 죽였고 얼마 후 십상시는 원소袁紹에게 죽임을 당했다.

　이때 동탁은 대군을 거느리고 낙양에 입성했다. 그는 한소제를 폐위시키고 진류왕陳留王을 황제자리에 앉히고 자신은 승상丞相을 맡아 조정을 쥐락펴락하면서 온갖 나쁜 짓을 다 했다. 동탁의 전횡은 조정과 온 나라 백성들의 분노를 자아내는 정도에 이르렀다.

　당시 사도司徒 왕윤王允은 나라의 이 화근을 없애려고 결심했다. 오랜 고심 끝에 그는 자신의 관저에서 시녀로 있는 초선貂蟬을 찾아 이렇게 말했다.

　　"동탁에게는 여포呂布라고 하는 양아들이 있는데 무예가 출중하고 그 용맹

함이 따를 자 없다고 한다. 허나 이자는 동탁과 마찬가지로 호색한이다. 나는 동탁을 제거하기 위해 '연환계連環計'를 쓰려고 한다. 먼저 너를 여포에게 배필로 맺어주고 그 후 다시 동탁에게 바칠 것이다. 너는 동탁의 지근에서 기회를 보아 두 사람 사이를 이간시켜 두 사람이 반목하고 원수로 되게 하여라. 그러면 여포가 홧김에 동탁을 죽일 것이고 나라는 안정을 되찾을 것이다. 네 생각은 어떠하냐?"

왕윤의 말을 듣고 난 초선이 전혀 주저함이 없이 결연히 답했다.

"나라를 위한 일이고 종묘사직과 백성을 위한 장한 일이오니 소녀 이 한목숨 바쳐 해내겠습니다."

이튿날 왕윤이 여포를 집에 청해 금관을 선물하고 주연을 차려 초대했다. 술상의 흥이 오르자 왕윤이 초선을 불러 여포에게 술을 따르라고 말했다.

여포는 이미 술이 거나했는데 갑자기 선녀같이 아름다운 여자가 안채에서 나와 술을 부으니 놀라움과 기쁨에 어쩔 바를 몰라 했다. 여포가 초선을 눈여겨보니 천하절색인지라 사모하는 마음이 생겼다. 초선도 여포에게 은근슬쩍 추파를 던지면서 붙는 불에 키질했다.

이 모든 것을 지켜본 왕윤이 여포에게 말했다.

"장군께서 초선을 어여삐 여기신다면 장군의 첩실로 드리지요."

여포는 두말할 것도 없이 이를 허락했다.

얼마 후 왕윤은 초선을 동탁에게 보냈고 여포에게는 동탁이 초선을 억지로 빼앗아갔다고 말했다. 이에 여포가 분을 참지 못했고 왕윤과 여포는 동탁을 제거하는 계책을 세우게 된다. 후에 사람들은 이 고사 중 "여포가 기뻐서 어쩔 줄 몰라 하며 연신 초선에게 눈길을 주고 초선은 은근슬쩍 추파를 보냈다秋波送情"는 묘사를 "암송추파"라는 성어로 개괄했다. 이 성어는 부정적인 뜻으로 많이 쓰이며 "추파암송秋波暗送"으로도 사용된다.

拔苗助長 발묘조장

글자풀이	뺄 발(拔 bá), 싹 묘(苗 miáo), 도울 조(助 zhù), 길 장(長 zhǎng).
뜻풀이	① (모가 늦게 자란다고 하여) 모를 뽑아 자라게 하다.
	② 급하게 일을 서두르다 오히려 그르치다.
출전	『맹자·공손추상(孟子·公孫醜上)』

유래   유가儒家의 경전인 『맹자孟子』는 전국시대戰國時代의 유명한 사상가인 맹가孟軻의 정치활동과 학설 및 철학, 윤리, 교육사상을 기록한 책이다.

이 책에는 이런 이야기가 있다.

송宋나라의 한 농부가 밭에서 자라는 곡식 모가 잘 자라지 않을까 걱정되어 매일 밭머리에 가서 살펴보았다. 그러나 며칠이나 지났건만 곡식 모는 전혀 자라지 않은 듯 보였다. 급해진 농부는 밭머리를 맴돌다가 이렇게 중얼거렸다.

"곡식 모가 자랄 수 있게 방도를 대야겠구나."

그러던 어느 날 농부는 나름대로의 방법을 생각해냈다. 그는 밭에 달려가 땅 위의 곡식모를 얼마간 뽑아 놓기 시작했다. 아침부터 날이 어두워질 때까지 모를 뽑아놓은 농부는 기진맥진했다.

집에 돌아온 농부는 숨을 몰아쉬며 말했다.

"오늘은 정말 힘들었어. 그러나 고생한 보람은 있단 말이야. 곡식들이 한 뼘은 자랐거든."

그의 아들이 이 말을 듣고 급히 밭에 나가보니 곡식 모들이 이미 다 말라 죽었다. 맹자는 이 고사를 통해 제자들에게 사물발전의 객관적인 법칙을 어기고 주관적으로 일을 급히 서두르다가는 결국 그르치게 된다는 도리를 알려주었다.

白面書生 백면서생

글자풀이   흰 백(白 bái), 얼굴 면(面 miàn), 글 서(書 shū), 날 생(生 shēng).

뜻풀이   ① 백면서생, 샌님.

② 글만 읽고 세상일에 경험이 없는 사람.

출전   남조·양(南朝·梁) 심약(沈約)『송서·심경지전(宋書·沈慶之傳)』

유래   심경지沈慶之는 남북조南北朝 때 오군吳郡 무강武康 태생이며 어릴 때부터 큰 뜻을 품었고 힘이 장사였다. 동진東晉 말년에 진晉나라 장군인 손은孫恩이 반란을 일으켰고 무강을 공격해왔다. 이때 열 살 남짓한 소년이던 심경지는 집안의 어른들을 따라 성을 지키는 전투에 참가해 누차 공을 세웠다. 이때부터 심경지는 용감하고 싸움에 능한 사람으로 이름을 날렸다. 후에 그는 경릉태수竟陵太守 백부伯符의 부하로 들어갔다. 경릉지방은 늘 소수민족들의 침공을 당했는데 심경지의 용맹함이 알려지고 나서는 안정을 되찾았고 백부는 지방안정을 실현한 공을 인정받아 장군으로 승진했다. 후에 심경지도 혁혁한 전공을 세워 효무제孝武帝에게 천거되었으며 건무장군建武將軍을 제수 받아 변경을 지키게 되었다.

원가元嘉 27년에 송문제宋文帝는 북방정벌을 결심하고 왕현모王玄謨 등을 파견해 북벌군을 감독하게 했다. 심경지가 여러 번 문제에게 과거 북벌장수

들이 실패한 교훈을 상기시키면서 출병이 불가함을 주장했다. 심경지의 고
집을 꺾지 못한 문제가 문신 두 사람을 파견해 심경지와 변론을 하게 했다.

이에 심경지는 이렇게 말했다.

"국사를 처리하는 일은 집안일을 처리하는 것과 같은 도리입니다. 농사일
은 실제 일을 하고 있는 머슴에게 알아보아야 하고 베 짜는 일은 시녀에게
물어야 합니다. 폐하께서 지금 북벌에 관한 일을 담론하려 하실진대 응당
장군에게 물어야 마땅합니다. 백면서생들과 이 일을 말해본들 무슨 소용
이 있겠습니까?"

심경지의 거듭되는 권고에도 문제는 북벌의 뜻을 거두지 않았고 결과
전쟁에서 참패하게 되었다.

白首同歸 백수동귀

글자풀이	흰 백(白 bái), 머리 수(首 shǒu),
	함께 동(同 tóng), 돌아갈 귀(歸 guī).
뜻풀이	① 두 노인이 함께 죽음을 말함.
	② 오랜 우정을 변치 않다.
출전	남조·송(南朝·宋) 유의경(劉義慶)
	『세설신어·구극(世說新語·仇隙)』

유래   서진西晉 때 대부호인 석숭石崇의 애첩 녹주綠珠는 출중한 미색에 피리를 잘 불었다. 당시 중서령中書令이었던 손수孫秀는 녹주를 억지로 차지하려고 사람을 석숭에게 보냈다. 이에 석숭이 노발대발하며

"녹주는 내가 제일 아끼는 첩이니 누구한테도 줄 수 없다."

고 했다. 이 말을 전해들은 손수는 화가 치밀었고 꼭 보복을 하리라 별렀다. 후에 손수가 가짜교지를 내려 석숭을 체포했다. 군사들이 석숭의 별장인 금곡원金谷園에 다다르니 석숭은 녹주와 술을 마시고 있다가 이렇게 말했다.

"나는 너 때문에 죄를 받았구나."

이에 녹주가 눈물을 흘리며 말했다.

"대인께서 소첩 때문에 죄를 받으셨다니 저는 대인 앞에서 죽음으로
저의 송구함을 보이겠사옵니다."

말을 마친 녹주가 누각에서 뛰어내려 스스로 목숨을 끊었다.

석숭의 벗인 반악潘岳은 어릴 때부터 신동으로 알려졌으나 나이가 들어
도 뜻을 이루지 못하고 서른 살이 좀 넘으니 온통 백발이 되었다. 반악의
아버지가 낭야태수琅琊太守로 임직할 때 손수는 그 수하의 하급관리였다.
손수의 위인이 교활하고 자부심이 강했는지라 반악은 손수를 싫어해 늘 손
찌검을 하곤 했다. 이에 앙심을 품어왔던 손수는 중서령이 된 후 반악을 무
함해 잡아 들였다.

반악과 석숭은 같은 날에 잡히고 모두 모반이라는 죄명을 썼으며 같은
날에 사형을 당했다.

석숭이 먼저 형장에 끌려왔다. 그는 반악도 잡혀 왔다는 것을 사전에 몰
랐다가 반악이 압송되어 오자 놀라며 물었다.

"아니, 어찌하여 안인安仁(반악의 자)도 이 지경이 되었단 말이요?"

반악이 대답했다.

"이게 바로 두 노인이 함께 목숨을 잃는 것이白首同歸 아니겠소이까?"

반악은 석숭과 내왕해 오면서 "금곡집작시金谷集作詩"라는 시를 지었는데 그중에는 "백수동소귀白首同所歸"라는 글귀가 있었으니 결국 두 사람의 비참한 최후를 예언한 셈이다.

百感交集 백감교집

글자풀이	일백 백(百 bǎi), 느낄 감(感 gǎn), 사귈 교(交 jiāo), 모일 집(集 jí).
뜻풀이	① 온갖 생각이 뒤엉켜 서리다. ② 만감이 교차하다.
출전	남조·송(南朝·宋) 유의경(劉義慶)
	『세설신어·언어(世說新語·言語)』

유래　　　　서진西晉 때 조정은 여러 가지 악재가 겹쳤다. 16년간이나 지속된 "8왕의 난"이 나라와 백성들에게 큰 어려움을 가져다 주었고 북방의 흉노匈奴가 중원을 침략했다. 진회제晉懷帝 영가永嘉 3년(기원 309년)에 흉노 군이 두 번이나 중원지역을 침탈했으며 산서山西를 점거한 유연劉淵과 하북河北을 점거한 석륵石勒도 중원을 도모할 기회를 호시탐탐 노리고 있었다. 태자세마太子洗馬 위개衛玠는 천하가 혼란에 빠질 것을 예감하고 형인 위조衛璪에게 가족과 함께 남방으로 갈 것을 권고했다. 이에 위조가 답했다.

> "나는 황제를 모시는 상시常侍이니 자신만을 위해 훌쩍 떠날 수 없구나. 네가 태자세마라는 한직을 맡고 있으니 어머니를 모시고 강을 건너 멀리로 떠나거라."

위개가 형에게 이런 권고를 했다.

"조정에서는 황제에게 충성하고 가정에서는 부모에게 효도해야 하며 밖에 나가서는 친구들과의 의리를 중히 여기라 했습니다. 허나 조정이 이미 이 지경에 이르렀으니 개인의 미약한 힘으로는 돌려놓을 수 없을 것입니다. 형님의 뜻이 정 그러하시다면 진나라에 충성을 다 하시고 소제가 어머님 의 노후를 잘 돌봐드리도록 하겠습니다."

위개가 수레에 어머니를 모시고 진나라 도읍인 낙양^{洛陽}을 떠나 강하^{江夏} 에 도착했다. 강 저쪽이 바로 그가 가려던 예장군^{豫章郡}이었다. 위개는 강가 에서 북쪽의 낙양방향을 바라보면서 나라가 오래지 않아 외적의 손에 들어

갈 것임을 생각하고는 한탄을 하며 말했다.

"끝없는 강물을 보노라니 만감이 교차하누나百感交集. 사람은 누구나 정이 있을진대 그 누가 마음속의 이 우울함을 달래주랴?"

위개는 예장에 도착한 후 얼마 안 되어 과로사로 죽으니 그때 나이 27살이었다.

班門弄斧 반문농부

글자풀이	나눌 반(班 bān), 문 문(門 mén),
	희롱할 롱(弄 nòng), 도끼 부(斧 fǔ).
뜻풀이	① 명공(名工) 노반(魯班)의 문전(門前)에서 도끼질한다.
	② 공자앞에서 문자 쓴다.
출전	명나라(明) 매지환(梅之煥)『제이백묘(題李白墓)』

유래　　　노반魯班은 춘추시대春秋時代 말의 유명한 목공이다. 그는 성이 공수公輸이고 이름은 반般이었는데 그 이름이 반班이라고 하는 사람도 있다. 그가 노魯나라 사람이었으므로 사람들은 노반이라고 불렀다. 과거에 목공과 미장공, 대장쟁이, 석공 등 업계는 노반을 존칭하며 조상님이라고 불렀으므로 오래전부터 사람들은 "반문농부"라는 성어로 고수 앞에서 자신의 능력을 뽐내는 어처구니없는 행위를 지칭했다. 그러나 "반문농부"라는 이 성어의 출현은 명明나라때 매지환梅之煥이라고 부르는 시인과 연관이 있다.

　어느 날 매지환이 채석기采石矶라는 곳에 가서 당唐나라 때의 대시인 이백李白의 묘를 참배하게 되었다. 전하는데 의하면 이백은 채석강을 유람하면서 물속에 비낀 달이 너무나 또렷하고 투명한 것을 보고 몸을 굽혀 잡으려 하다가 그만 물에 빠져 목숨을 잃었고 채석기라는 곳에 묻히게 되었다.

그 후 이백을 추모하려는 많은 문인들이 이곳을 찾았고 어떤 사람들은 시를 지어 기념으로 남겼다. 그러다보니 묘비와 주변 바위들에 적지 않은 시문들이 적혀 있었다.

이백의 묘를 참배하던 매지환은 이런 시구들이 대개는 졸작들임을 보고 화가 치밀었다. 소위 풍류를 즐긴다는 이런 자들이 이백의 묘 앞에서 감히 시를 지을 수 있단 말인가? 매지환은 생각할 수록 분이 치밀고 개탄을 금할 수 없어서 그들을 비꼬는 시 한 수를 지었다.

채석기의 흙무덤 이백의 이름 천고에 알리네.
오고가는 사람들 지은 시들 노반 집 앞에서 도끼질일 뿐.

매지환은 시를 지을 줄 안다고 자부하는 오고가는 사람들을 노반 집앞에서 도끼질을 하는 격이라고 풍자했다. 후세 사람들이 이 시구를 압축하여 "반문농부班門弄斧"라는 성어로 사용했다.

包藏禍心 포장화심

글자풀이   쌀 포(包 bāo), 감출 장(藏 cáng), 재화 화(禍 huò), 마음 심(心 xīn).

뜻풀이   나쁜 마음(못된 생각)을 품다.

출전   춘추·로(春秋·魯) 좌구명(左丘明)

『좌전·소공원년(左傳·昭公元年)』

유래   춘추시대春秋時代에 초楚나라의 북쪽에 이웃한 정鄭나라는 초나라와 화목하게 지내려는 목적으로 대부大夫 공손단公孫段의 딸을 초나라의 영윤令尹인 공자 위公子圍에게 시집보내려 했다.

  기원전 541년 봄, 공자 위가 정나라에 공손씨를 맞이하기 위한 영친迎親을 떠났다. 그러나 영친대오는 무장을 갖추고 위풍이 당당한 군사들이었는데 초나라는 영친의 기회를 틈타 정나라를 병탄하려는 심산이었다.

  정나라 상경上卿인 자산子產은 초나라의 간사함과 영악함을 잘 알고 있었다. 공자 위가 수많은 군사들과 함께 영친을 온다는 소식을 들은 자산은 초나라의 음험한 속셈을 알아차리고 학식이 깊고 언변이 출중하며 외교적인 경험이 풍부한 자우子羽를 보내 이들을 대처하게 했다.

  자우는 도성 밖에 나가 공자 위에게 이렇게 말했다.

"아국의 도성이 협소하여 이처럼 방대한 영친대오가 머무를 곳이 없습니다. 그러니 성 밖에서 한곳을 정해 혼례를 치르도록 합시다."

이 말을 들은 공자 위가 몹시 화가 났고 태재太宰 백주리伯州犂를 보내 자우에게 말을 전했다.

"귀국의 군주는 자기의 존엄을 낮추고 아국의 영윤 공자 위에게 공손단의 여식을 부인으로 맞을 수 있는 은혜를 베풀었습니다. 만약 황폐한 야외에서 혼례를 치른다면 이는 귀국 군주의 은혜를 풀 속에 방치하는 것이 아니겠습니까? 그렇게 되면 아국의 영윤 공자 위는 다른 대신들과 같은 반열에설 수 없을 것입니다. 뿐만 아니라 공자 위는 조상님들을 속이고 모독한 것

으로 되니 더는 초나라의 신하라 할 수 없게 됩니다. 이는 공자 위를 너무
나도 심하게 경멸하는 처사입니다. 재고해 주시기 바랍니다."

자우는 전혀 아랑곳하지 않고 직언했다.

"태재대인, 우리 정나라가 나라가 작은 것이 잘못일 수는 없습니다. 소국
이 너무나 대국에 의존하여 경계심을 잃는다면 그것이 바로 잘못일 것입
니다. 많은 소국들이 대국을 등에 업고 자신의 평안을 도모하려 하는 것은
사실입니다. 허나 일부 대국은 겉으로는 우호적인 척하면서 마음속으로는
악의를 품고 암암리에 소국을 멸하려 합니다. 겉으로는 강대한 이런 대국
은 자신의 총명을 자부하지만 사실은 매우 아둔하고 가련한 것입니다. 이
들은 하나의 소국이 대국에 의존하다가 오히려 그 대국에 의해 멸망된다
면 다른 여러 작은 제후국들이 경계심을 더 크게 가지고 대국의 겉 발린 말
을 믿지 않을 것이라는 도리를 모릅니다. 우리 정나라도 과거의 고난 속에
서 경험과 교훈을 얻었습니다. 공자 위가 성 밖에서 혼례를 치르는 일에 대
해 우리도 정말 유감이라고 생각합니다. 허나 그럴 수밖에 없는 것이 만약
귀국의 군대가 성 안에 들어온다면 정나라는 이 땅에서 사라질 것입니다.
이 점에 대해 태재께서 저보다 더 잘 아시리라 믿습니다."

자우의 말은 초나라의 정곡을 찌른 것이었다. 이들은 "영친기회를 타 정
나라를 멸하려"던 음모가 드러났고 정나라가 이미 준비를 갖추고 있음을
알아차렸다. 초나라는 하는 수 없이 기습계획을 포기하였고 군대를 성 안

으로 들여보내지 않기로 약속했으며 이때에서야 정나라는 혼례를 성안에서 치르는데 동의했다. 이해 정월 보름에 공자 위가 정나라의 도읍에 들어가 공손씨와 혼례를 치르고는 곧바로 초나라로 돌아갔다.

抱薪救火 포신구화

글자풀이	안을 포(抱 bào), 섶나무 신(薪 xīn), 구원할 구(救 jiù), 불 화(火 huǒ).
뜻풀이	① 장작을 안고 불을 끄다.
	② 재난을 없애려다가 (방법이 잘못되어) 도리어 재난을 더 크게 하다.
출전	한(漢) 사마천(司馬遷) 『사기·위세가(史記·魏世家)』

유래   전국시대戰國時代 말에 진秦나라의 국력이 강성해지면서 위魏나라를 거듭 공격했다. 위나라는 이를 막을 힘이 없었고 많은 국토를 잃게 되었다. 기원전 273년에 진나라가 재차 공격해오니 위나라 왕은 황급히 대신들을 모아 놓고 대책을 논의했다. 대신들은 오랫동안 이어진 전란을 겪으면서 진나라에 대한 공포가 극에 달해 누구도 항전이라는 두 글자를 입에 올리지 못했으며 오히려 황하黃河 이북과 태항산太行山 이남의 넓은 국토를 대가로 진나라와 강화를 맺을 것을 위왕에게 권했다.

책사인 소대蘇代는 "합종항진合縱抗秦" 즉 여러 제후국의 힘을 모아 진나라에 대항하기를 주장했던 소진蘇秦의 동생이었으며 그 자신도 이를 극력 주장한 사람이다. 소대는 대신들의 말을 듣고는 분연히 왕 앞에 나서서 말했다.

"진나라의 욕심은 끝이 없는 것, 만약 대왕께서 국토와 주권을 내주고 평화를 얻으시려 한다면 이는 아니 될 일이옵니다. 우리의 국토가 남아 있는 이상 침략군의 욕망을 영원히 만족시킬 수 없습니다. 이는 장작이나 섶으로 불을 끄려는 것과 같은 도리입니다抱薪救火. 붙는 불을 끄려고 땔감을 던져 넣는다면 어찌 불을 끌 수가 있겠나이까? 땔감이 다 타기 전까지 불은 절대 꺼지지 않습니다."

소대가 설득하려 했지만 겁이 많은 위왕은 눈앞의 평화만을 생각해 대신들의 뜻대로 많은 국토를 진나라에 내주었다. 허나 기원전 225년에 진나라 대군이 다시 쳐들어와 위나라의 도성인 대량大梁을 포위하였고 황하의 둑을 터뜨렸다. 그 물에 성곽들이 잠기니 위나라는 결국 멸망의 운명을 피하지 못했다.

杯弓蛇影 배궁사영

글자풀이	잔 배(杯 bēi), 활 궁(弓 gōng), 뱀 사(蛇 shé), 그림자 영(影 yǐng).
뜻풀이	공연한 의혹으로 고민을 하다.
출전	한(漢) 응소(應劭)『풍속통의·괴신(風俗通義·怪神)』

유래   동한東漢 때 급읍汲邑 현령 응빈應郴이 어느 해 여름 주부主簿 두선杜宣을 집에 청해 함께 술잔을 기울였다. 주연은 대청에 마련되었고 대청의 북쪽 벽에는 붉은 색 활이 걸려 있었다. 그런데 실내에 빛이 비추면서 활의 그림자가 잔 속의 술에 비꼈고 잔 속의 술이 움직이면 그 활도 함께 일렁였다. 이를 본 두선이 작은 뱀이 술잔에서 움직이는가 하여 크게 놀랐으나 상관과 함께 하는 자리라 마다하지 못하고 억지로 술을 마셨다.

집에 돌아온 두선은 생각할 수록 온몸이 아파나는 것 같았고 특히 속에서 큰 통증이 느껴지는 것 같아 아무것도 먹을 수가 없었고 끝내는 몸져누웠다. 집식구들이 온갖 방법을 다해 치료를 했으나 전혀 차도가 없었고 두선은 점점 겨릅대같이 말라버렸다. 얼마간 시일이 흐른 후 응빈이 공무차로 두선을 찾아갔다가 이를 보고는 크게 놀라 왜 이렇게 되었는가 물었다. 이에 두선은 그날 응빈대인의 집에 가서 마신 술에 뱀이 들어 있었고 그 때문에 이렇게 병에 걸렸다고 하소연했다. 응빈이 집에 돌아가 한참이나 생

각해 보았으나 술잔 속에 뱀이 들어 있었다는 것이 이해가 되지 않았다. 그
러다가 머리를 들어 북쪽 벽에 걸린 활을 보고는 짚이는 바가 있어 술잔에
술을 부어서는 두선이 앉았던 곳에 앉아서 보니 과연 술잔에 작은 뱀과 흡
사한 그림자가 비쳤다.

　이에 응빈은 수종을 보내 두선을 모셔오라 하고는 지난번 자리에 술상
을 차렸다. 두선이 잔을 들여다보니 뱀의 그림자가 또 있는지라 혼비백산
했다. 응빈이 웃으면서 백에 걸린 활을 가리키며 말했다.

"자세히 보시구려. 이는 벽에 걸린 활의 그림자일 뿐이니 어찌 뱀이라 한단
　말이요?"

그러고는 하인을 시켜 활을 내리라 하니 술잔 속 뱀의 그림자가 가뭇없이 사라졌다. 이때에야 두선은 영문을 알게 되었고 병도 곧 나았다.

같은 이야기는 서진西晉 때 사람인 악광樂廣의 친구에게도 발생했다. 역시 잔 속에 비낀 활의 그림자를 보고 놀라서 병에 걸렸고 결국 진상을 알게 된 후에는 의심과 두려움을 해소한 친구의 병이 금방 나았다는 이야기이다.

背水一戰 배수일전

글자풀이	등 배(背 bèi), 물 수(水 shuǐ), 한 일(一 yī), 싸움 전(戰 zhàn).
뜻풀이	배수진을 치고 싸우다.
출전	한(漢) 사마천(司馬遷)『사기·회음후열전(史記·淮陰侯列傳)』

유래   진秦나라 말 천하가 혼란에 빠지고 각지의 제후들이 서로 패권을 잡으려 했다. 한왕漢王 유방劉邦 수하의 장군 한신韓信이 관중關中을 공략한 후 동으로 황하를 건너 위왕魏王 유표劉豹를 사로잡았으며 이어 장이張耳와 함께 수만의 한나라 군사를 이끌고 계속 조趙나라로 향했다. 조나라 왕은 즉시 대장 진여陳餘와 이좌거李左車 등과 함께 20여 만의 군사를 인솔해 정형구井陘口라는 곳에 주둔하면서 한나라의 군사를 막아보려 했다.

이좌거가 조왕에게 이런 군략을 내놓았다.

"한나라 군사들은 멀리에서 왔고 그 보급로가 깁니다. 소장에게 3만의 군사를 내주시면 제가 가서 그들의 보급로를 차단하겠습니다. 대왕께서는 대군을 거느리고 높은 성벽과 해자를 이용해 정면을 방어만 하시고 한나라 군사와의 교전을 피하십시오. 이곳 정형구는 양쪽에 산이 있고 들어오는 길이 협소하여 한나라 군대의 전차와 군마가 들어오기 쉽지 않을 것입

니다. 이들이 이곳까지 와서 공격할 수도 없고 퇴로 또한 차단된다면 열흘

도 못되어 무너질 것이오니 한신과 장이의 목은 우리 손에 쉽게 들어올 것

입니다."

그러나 조왕은 이좌거의 의견을 가납하지 않았다. 그는 한나라 군사의
수가 적으니 일격에 무너뜨릴 수 있다고 믿었으며 정면대결을 하기로 결정
했다.

조왕이 이좌거의 계책을 받아들이지 않았음을 알게 된 한신은 크게 기
뻐했다. 그는 친히 군사를 이끌고 정형구에서 30리 떨어진 곳에 본진을 마
련했으며 1만의 군사를 선발대로 강을 건너 진을 치도록 했다. 그리고는
암암리에 기병 2천을 보내 사람마다 한나라 깃발을 들고 야음을 틈타 조나
라 군사들의 군영 뒤쪽에 접근하도록 배치했다. 이들에게는 조나라 군사
들이 군영을 떠나 한나라 군과 교전을 하면 즉시 군영에 쳐들어가 조나라
군의 깃발 대신 한나라 군의 깃발을 꽂도록 했다.

한나라 군사들이 퇴로가 없는 배수의 진을 쳤다고 척후병들이 알려오
자 조왕은 유명한 한신도 용병술에 어두워 군사들을 사지에 몰아넣는다고
비웃고는 전군에 진격명령을 내렸다. 한신도 군사들을 이끌고 출격했으며
조나라 왕과 진여는 전군을 이끌고 싸웠다. 양쪽 군사들이 교전을 하니 시
체가 산을 이루고 강물이 피로 물들었다.

이쪽에서 전투가 치열하게 벌어지고 있을 때 한나라의 2천 기병은 조나
라 군영이 거의 비어 있는 것을 보고는 너도나도 앞다투어 쳐들어갔다. 군
영을 지키던 군사들이 기습을 받고 사처로 도망을 쳤고 한나라 기병들은

조나라의 깃발을 뽑아 버리고 대신 한나라 깃발을 꽂았다.

한편 한신은 전투에서 쉽게 조나라 군사를 이길 수 없음을 알고 군사들에게 패한 척하면서 퇴각하라고 명령했다. 한나라 군사들이 저수泜水가에까지 퇴각해 그곳에 진을 친 1만의 군사들과 합류했다.

조왕과 진여, 이좌거가 조나라 군사들을 지휘해 저수가까지 추격하면서 한나라 군사들을 강에 몰아넣으려 했다. 허나 배수진을 친 한나라 군사들은 퇴로가 없어 죽기내기로 싸울 수밖에 없으니 그 용맹을 당해낼 수가 없었다.

조나라 군은 상대방이 물밀듯이 치고 들어오는 것을 보고 황급히 퇴각했다. 한나라 군이 기세를 몰아 추격하니 조나라의 군사들은 허겁지겁 본진으로 도망했다. 그런데 멀리서 본진을 보니 도처에 한나라의 깃발만 보이는지라 크게 당황했다. 이때 조왕도 별 방도가 없었고 본진이 한나라 군에 완전히 점령된 것이라 여겼다. 조나라 군은 사기가 땅에 떨어지고 군심이 흔들리기 시작했다. 이를 틈타 한나라 군이 앞뒤로 협공을 하니 조나라 군사들은 물먹은 담처럼 허물어지기 시작했다. 결국 조왕은 포로로 잡히고 조나라의 장수 여러 명이 전사했으며 이좌거 역시 사로잡혔다.

한나라의 대승이었다. 이좌거가 끌려오자 한신은 직접 포박을 풀어주고 상빈의 예로 대했다.

이좌거가 한신에게 물었다.

"배수의 진을 치는 것은 병가의 금기라고 알고 있는데 장군께서는 왜 그런 진을 쳐서 대승을 거둘 수 있은 것입니까?"

이에 한신이 말했다.

"저는 군졸들을 일부러 사지에 몰아넣었습니다. 그래야 그들이 목숨을 걸고 싸울 수 있기 때문입니다. 만약 퇴로가 있었다면 군졸들은 도망을 갈 것이고 죽기내기로 싸우지 않을 것입니다. 병법에 '죽고저 한다면 살 길이 생길 것'이라 한 것이 바로 이 도리인 것입니다."

篳路藍縷 필로남루

글자풀이	울타리 필(篳 bì), 길 로(路 lù), 남빛 람(藍 lán), 실 루(縷 lǚ).
뜻풀이	① 섶나무로 만든 초라한 수레와 누덕 기운 해진 옷.
	② 신규사업 개척의 어려움을 비유하는 말.
출전	춘추로(春秋·魯) 좌구명(左丘明)
	『좌전·선공12년(左傳·宣公十二年)』

유래　　　춘추시대春秋時代에 초장왕楚莊王이 친히 군사를 이끌고 정鄭나라를 공격하니 이를 막지 못한 정나라는 화의를 청했다. 진晉나라가 이 소식을 듣고는 즉시 군사를 보내 정나라를 도우려 했는데 그 목적은 정나라를 속국으로 만들기 위해서였다. 그러나 진나라 군사가 황하黃河를 건너기도 전에 정나라는 이미 굴복했고 초나라는 승리를 한 후 회군하려 했다. 이런 상황에서 진나라 군대는 어떤 선택이든 해야 했다. 중군中軍의 주장인 순림부荀林父 등 일부 장수들은 진격을 중지할 것을 주장했으나 중군 부장副將 선곡先縠과 일부 장수들이 이를 반대하였으니 결국 쌍방은 갑론을박을 하게 되었다. 이때 마침 정나라의 대부大夫 황술皇戌이 진나라 군중에 와서 이렇게 말했다.

"지금 초나라 군사는 손쉽게 승전을 했는지라 기고만장할 것입니다. 그리고 이들은 피로한 상태일 것이니 크게 경계하지도 않을 것입니다. 만약 당신들이 출병하여 초나라 군대를 공격하고 우리가 돕는다면 반드시 대승을 거둘 것입니다."

진나라의 선곡 등 장수들은 황술의 계책을 찬성했다.

허나 하군下軍 부장 난서欒書는 이를 극력 반대하면서 그 이유를 이렇게 밝혔다.

"용庸나라를 멸망시킨 후부터 초나라는 백성들에게 나라를 세우는 어려움을 잊지 말고 화근이 일어나는 것을 경계하라고 타일러 왔습니다. 초나라의 선대왕들인 약오若敖와 분모蚡冒는 나라를 일으킬 때 섶나무로 만든 초라한 수레를 끌고 남루하고 해진 옷을 입고篳路藍縷 황무지를 개간하는 어려움을 겪었습니다. 이런 역사로 유추해 볼 때 초나라 군사들이 어찌 교만하다고 할 수 있겠습니까? 명분이 없는 전쟁은 이길 수 없습니다. 우리 군대가 초나라 군을 공격한다면 이는 초나라에 명분이 있고 우리는 명분이 없는 것입니다. 게다가 초나라 왕이 친히 대군을 인솔하고 만약을 대비해 밤낮으로 경계를 늦추지 않고 있으니 어찌 이들이 피로한 군대이고 경계심이 없다 하겠나이까? 정나라가 우리에게 초나라 군대를 공격하라 함은 사실 진정으로 우리를 따르려 함이 아닙니다. 우리가 승전을 하면 이들은 우리한테 잘 보일 것이고 초나라가 승전을 한다면 또 다시 초나라에 항복할 것입니다. 그러할진대 어찌 정나라의 말을 믿을 수 있겠나이까?"

그러나 주전파主戰派의 의견이 우세했고 진나라 군은 난서의 정확한 의견을 무시했다. 그 결과 진나라 군대는 초나라와의 전투에서 참패를 면치 못했다.

別有天地 별유천지

글자풀이	다를 별(別 bié), 있을 유(有 yǒu), 하늘 천(天 tiān), 땅 지(地 dì).
뜻풀이	① 속계를 떠난 특별한 경지에 있다. ② 남과는 다른 심경을 지니다.
	③ 별천지의 가경(佳景)이다. ④ 달리 활동하는 바가 있다.
출전	당(唐) 이백(李白) 저『산중문답(山中問答)』

유래   당나라의 대시인 이백은 자가 태백太白이며 어릴 때부터 고향을 떠나 세상을 두루 돌아다니면서 견식을 넓혔다. 몇 년 사이에 그는 현재의 호남湖南, 호북湖北, 강소江蘇, 절강浙江 등 여러 곳을 찾았다.

　이백은 재능이 출중했고 포부 또한 컸는데 정치에 참가할 수 있기를 계속 갈망해 왔으나 부패한 정계에서 그의 광명정대한 흉금과 정직하고 대바른 성격은 다른 사람들의 배척을 받게 되었고 결국 십여 년동안 정계에 입문할 수가 없었다. 그러다가 마흔 한 살이 되던 해에 이백은 당현종唐玄宗의 부름을 받게 되고 따라서 그의 재능은 도성에서 크게 이름을 날렸다. 당시의 당현종은 향락만을 추구하는 "태평천자太平天子"였고 대권은 간신인 이림보李林甫와 환관 고력사高力士의 수중에 장악되었다. 당현종이 이백을 등용한 이유는 황제를 칭송할 줄만 아는 어용문인을 찾기 위해서였으나 고고한 성품의 이백은 황제와 대신들 면전에서 전혀 아부하지 않았기에 고력사

등 사람들의 비방과 중상을 당하면서 점차 당현종의 신임을 잃게 되었다.

이백은 당현종이 자신을 중용할 생각이 없음을 알게 된 후 조정을 떠날 뜻을 밝히고는 또다시 10년이라는 긴 유람생활을 시작했다. 현실 생활 속에서 여러 번의 좌절을 겪은 이백은 신선의 도를 닦아 추악한 현실을 탈피하고 아름다운 생활을 찾으려고 결심한다. "산중문답"은 바로 아름다운 경지를 추구하는 이백의 심경을 보여주는 시이다.

묻노니, 그대는 왜 푸른 산에 사는가,　　問余何事棲碧山 문여하사서벽산

웃을 뿐, 답은 않고 마음이 한가롭네.　　笑而不答心自閑 소이부답심자한

복사꽃 띄워 물은 아득히 흘러가나니　　桃花流水杳然去 도화유수묘연거

별천지일세, 인간 세상 아니라네.　　別有天地非人間 별유천지비인간

시의 마지막 구절 "별유천지비인간"에 사용된 별유천지는 바로 인간 세상에서 볼 수 없는 비경을 묘사한 것이다.

兵不厭詐 병불염사

글자풀이	군사 병(兵 bīng), 아닐 불(不 bù),
	싫어할 염(厭 yàn), 속일 사(詐 zhà).
뜻풀이	① 전투에서는 적을 기만하는 전술을 쓸 수 있다.
	② 싸움에서는 적을 속여 넘겨도 좋다.
출전	『한비자·난일(韓非子·難一)』

유래　　기원전 633년 초楚나라가 송宋나라를 공격하니 송宋나라는 진晉나라에 구원을 청했다. 이듬해 봄 진문공晉文公이 군사를 보내 초나라의 동맹국인 조趙나라와 위衛나라를 점령하고는 초나라와 관계를 단절해야만 두 나라의 복국復國을 고려할 것이라고 엄포를 놓았다. 이에 격노한 초나라가 송宋나라에 대한 포위를 풀고 진나라와 교전했다. 두 나라 군대는 성복城濮에서 마주하게 되었다.

당시 초나라는 진陳, 채蔡 등 나라들을 연합하여 그 군세가 강했고 진나라는 제齊, 송 등 나라와 연합했으나 병력은 상대적으로 약세였다. 진문공이 외삼촌인 자범子犯을 불러 대책을 물으니 자범이 이런 계략을 내놓았다.

"신이 들은 바로는 예의를 지키는 군자를 대할 때는 충정과 신용을 많이 보여쥐 그 신뢰를 얻을 것이요, 죽고 죽이는 싸움터에서는 기만적인 수단을 자주 써서 대방을 교란하라 했습니다兵不厭詐. 대왕께서는 적군을 속이는 방법을 쓰심이 가당한 줄로 아뢰옵니다."

진문공이 자범의 계략을 가납하여 먼저 진나라와 채나라 군대가 주축을 이룬 초나라 군의 우익右翼을 제압하고는 주력군은 철수하는 척하면서 초나라 군의 좌익左翼을 매복지로 유인하고 협공을 가했다. 이에 초나라군의 좌익도 크게 패하니 중군은 하는 수 없이 철수하게 되었다.

이것이 바로 역사상 유명한 적은 병력으로 강한 병력을 이긴 성복대전이다. 여기서 승리한 진나라는 제, 로魯, 송, 정鄭, 채, 거莒, 위衛 등 나라들과 회맹을 하고 제후들의 패주霸主가 되었다.

"병불염사" 이 성어는 『한비자·난일』 중 "전쟁에서는 속임수를 쓸 수 있다"고 한 말에서 기인했다. 성복대전은 바로 이 군사책략을 행동에 옮긴 것이라 할 수 있다.

兵貴神速 병귀신속

글자풀이	군사 병(兵 bīng), 귀할 귀(貴 guì), 귀신 신(神 shén), 빠를 속(速 sù).
뜻풀이	① 군사는 신속성이 첫째다. 군대는 신속성을 가장 귀중하게 생각한다.
	② 군사를 지휘함에는 신속을 위주로 해야 한다.
출전	진수(陳壽)『삼국지·위서·곽가전(三國志·魏書·郭嘉傳)』

유래   동한東漢 말에 천하가 크게 혼란해지고 여러 곳에서 반란이 일어났다. 당시 대 군벌 원소袁紹는 기주冀州와 청주靑州, 유주幽州, 병주幷州 (현재의 산동, 하북, 산서 등 지역) 등 네 개 주를 점령하고 북방에서 군사실력이 제일 강한 세력으로 부상했다.

원소의 세력범위 이북의 요동遼東과 요서遼西와 북평北平(현재의 하북 동북부 지역) 세 군에는 소수민족 부락연맹이 있었는데 그중에서도 요서 탑돈 선우蹋頓單于의 세력이 제일 막강했다. 관할지역이 외래침입을 받지 않도록 보장하기 위해 원소는 화친의 방법을 써서 이들과의 군사대결을 피했다.

기원 200년에 원소와 다른 한 군벌인 조조曹操가 관도官渡에서 맞붙게 되었다. 그 결과 원소는 전술적으로 허점을 보이면서 대패했다. 이로 하여 천하통일의 꿈을 가지고 있던 원소는 병들어 앓다가 결국 죽고 말았다.

원소가 죽은 지 얼마 되지 않아 그의 아들인 원상袁尙이 기회를 틈 타 스스로를 기주목冀州牧으로 봉했다. 맏아들인 원담袁譚은 원상하고는 서로 알륵이 있었고 형제간에 화목하지 못했다. 조조는 이 기회에 대군을 파견해 원담과 원상을 소멸하고 북방을 일거에 통일하려 계획했다. 강적을 눈앞에 두게 된 원씨 형제는 즉시 연합해 조조군에 저항했고 이를 본 조조는 군대를 철수시켰다. 조조 군이 물러가자 형제는 또 다시 반목하고 서로 음해하기에 바빴다.

후에 원담이 안평安平과 발해渤海, 하간河間 등 군郡을 탈취하니 원상은 본거지를 잃게 되고 하는 수 없이 다른 동생인 원희袁熙를 찾아 갔다. 이를 틈타 조조군은 원담을 공격했다. 용감한 조조군은 재빨리 발해군渤海郡 성남을 공략했고 원담도 혼전 중에 조조군에 의해 살해되었다. 마침 이때 원희의 부장인 초촉焦觸, 장남張南이 원씨 형제를 배반하고 성을 조조에게 내주었다. 이에 원희와 원상은 북방의 탑돈선우에게 찾아가 비호를 청했다.

탑돈선우는 의리를 중히 여기는 사람이라 원소가 베푼 은혜를 잊지 않고 있었고 원씨 형제가 잃은 땅을 수복하도록 도와주리라 결심했다. 탑돈선우의 군사는 늘 북방지역을 침입했고 이는 조조의 큰 골칫덩어리가 되었다. 기원 207년에 조조는 친히 대군을 통솔해 북방의 변경지역을 평정하려 계획했다.

전쟁의 시작단계에 조조군은 병졸과 군수품이 너무 많아 한 달 간 행군해서야 겨우 하간군河澗郡의 역성易城에 도착했다. 이런 상황을 통찰한 책사 곽가郭嘉가 조조에게 간언했다.

"군사를 사용함에 있어서 신속함이 생명입니다兵貴神速. 그래야 적들이 우리의 의중을 알아채지 못할 것입니다. 지금 우리는 천리나 떨어진 먼 곳에 가서 싸워야 하지만 행군속도는 굼뜹니다. 현재의 대안은 대량의 군수품은 버리고 경기병을 파견해 밤에 낮을 이어 달려가 적의 본거지에 깊숙이 침투함으로써 적들이 알아차리기 전에 공격을 발동해야만 일거에 승리할 수 있습니다."

조조는 즉시 곽가의 계책을 받아들여 직접 경무장을 한 수천의 정예군을 이끌고 북진하였다. 이들은 산과 강을 넘고 밤에 낮을 이어 행군한 끝에 탑돈선우가 있는 유성柳城(현재의 요녕 조양시 서남)을 눈앞에 두었다. 유성과 백리 상거한 백랑산白狼山에서 조조가 이끈 수천의 기병은 탑돈선우의 수만

명 철기병과 조우하게 되었다. 수적으로 큰 열세에 처했으나 조조는 전혀 당황하지 않았다. 그는 높은 곳에 올라가 적정을 살폈는데 창졸히 전투에 응한 적군의 진세가 어지러운 것을 보고는 선봉장 장료張遼에게 군사를 이 끌고 공격하라고 명했다. 조조군은 일당백의 용맹을 발휘했고 적군은 크 게 패했으며 탑돈선우도 전투중에 죽고 말았다.

　이 사자성어는 『삼국지·위서·곽가전』에 기록되어 있을 뿐만 아니라 『손 자·구지孫子·九地』에도 그 기록이 남아있다.

病入膏肓 병입고황

글자풀이	병 병(病 bìng), 들 입(入 rù), 기름 고(膏 gāo), 명치 황(肓 huāng).
뜻풀이	① 병이 이미 고황에 들다.
	② 병이 중태에 빠져 완치될 가망이 없다.
출전	춘추·로(春秋·魯) 좌구명(左丘明)
	『좌전·성공10년(左傳·成公10年)』

유래　　　춘추시대春秋時代 때 진경공晉景公이 중병에 걸렸는데 진陳나라에 명의가 있다는 말을 듣고 사람을 보내어 오기를 청했다. 의원이 아직 도착하지 않았고 경공이 병석에 누워 있노라니 비몽사몽 중에 두 어린이가 하는 귓속말이 들렸다.

한 아이가 "병자가 명의를 청해 온다고 하니 일이 잘못될 것 같아. 빨리 도망치자"고 했고 다른 아이는 "당황할 필요가 없어. 우리가 고膏의 아래쪽, 황肓의 위쪽에 숨어 있으면 아무리 명의가 신묘한 약제를 쓴다 해도 우리를 잡을 방법이 없을 거야"라고 했다.

진경공이 잠에서 깨어 꿈속에서 들었던 말을 상기하며 그 어린이들이 병마病魔인가 하고 이상하게 생각했다. 얼마 후 진나라의 명의가 와서 경공을 진맥한 후 이렇게 말했다.

"대왕의 병환은 더는 손 쓸 수가 없습니다. 병이 황의 위쪽, 고의 아래 쪽에 들어가 있는데 탕제의 약효는 그곳에까지 미치지 못하고 침으로도 별 효과를 보지 못하오니 정말로 고칠 방법이 없는 거지요."

진경공은 의원이 하는 말이 꿈에서 두 어린이가 하던 말과 같은 것을 듣고는 한탄을 하며 말했다.

"너는 정말 훌륭한 의원이구나."

그리고는 명의에게 후하게 재물을 하사하고 사람을 내어 진나라까지 모셔 가도록 했다. 얼마 후 진경공은 병으로 죽었다.

博聞强識 박문강지

글자풀이	넓을 박(博 bó), 들을 문(聞 wén),
	강할 강(强 qiáng), 기록할 지(識 zhì).
뜻풀이	널리 사물(事物)을 보고 들어 잘 기억(記憶)하고 있음.
출전	진(晉) 진수(陳壽) 『삼국지·위서·문제기(三國志·魏書·文帝紀)』

유래　　　　위문제魏文帝 조비曹丕는 어릴 때부터 부친인 조조曹操를 따라 전장을 누볐는데 기마술에 능하고 병장기를 잘 다뤘다. 그는 또 독서도 즐겼는데 행군 중에도 늘 책을 읽었다. 나이가 좀 들자 사서오경四書五經과 제자백가諸子百家의 책을 다 읽었을 정도였다. 그 총명이 뛰어나 어릴 때 읽었던 책의 내용을 다 기억했으며 고금의 역사를 숙달해 수재秀才로 천거된 적이 있으나 이에 응하지 않았다. 조비는 문학창작에도 능했는데 여덟 살에 문장을 썼고 젊을 때에는 창작을 자신의 생명으로 여길 정도였다. 조비는 시와 사, 노래, 부 등 백 여 편을 창작했으며 그중『전론典論』중의「논문論文」은 중국 문학비평사에서 걸출한 작품으로 평가받고 있다. 조비는 일찍 직접『전론』을 필사해 손권孫權에게 선물한 적이 있다.

　조비의 재능에 대해 사서에서는 "천성이 총명하고 붓을 들면 문장이 나오고 박문강지 했으며 재능과 예술을 겸비했다"고 평가했다.

不恥下問 불치하문

글자풀이   아닐 불(不 bù), 부끄럼 치(恥 chǐ), 아래 하(下 xià), 물을 문(問 wèn).

뜻풀이   자기보다 아래 사람에게 물어 보는 것을 부끄럽게 생각하지 않다.

출전   『논어·공야장(論語·公冶長)』

유래   공자孔子는 춘추春秋시대의 위대한 사상가, 정치가, 교육가인 동시에 유가학파儒家學派의 창시자이다. 사람들은 공자를 성인聖人이라 일컫는다. 허나 공자는 자신을 포함한 모든 사람들이 태어날 때부터 학문을 갖춘 것이 아님을 늘 강조했다.

한번은 공자가 노魯나라 군주의 조상제례에 참가한 적이 있었는데 그는 시도 때도 없이 이것저것 물어 보았고 거의 모든 일을 다른 사람에게 자문했다. 이에 어떤 사람이 공자는 예의범절을 잘 몰라 무슨 일이나 물어본다고 조롱했다. 이를 알게 된 공자가 말했다.

"모르는 일을 물어볼 때는 알 때까지 물어야 한다. 이것이 바로 내가 예의를 알려고 하는 방증이지 않느냐?"

당시 위衛나라의 대부 공어孔圉는 열린 마음으로 배우기를 즐겼고 사람됨이 정직했다. 그가 죽은 후 받은 익호는 '문文'이었고 후세 사람들은 그를 공문자孔文子라 불렀다. 공자의 제자인 자공子貢은 공어가 부족한 부분이 있다고 생각하고 공자에게 불만을 토로했다.

"스승님, 공어는 무슨 자격으로 '문'이라는 익호를 받았단 말입니까?"

이에 공자가 말했다.

"명민하고 배우기를 즐겼고 불치하문 했으니 이가 바로 '문'이 아니겠느냐?"

그 뜻인즉 공어가 총명하면서도 배우기를 즐겼고 직위나 학문이 자신보다 낮은 사람에게 가르침을 받는 것을 수치로 여기지 않았으니 '문'이라는 익호를 쓸 자격이 충분하다는 것이다.

공자의 이 말에서 유래한 성어 '불치하문'은 지위나 학문이 자신보다 낮은 사람에게 가르침을 청할 때 사용하게 되었으며 겸손함이나 배우기를 즐기고 자만하지 않는 사람을 형용하기도 한다.

不得人心 부득인심

글자풀이	아니 부(不 bù), 얻을 득(得 dé), 사람 인(人 rén), 마음 심(心 xīn).
뜻풀이	① 인심을 얻지 못하다. ② 사람들의 미움을 사다.
출전	5대·후진(五代·後晉) 류구(劉昫) 등
	『구당서·가서한전(舊唐書·哥舒翰傳)』

유래   당현종唐玄宗 때 범양절도사范陽節度使 안록산安祿山이 10만의 군사를 이끌고 반란을 일으켜 중원 일대를 점령했다. 조정에서 봉상청封常淸, 고선지高仙芝 두 장군에게 군사를 내주어 토벌케 했으나 태평성대를 오래 누렸던지라 병사들이 훈련을 제대로 하지 않아 전투력이 형편없었다. 그 결과 안록산의 군대와 접전하자마자 연이어 패전을 하고 동관潼關에 퇴각해 성을 지켰다. 이에 현종은 와병 중이던 평서군왕西平郡王이며 하서절도사河西節度使인 가서한을 불러 반란군을 막으라고 했다.

가서한은 안록산이 겉으로는 간신 양국충楊國忠을 없앤다고 반란 이유를 말하지만 그 속셈은 당나라의 강산을 차지하려는 것이고 이는 인심을 얻지 못할 것이라고 분석했다不得人心. 그는 분화와 와해수단을 사용해야 함을 주장하면서 먼저 출전을 하지 않고 있다가 반란군 내부에서 내홍이 생기면 유리한 시기를 택해 성을 나가 한꺼번에 적군을 쓸어버려야 한다는 계책을

내놓았다.

그러나 현종은 "반란군의 방비가 허술하다"는 말을 믿었고 여기에 가서한이 병권을 잡는 것이 자신에게 불리하다고 여긴 양국충이 여러 번 황제에게 주청을 드려 가서한의 출병을 재촉했다. 현종이 보낸 전령이 연이어 들이닥쳐 가서한에게 출격을 명하는 교지를 전했다. 가서한이 하는 수 없이 군사를 이끌고 출격했으나 안록산군에 크게 패하고 포로로 잡히는 몸이 되었다.

不拘小節 불구소절

글자풀이	아닐 불(不 bù), 거리낄 구(拘 jū),
	작을 소(小 xiǎo), 마디 절(節 jié).
뜻풀이	① 사소한 것에 구애되지 않다.
	② 사소한 일에 주의를 돌리지 않다. 지금은 생활상의 사소한 일
	에 주의를 돌리지 않는다는 뜻으로 많이 쓰임.
출전	남조·송(南朝·宋) 범엽(范曄)『후한서·우연전(後漢書·虞延傳)』

유래   동한東漢 때 진류陳留 태생인 우연虞延은 몸집이 우람지고 힘
이 장사여서 천근짜리 솥을 어깨에 놓고도 날아가는 듯 달렸는데 이웃들이
이를 보고는 하늘이 내린 신장神將이라고 감탄할 지경이었다. 우연이 젊었
을 때 고향에서 정장亭長으로 있었다. 당시 이 지방에는 큰 부잣집이 있었
는데 왕망王莽이 총애하는 위귀인魏貴人과 먼 친척이라는 것을 턱 대고 그 가
노들이 포악한 짓을 서슴지 않았다. 우연이 이를 전해 듣고는 노기가 충천
해 그 불량배 가노들을 하옥시켰다. 이 일로 하여 우연은 오래도록 승차를
할 수가 없었다.

   왕망 정권이 멸망한 후 유수劉秀가 황제로 되었으며 우연은 세양현細陽縣
현령으로 파견되었다. 그때 사람들은 복날과 섣달 이 절기를 특별히 중히

여겨 이 기간에는 조상에게 제를 올리고 친지와 친구들을 만나곤 했다. 우연은 이 기간이 되면 옥에 갇힌 죄수들이 집에 가서 식구들과 만나도록 파격적인 조치를 취했다. 이에 죄수들이 감읍했고 모두가 제 기한 내에 돌아왔다. 한번은 죄수 한 명이 집에 갔다가 병에 걸렸는데 기한을 어기지 않기 위해 돈을 내어 수레를 타고 옥에 돌아왔으나 오자마자 죽고 말았다. 우연은 죄수가 신의를 잘 지키는 사람이라 여겨 직접 여러 사람들과 함께 죄수를 성 밖에 매장해 주었다. 이 일로 죄수들의 가족과 백성들이 크게 감동을 받았다.

그 후에 우연이 관직을 사임하고 고향에 돌아갔다. 현지의 태수 부종(富宗)은 우연의 명성을 오래전부터 들어왔던 차라 공조功曹를 맡아 줄 것을 우연에게 청했다. 부종은 사치한 생활을 하였는데 그 복식이나 수레가 조정에서 규정한 기준을 초과하는 경우가 많았다. 우연은 이러다가는 조만간에 법을 어길 것이라고 여겨 부종에게 간했다.

"안영晏嬰이 제齊나라 재상으로 있을 때는 그럴듯한 가죽옷 한 벌도 없었고 계문자季文子가 노魯나라 재상으로 있을 때는 그의 아내가 종래로 비단옷을 입은 적이 없었습니다. 고금을 통틀어 검소한 생활을 하는 사람은 생활상 잘못을 저지르는 경우가 드물었습니다. 허나 공께서는 이처럼 낭비가 심하니 조심하셔야겠습니다."

부종이 우연의 권고를 무시하고 여전히 제멋대로 했다. 부종이 잘못을 깨닫지 않는 것을 본 우연은 조만간 일이 터질 것이라 생각하고는 즉시 사임을 하고 낙향했다. 얼마 후 부종의 사치가 지나치다고 상소하는 사람이 있었고 황제는 그 죄를 물어 극형에 처하라고 명했다. 형장에서 부종은 과거 우연이 좋은 말로 권고했던 일을 생각하고는 후회하며 개탄했다.

"당초 우연의 말을 들었을걸. 그랬다면 어찌 오늘 목이 떨어지는 화를 당할수 있었으랴."

어떤 자가 이 말을 황제 유수에게 전하니 황제는 우연이라는 인물을 기억하게 되었다.

한나라 건무建武 20년(기원 44년)에 유수가 동부지역을 돌아보는 길에 소릉昭陵을 지나면서 독우督郵벼슬을 하고 있던 우연을 불렀다. 황제가 보니 우연은 법도가 있고 모습이 당당했으며 예의가 몸에 배어 있었다. 특히 제사에 관한 일과 소릉의 나무품종과 그 수에 대해 물 흐르듯 대답하는 것을 보고 황제는 크게 만족했다.

그러나 이어 유수의 마차가 봉구문封丘門을 지나려고 하니 문이 너무 협소하여 의장대가 통과할 수가 없었으며 길이 크게 막혔다. 유수가 대노하여 시어사侍御史에게 채찍 백대의 벌을 내리자 우연이 나서서 말했다.

"성문이 협소한 것은 지방관의 잘못이고 시어사는 그 책임이 없습니다. 벌을 받아야 할 사람은 바로 소신입니다."

황제가 그 말을 듣고 도리가 있다고 여겨 시어사의 벌을 면해 주었다.

이처럼 대의명분을 잘 따지는 우연을 사람들은 칭송해마지 않았다. 우연은 원칙적으로는 밝았으나 작은 일에서 조심하지 않는 점들이 있어 사서에서는 "그 성격이 소박했으나 사소한 일에 주의를 돌리지 않았다不拘小節"고 평가했다.

不拘一格 불구일격

글자풀이	아닐 불(不 bù), 거리낄 구(拘 jū), 한 일(一 yī), 격식 격(格 gé).
뜻풀이	① 하나의 격식에 구애되지 않다.
	② 한 가지 방법에만 구애되지 않다.
출전	청(淸) 공자진(龔自珍)『기해잡시(己亥雜詩)』

유래　　　공자진龔自珍은 중국 청淸나라 때의 사상가, 문학가이다. 그는 어릴 때부터 학문에 정진했고 특히 시를 즐겨 써서 스무 살에 이미 당대의 유명한 시인이 되었다. 그의 시는 상상력이 풍부하고 언어가 화려하여 낭만주의 풍격을 보여준다. 이와 동시에 그의 시문은 청 조정의 암흑상과 부패함을 폭로하고 개혁을 주장하며 아편금지를 지지하고 침략과 타협을 반대하는 강한 애국주의 정서로 넘친다.

공자진은 27살에 거인擧人에 급제하고 38살에 진사進士급제를 했으며 청 조정에서 25년 정도 관리로 있었다. 그가 관료사회의 부패와 암흑상에 늘 불만을 표시해 왔기에 배척을 당했고 공격을 당하기도 했다. 그러던 그는 48살 되던 해에 관직을 그만두고 낙향했다. 고향으로 돌아가는 길에서 그는 아름다운 강산과 고난 속에서 허덕이는 백성들을 보면서 떠오르는 생각을 담아 여러 수의 시를 지었다.

어느 날 공자진이 진강鎭江을 지나게 되었는데 거리가 떠들썩하고 수많은 사람이 모여 있는지라 무슨 영문인가고 물어보니 현지에서 신들에게 제사를 드리는 의식을 거행하고 있었다. 사람들은 옥황상제와 바람신, 우뢰신 등 하늘의 신들에게 경건한 마음으로 제사를 올렸다. 이때 공자진을 알아보는 사람이 있었고 사람들은 천신제 제문을 써달라고 공자진에게 부탁했다. 이에 공자진이 흔쾌히 허락하고는 『구주생기시풍뢰九州生氣恃風雷』라는 시를 일필휘지했다. 그 시의 내용은 이러하다.

구주에 생기 넘치려면 풍뢰신의 변화가 필요한 법

지금 사람들은 말하기 두려워 무거운 침묵만 지키네.

천신께서 힘을 다시 추스려

필요한 인재를 이 세상에 보내주소서不拘一格降人才.

여기서 '구주九州'는 전반 중국을 말하는 것이다. 마지막 구절의 원문은 '불구일격강인재不拘一格降人才'인데 후세 사람들은 이를 줄여서 '불구일격'이라는 성어로 사용했다.

不可多得 불가다득

글자풀이	아닐 불(不 bù), 옳을 가(可 kě), 많을 다(多 duō), 얻을 득(得 dé).
뜻풀이	① 많이 얻을 수 없다. ② 매우 드물다.
출전	한(漢) 공융(孔融) 『천예형표(薦禰衡表)』

유래　　　동한東漢 말의 예형禰衡은 박식하고 변론에 능했으나 사람됨이 교만했다. 당시의 명사인 공융孔融은 그의 재능을 높이 여겨 "천예형표" 즉 예형을 천거하는 표문을 한헌제漢獻帝에게 올렸다. 이 표문 중에는 "불가다득"이라는 단어가 있다.

　당시 조정의 대권은 조조曹操가 잡고 있었고 한헌제는 표문을 조조에게 넘겨주어 결정하도록 했다. 조조가 예형을 불러 이것저것 물어 보았고 조조의 사람됨을 싫어했던 예형은 조조의 미움을 사게 되었다. 조조가 예형에게 일부러 고사鼓師 즉 북치는 소임을 맡겨 연회석에서 북을 치게 함으로써 사람들 앞에서 망신을 주려 했다. 허나 예형은 이 기회를 이용해 북을 치다가는 조조를 욕하곤 하여 오히려 조조가 망신을 당하게 되었다. 이에 노한 조조가 예형을 죽이려 했으나 나쁜 명성을 얻을까 두려워 다른 사람의 손을 빌려 예형을 처치하려 했다. 그는 예형을 형주荊州의 유표劉表에게 보내 투항을 권하도록 했으며 유표의 손을 빌어 예형을 죽일 생각이었다.

허나 조조의 생각과는 달리 유표는 예형을 상빈으로 모셨다. 그러나 시일이 흐르니 유표는 예형의 오만방자한 태도를 견딜 수 없어 강하태수江夏 황조黃祖의 서기관으로 보냈다.

　황조의 맏아들 황사黃射도 관리였다. 한번은 황사가 연회를 차려 손님들을 청했고 누군가가 연회석에서 앵무새 한 마리를 황사에게 선물했다. 황사는 크게 기뻐하며 예형에게 앵무새를 내용으로 부賦를 지으라고 했다. 예형이 잠깐 생각하더니 붓을 움직여 얼마 안 되어 부를 완성했는데 이것이 바로 그의 대표작인 "앵무부鸚鵡賦"이다.

　예형은 비록 재능과 학문이 출중하고 기억력이 비상하기는 했으나 다른 사람을 눈에 두지 않는 오만한 성격으로 결국 화를 당하게 되었다. 어느 날 황조가 배에서 연회를 차려 손님을 청했는데 예형은 불손한 언사를 했고 이를 황조가 몇 마디 나무랐더니 그 자리에서 황조를 큰 소리로 꾸짖었다. 이에 노한 황조가 예형을 강가에 끌고 올라가 목을 베라고 했다. 얼마 후 황조가 자신의 처사가 지나쳤다고 생각해 급히 맨발바람으로 강가에 올라가 예형을 구하려 했으나 예형은 이미 처형된 뒤였다. 이때 예형의 나이 스물다섯이었다.

不屈不撓 불굴불요

글자풀이	아닐 불(不 bù), 굽을 굴(屈 qū), 아닐 불(不 bù), 굽힐 뇨(撓 náo).
뜻풀이	불요불굴하다. 한번 먹은 마음이 흔들리거나 굽힘이 없다.
출전	한(漢) 반고(班固) 『한서·왕상전(漢書·王商傳)』

유래   한성제漢成帝 때의 승상 왕상王商은 그 위인이 정직하고 엄숙하면서도 성실했으며 악한 세력들과 전혀 타협하지 않는 성격이었다.

한성제 3년 가을 도성 장안長安에는 이제 곧 홍수가 져서 성이 물에 잠길 것이라는 요언이 떠돌았다. 이에 장안성의 백성들이 깜작 놀라 너도나도 가솔들을 거느리고 성을 빠져나갔다.

이 소식이 궁에 전해지자 한성제는 즉시 문무 대신들을 불러 대책을 상의했다. 성제의 외숙인 대장군 왕봉王鳳도 경황실색하여 성제와 태후께서 당장 배를 타고 도읍을 떠나야 한다고 말했다. 대신들 중에서 왕상만이 이를 반대하면서 자신의 주장을 폈다.

"홍수는 급작스레 들이닥치는 법이 없으니 이 소문은 허황한 것입니다. 지금과 같은 중요한 때에 폐하에서는 더구나 쉽게 도성을 비워서는 안 됩니다. 폐하께서 도성을 떠나시면 백성들은 더욱 허둥대게 될 것입니다."

　결국 황제는 왕상의 의견을 가납하여 도성에 남았다. 며칠이 지나도 홍수는 발생하지 않았고 따라서 요언은 사라졌으며 도성도 원래의 질서를 회복했다. 조사를 해보니 소문은 요언임이 밝혀졌다. 이 일을 겪고 나서 성제는 자신의 주장을 굽히지 않는 왕상의 성품을 매우 가상하게 여기게 되었으나 왕봉은 자신이 왕상에게 망신을 당했다고 생각해 앙심을 품었다.

　왕봉의 친척 중에 낭야태수琅邪太守로 있는 양융楊肜이라는 자가 있었는데 직무에 태만하기가 일쑤였고 악행을 서슴지 않았다. 왕상이 이를 징계하려고 하니 왕봉이 직접 달려와 양융을 위해 사정을 했으나 왕상은 법을 내세워 양융의 관직을 삭탈했다. 왕봉이 더욱 악감을 품고 천방백계로 보복을 하려 했다. 그는 같은 무리들과 함께 왕상을 모함했으며 결국 한성제가 참언을 믿고 왕상의 승상직을 삭탈했다.

『한서』를 쓴 반고는 왕상의 전기를 쓰면서 "그 위인이 성실하고 공정하였으며 불굴불요하였다"고 평가했다.

不遺餘力 불유여력

글자풀이	아닐 불(不 bù), 남을 유(遺 yí), 남길 여(餘 yú), 힘 력(力 lì).
뜻풀이	① 힘을 남기지 않다. ② 전력(全力)을 기울이다.
출전	한(漢) 유향(劉向)『전국책·조책3 (戰國策·趙策三)』

유래　　　전국시대戰國時代 때 조趙나라는 진秦나라와의 교전에서 연전 연패하고 많은 군사를 잃었다. 조왕이 누창樓昌과 우경虞卿 등을 불러 대책을 의논하면서 모든 병력을 다 한데 모아 진나라와 결전을 하려는 뜻을 알렸다. 누창이 이를 반대했다.

"이는 결코 사태를 해결하는데 도움이 되지 않습니다. 소신이 보기에는 사신을 보내 진나라와 화의하는 게 좋을 것 같습니다."

허나 이를 우경이 반대했다.

"누창공이 진나라와의 화의를 말하는 원인은 만약 화의를 하지 않는다면 우리 군이 전멸될 것임을 염두에 두었을 것입니다. 그러나 현재 화의의 칼자루는 진나라에 있습니다."

이어 우경이 또 왕에게 물었다.

"대왕께서 보기에 진나라는 기어이 우리 군사들을 공격하려는 것입니까, 아니면 다른 속셈이 있는 것입니까?"

조왕이 근심걱정이 쌓인 얼굴로 말했다.

"진나라는 모든 힘을 다해 우리나라를 공격하고 있으니不遺餘力 우리 군을 완전히 소멸한 후에야 공격을 멈출 것이오."

우경이 말했다.

"대왕, 소신의 우견으로는 먼저 금은보화를 지닌 사신을 초楚나라와 위魏나라에 보내는 것이 좋을 듯싶습니다. 이들은 우리의 보물을 얻고 저 사신들을 받아들이고 우리와 손을 잡을 것입니다. 또 조나라의 사신이 초나라, 위나라에 가서 이들의 융숭한 대접을 받은 것을 진나라가 알게 되면 천하의 여러 나라가 연합하여 진나라를 반대하는 것이라 의심해 크게 당황할 것입니다. 이때에 다시 화의를 청하면 큰 효과를 볼 것입니다."

허나 조왕이 우경의 말을 듣지 않고 대신인 정주鄭朱를 진나라에 파견해 화의를 청했고 진나라는 정주 일행을 받아 들였다.
조왕은 일이 되었다고 생각하고 우경을 불러 이렇게 물었다.

"진나라가 내가 화의사신으로 보낸 정주를 받아들였으니 일이 해결될 가망이 있는 것 같은데 경은 어떻게 생각하시오?"

우경이 득의양양해 하는 조왕에게 냉수를 끼얹었다.

"이번 화의담판은 틀림없이 깨질 것이고 조나라의 군대도 궤멸될 것입니다."

조왕이 크게 놀라며 어떻게 된 일인지 알고자 했고 우경이 이런 설명을 했다.

"지금 진나라를 돕고 있는 사람들이 모두 진나라에 집중되어 있습니다. 폐하께서 명사인 정주를 진나라에 사신으로 보냈으니 진왕과 그의 모사인 범저

范睢는 이를 이용해 진나라가 얼마나 대단한지를 천하에 보여주려 할 것입니다. 이렇게 되면 초나라와 위나라는 우리가 이미 진나라와 화의를 한 줄 알고 우리를 구하러 오지 않을 것입니다. 결국 진나라는 여러 나라들이 조나라를 돕지 않을 것임을 알고는 우리와 화의를 맺으려 하지 않을 것입니다."

과연 범저는 진나라의 승전을 축하하러 온 사신들에게 정주가 진나라에 온 것을 크게 부각시키면서 진나라의 위엄을 자랑했으며 결국 화의도 맺지 않았다. 후에 조나라 군대는 주장인 조괄趙括이 탁상공론만 하는 사람이었던지라 장평長平에서 백기白起에게 패하고 전군이 궤멸되었으며 진나라 군사들이 조나라의 한단邯鄲을 포위했다. 조왕은 할 수 없이 6개 현의 땅을 강화조건으로 내놓았고 그제야 진나라 군사들이 한단의 포위를 풀고 돌아갔다. 후에 우경이 조왕에게 물었다.

"진나라 군사들이 물러간 것은 피로 때문입니까 아니면 6개 현을 떼어 주었기 때문입니까?"

조왕이 답했다.

"진나라 군대가 우리를 공격할 때는 전력을 다했으니 내가 보기에 이들이 피로하여 물러간 것이라 생각하오."

우경이 말했다.

"그렇습니다. 진나라는 자신의 힘으로 얻을 수 없는 것을 공격했기에 결국 군사들이 지쳐서 퇴각한 것입니다. 허나 폐하께서는 그들의 힘으로는 얻을 수 없는 것을 이들에게 바쳤으니 이는 상대방을 도와 우리를 공격하는 것이나 다름 없습니다. 소신이 보기에 내년에 진나라가 다시 몰려올 것이고 그때 가서 우리는 살아날 길이 없을 것입니다."

우경의 말을 경청한 조왕은 깊은 사색에 잠겼다.

不遠千里 불원천리

글자풀이	아니 불(不 bù), 멀 원(遠 yuǎn), 일천 천(千 qiān), 마을 리(里 lǐ).
뜻풀이	천리 길도 멀다 하지 않다.
출전	『맹자·양혜왕상(孟子·梁惠王上)』

유래   전국시대戰國時代 유명한 사상가, 정치가인 맹자孟子가 위魏나라에 가서 양혜왕梁惠王을 알현했다. 맹자를 만난 양혜황이 이렇게 물었다.

"선생께서는 먼 길의 노고도 마다하지 않고 불원천리 우리 위나라를 찾으셨을진대不遠千里 이는 위나라에 이로운 일을 알리려 함이 아니겠습니까?

이에 맹자가 대답했다.

"대왕께서는 왜 저를 보시자마자 이로운 점만 찾으시는 겁니까? 그 대신 인仁과 의義를 담론함이 더 좋지 않을까요? 만약 대왕께서 '어떻게 하면 우리나라에 이득을 가져올 것인가?'고 습관처럼 묻게 된다면 대신들은 '어떻게 하면 나의 봉지封地에 이득을 가져올 것인가'를 습관처럼 말하게 될 것이고 선비들과 백성들은 '나한테는 어떤 이득이 생기는가?'고 습관처럼 말하게 될 것입니다. 이렇게 나라의 모든 사람이 자신의 이득만을 생각한다면 그 나라는 매우 위태해집니다."

맹자는 계속해 자기의 주장을 펼쳤다.

"만대이상의 전차戰車를 보유한 대국의 왕을 죽일 수 있는 것은 천대의 전차를 가진 대신입니다. 또 천대이상의 전차를 출동할 수 있는 나라에서 그 군주를 죽일 수 있는 것은 백대의 전차를 가진 신하인 경우가 허다합니다. 대국의 대신은 1만대의 전차 중에서 천대를 차지하고 소국의 대신은 천 대 중에서 백대를 얻는데 이런 대신들은 매우 부유하지만 그 욕심은 영원히 채워지지 않습니다. 지금 전하에서는 나라가 얻을 수 있는 이득을 늘 말씀하시지만 장래에 가서는 대신들이 나라의 재부를 전부 탈취할 수도 있음을 아셔야 할 것이옵니다."

맹자의 말에 양회왕은 크게 느끼는 바가 있었고 그럼 어떻게 해야 하는지를 물었다. 이에 맹자는 그 방법을 말한다.

"그건 쉬운 일입니다. 어진 마음인 인仁을 실천하는 사람은 종래로 그 부모를 버리지 않고, 정의를 따지는 사람은 자기의 주군을 배반하지 않습니다. 전하에서 인의仁義만 지키신다면 큰일을 도모할 수 있을 것입니다."

不自量力 부자양력

글자풀이	아니 부(不 bù), 스스로 자(自 zì), 헤아릴 량(量 liàng), 힘 력(力 lì).
뜻풀이	① 자신의 힘을 가늠하지 않다. ② 주제넘다.
	③ 자기의 분수를 모르다.
출전	춘추·로(春秋·魯) 좌구명(左丘明)
	『좌전·은공11년(左傳·隱公十一年)』

유래   춘추시대春秋時代에 국토가 아주 작은 두 제후국이 있었는데 하나는 정鄭나라이고 다른 하나는 식息나라로 모두 지금의 하남성河南省 경내에 있었다. 기원전 712년에 식나라가 정나라에 대한 전쟁을 시작했다. 식나라의 인력과 물력이 정나라에 훨씬 못 미쳤고 군사력도 많이 약했으니 전쟁은 당연히 식나라의 패배로 끝나게 되었고 그 후의 한동안 식나라의 국력은 더욱 쇠약해졌다.

일부 식견이 있는 사람들은 식나라가 곧 망국의 처지에 빠질 것이라고 분석했다. 그렇게 분석한 이유는 첫째로 식나라가 자기의 덕행이 어떤지를 생각하지 않고 둘째로 자신의 인력과 물력, 군사력을 잘 판단하지 않았으며 셋째로 식나라가 가까이에 있는 나라들과의 관계를 잘 다져놓지 않았고 넷째로 정나라를 공격하는 명분을 똑똑히 알리지 않았으며, 다섯째로

전쟁에 실패한 죄와 책임을 누가 지는가를 명확히 하지 않았다는 것이다. 이 다섯 가지 잘못을 범하고도 다른 나라를 정벌하려 했으니 질 수밖에 없지 않겠는가 하는 것이었다.

과연 얼마 지나지 않아 식나라는 강대한 초나라에 병탄되었다.

才高八斗 재고팔두

글자풀이   재주 재(才 cái), 높을 고(高 gāo), 여덟 팔(八 bā), 말 두(斗 dǒu).

뜻풀이   ① 재능이 풍부하다. ② 재능이 비범하다.

출전   당(唐) 이연수(李延壽)『남사·사령운전(南史·謝靈運傳)』

유래   남조南朝 때 송宋나라의 사령운謝靈運은 중국 역사상 최초의 산수山水시인이다. 그는 어려서부터 총명이 과인했고 공부를 열심히 했으며 어른이 된 후에는 조부 사현謝玄의 강락공康樂公이라는 작위를 승계했다. 하여 후세 사람들은 그를 사강락謝康樂이라고도 부른다.

송무제宋武帝 초년에 황제가 교지를 내려 사령운을 비서감秘書監으로 임명하고 그에게『진서晉書』집필을 명했다. 그러나 사령운이 책의 편찬을 마치기 전에 시중侍中으로 승차를 하게 되었는데 이는 황제의 깊은 신임을 보여주는 것이다.

사령운은 시문이 출중할 뿐만 아니라 서예에도 조예가 깊었다. 하기에 시를 적으면 모두 황제가 소장할 정도였으나 문학에 뜻이 있는 것이 아니었다. 그는 정치적 포부가 대단했으나 쉽게 그 뜻을 펼칠 수 없었다. 황제가 그를 재기가 넘치는 문인정도로만 보기 때문이었다. 하여 그는 때때로 조회에 나가지 않고 대신 집에 연못을 만들고 나무를 심었으며 많은 날짐승들을 길렀고 울적한 마음을 시문으로 달랬다. 기분이 좋을 때는 산천을 둘러보며 짧게는 3, 5일, 길게는 수십 일씩 집에 돌아가지 않았다. 이럴 때도 황제에게 아뢰지 않고 상급자에게도 사전에 말하는 법이 없었다.

황제는 사령운이 제멋대로라고 생각해 관직을 그만둘 것을 암시하여 이렇게 말했다.

"경은 시문에 능하고 자연산수에 더 마음이 있는 것 같구려. 그쪽으로만 전념한다면 더 훌륭한 시문을 지을 수 있을 것 아니오?"

황제의 뜻을 간파한 사령운이 관직을 사임하고 낙향해서는 더욱 산수를 즐겼고 산을 깎고 호수를 만드는 일에 열중했다. 그가 고향인 회계會稽의 강변에 지은 별장은 주변에 숲이 울창하고 경치가 아름다워 선경仙境을 방불케 했다. 그가 새로 시를 지으면 이곳에서 멀리 도성에까지 전해졌고 사람들은 앞다투어 그 시문을 필사했다.

어떤 사람이 사령운의 재능은 세상을 놀라게 한다고 평가하니 그 자신은 이렇게 말했다.

"온 천하의 재능을 한석一石이라고 친다면 조자건曹子建이 8말(두)을 차지하고 내가 한말을 차지할 것이며 나머지 사람들이 한말을 나누어 갖는 셈이다."

사람들은 사령운의 이 말에서 "재고팔두"라는 성어를 만들었으며 이를 팔두지재八斗之才라고도 한다.

滄海桑田 창해상전

글자풀이	푸를 창(滄 cāng), 바다 해(海 hǎi),
	뽕나무 상(桑 sāng), 밭 전(田 tián).
뜻풀이	① 창해가 변하여 뽕나무밭으로 되다. ② 창상지변.
	③ 상전벽해. ④ 세상의 변천이 몹시 심하다.
출전	진(晉) 갈홍(葛洪)『신선전·마고(神仙傳·麻姑)』

유래   동한東漢 효환제孝桓帝 때 채경蔡經이라는 사람이 선인 왕방평王方平의 가르침을 받아 신선이 되었다. 어느 날 그가 집에 돌아와서 집식구들에게 일렀다.

"7월 초 이레 날 왕방평 선사께서 우리 집에 오신다고 하니 술과 음식을 넉넉히 준비해 왕선사를 모시고 온 분들을 대접하도록 하라."

약속한 날이 되니 왕방평 일행이 오는데 그 기세가 대단했다. 수종들은 모두 용을 탔고 왕방평은 깃털로 장식한 수레를 타고 있었으며 선악仙樂이 유유히 울리고 깃발이 앞뒤에 날렸다. 그런데 채경의 집에 도착하니 그 수종들이 보이지 않고 왕방평만 자리에 앉았다. 채경과 그의 부모들 그리고

집안 식솔들이 인사를 올린 후 왕방평은 마고麻姑를 청하자고 했다. 채경은
이미 신선으로 된 몸이지만 마고가 누군지를 몰랐으니 그 집식구들은 더욱
알리가 없었다. 왕방평의 서찰이 공중을 헤가르며 날아갔고 얼마 지나니
서찰이 날아오는데 편지를 가져오는 사절은 보이지 않고 한 여자의 목소리
가 하늘에서 울려왔다.

"마고가 인사를 올립니다. 선사를 만난 지가 어언 5백년이 지났습니다. 줄
곧 선사를 다시 만나 뵙고자 했으나 기회가 없었습니다. 방금 옥황상제의
영을 받고 봉래선도蓬萊仙島를 순시하러 가는 중입니다. 잠깐이면 돌아올
것이니 꼭 기다려 주세요."

두 시진 정도 지나니 마고가 도착했다는 기별이 오고 문가가 웅성웅성해
졌다. 마고의 수종들도 그 대오가 방대했으나 왕방평에 비하면 반 정도밖
에 되지 않았다. 마고는 인간세상의 열여덟 정도의 아름다운 처녀 같았고
어깨까지 치렁치렁 머리를 드리웠으며 입은 옷은 어떤 재질로 만들었는지
알아 볼 수가 없고 옷에는 아름다운 꽃무늬가 사람들의 눈을 부시게 했다.

마고가 왕방평에게 말했다.

"득도得道를 하고 천명을 받은 이래 저는 동해東海가 뽕밭으로 변하는 것을
세 번 목격했습니다滄海桑田. 이번 걸음에 봉래에 가보니 동해의 바닷물이
이전보다 절반이나 줄어 있었습니다. 그렇다면 또 바다가 육지로 변한단
말입니까?"

왕방평이 탄식을 하며 말했다.

"그렇습니다. 성인聖人들은 모두 바다의 물이 줄어든다고 하시니 얼마 후
그곳에는 또 먼지가 날릴 것입니다."

식사를 마치고 왕방평과 마고가 타고 왔던 수레를 불러 하늘로 올라갔
다. 채씨네 집에서 수종들을 위해 준비한 술과 음식들도 모두 바닥이 났다.
하지만 누가 와서 먹었고 어떻게 해서 음식이 동이 났는지를 보았거나 아
는 사람이 없었다.

草菅人命 초간인명

글자풀이	풀 초(草 cǎo), 솔새 간(菅 jiān), 사람 인(人 rén), 목숨 명(命 mìng).
뜻풀이	① 인명을 초개 같이 여기다. ② 사람을 풀 베듯 함부로 죽이다.
출전	한(漢) 반고(班固)『한서·가의전(漢書·賈誼傳)』

유래　　　　가의賈誼는 한문제漢文帝 때의 유명한 문인이다. 어려서부터 총명이 과인하고 학문을 즐겼으며 그 재능이 출중해 문제 때 박사博士직을 제수 받았고 후에는 태중대부太中大夫라는 관직을 맡았다. 그러나 다른 사람의 시기로 장사왕 태부長沙王太傅로 강등되었다. 그 후 한문제가 그를 궁에 불러 들여 양회왕梁懷王 유읍劉揖의 태부를 맡겼다.

　양회왕은 한문제가 제일 총애하는 아들이었고 문제는 그에게 장래 보위를 맡기려 했기에 가의에게 잘 가르칠 것을 명했다. 가의는 이와 관련해 이렇게 말했다.

"황자에게 글을 가르치는 것도 물론 중요하지만 더욱 중요한 것은 그가 정직한 사람이 되도록 가르치는 것입니다. 진秦나라 말 조고趙高가 진 2세 호해胡亥를 가르치면서 엄한 형벌을 실시하는 것만 전수해 결국 호해가 참수를 하거나 코를 베거나 죄가 있는 가문을 멸하는 것에만 전념하게 되었습니다. 진 2세는 사람을 죽이기를 풀 베듯 하여草菅人命 인명을 하찮게 여김 으로써 그 후 각지에서 봉기가 일어나는 씨앗을 심었습니다. 이는 호해의 본성이 극도로 잔인해서가 아니라 그를 가르치는 사람이 바른 길로 갈 수 있도록 잘 인도하지 않았기 때문입니다."

후에 가의는 양나라의 태부로 있으면서 양회왕을 가르치는데 전념했다. 그러나 얼마 후 양회왕이 말을 타다가 낙마하여 죽게 되었다. 가의는 자신 이 책임을 다하지 못했다고 여겨 매일 우울하게 보냈고 늘 울기를 거듭하 다가 1년여가 지난 후 33살의 나이로 세상을 떠났다.

草木皆兵 초목개병

글자풀이	풀 초(草 cǎo), 나무 목(木 mù), 다 개(皆 jiē), 군사 병(兵 bīng).
뜻풀이	① 초목이 모두 군대로 보이다. ② 매우 놀라 의심하다.
출전	당(唐) 방현령(房玄齡) 등『진서·부견재기(晉書·符堅載記)』

유래　　　　남북조南北朝 때 북방통일을 거의 완성한 전진前秦의 황제 부견符堅이 90만 군사를 친솔해 남쪽의 진晉나라를 정벌했다. 이에 동진의 조정은 사석謝石을 대장大將으로 사현謝玄을 선봉장으로 한 8만의 정예군을 보내 전진의 군사와 비수淝水를 사이에 두고 진을 쳤다.

양군의 병력 차이가 현저했기에 전진의 군사들은 상대를 눈에 두지 않았고 부견 본인도 필승을 의심치 않았다. 그러던 어느 날, 부견이 동진 군사들의 동정을 살펴보니 완전히 딴판이었다. 때는 엄동설한이었고 음침한 날씨였는데 멀리 바라보니 비수는 흐릿한 모습을 보였다. 자세히 살펴보니 강에는 돛대가 숲을 이루고 전함들이 빼곡하게 포진해 있었으며 동진의 병사들은 무기를 잡고 있었는데 그 군용이 대단했다. 이를 본 부견이 동진의 군사들이 방어가 빈틈없고 훈련이 잘 되었다고 여겼다.

이어 부견이 북쪽을 보니 그곳에는 팔공산八公山이 있었는데 여덟 개 봉우리가 이어져 그 산세가 매우 험준했다. 동진군의 대본영은 팔공산아래에 있었다. 서북풍이 불어오니 산의 초목이 흔들리는데 마치 수많은 군졸들이 움직이는 듯 했다草木皆兵. 이를 본 부견이 얼굴색이 변하며 공포감을 감추지 못하고 부융符融에게 물었다.

"진晉나라의 군세가 이토록 강한데 어찌 이를 약한 군사들이라 한단 말인가?"

사실 이는 동진군의 계책이었다. 얼마 후 부견이 속전속결을 하려다가 사현의 계책에 말렸다. 부견은 군대를 조금 뒤로 물려 동진의 군사들이 비수를 건너게 한 후 결전을 치르려 했다. 그 결과 전진의 군사들은 뒤로 물러설 때 서로 뒤엉켜 진세가 흐트러졌다. 동진군이 이를 기회로 강을 건너면서 엄살해왔고 결국 전진군은 크게 패하고 북으로 물러갔다. 이것이 바로 역사상 유명한 비수전투이다.

超群絶倫 초군절륜

글자풀이	뛰어넘을 초(超 chāo), 무리 군(群 qún),
	끊을 절(絕 jué), 인륜 륜(倫 lún).
뜻풀이	남보다 훨씬 뛰어나다
출전	진(晉) 진수(陳壽)『삼국지·촉서·관우(三國志·蜀書·關羽)』

유래　　관우는 촉蜀나라 오호상장五虎上將 중의 한 명이다. 그는 용맹하고 무예가 출중했으며 촉나라 임금 유비劉備에 대한 충성심이 남달랐다. 그는 적진을 누비면서 안량顔良을 베고 문추文醜를 죽이는 등 혁혁한 전공을 세워 유비의 두터운 신임과 중용을 받았고 탕구대장군蕩寇大將軍, 한수정후漢壽亭侯에 봉해졌다. 그러나 관우의 치명적인 약점은 정치적인 계략이 부족하고 자고자대하면서 다른 사람을 안중에 두지 않는 것이었다.

　기원 214년에 유비가 군사를 이끌고 사천四川을 공격하면서 관우에게 형주荊州 사무를 전권 위임했다. 즉 위魏나라와 오吳나라에 대한 방어를 전담하는 것이었다. 형주는 조조曹操와 손권孫權, 유비의 세력이 맞닿는 곳으로 전략적인 요충지였는데 북으로는 조조를 공격할 수 있고 동쪽으로 손권을 위협할 수 있어 군사가들이 누구나 손에 넣고 싶어 하는 곳이었다. 때문에 관우는 막중한 책임을 두 어깨에 지게 되었다. 그러나 관우는 제갈량이 묘

책을 써서 서량西凉의 맹장인 마초馬超를 굴복시켰다는 소식을 접하고는 사천에 가서 마초와 무예를 겨루려고 했다. 승벽심이 강한 관우의 성격을 꿰뚫고 있던 제갈량은 편지 한통을 관우에게 보낸다.

"마초는 문무를 겸비하고 용맹이 과인하여 과히 이 시대의 호걸입니다. 그는 한漢나라 초의 경포黥布, 팽월彭越 등과 비견할 수 있고 장비張飛와도 어깨를 겨룰 수 있지요. 그러나 장군의 출중한 실력과는超群絕倫 전혀 비할 바가 못 됩니다."

제갈량의 편지를 받아본 관우는 으쓱해하며 말했다.

"역시 제갈공명이 나를 알아주는구나!"

그리고는 마초를 찾아 사천에 가려던 계획을 포기했다.

車水馬龍 거수마룡

글자풀이	수레 거(車 chē), 물 수(水 shuǐ), 말 마(馬 mǎ), 용 룡(龍 lóng).
뜻풀이	① 차가 그칠 사이 없이 많이 다니다.
	② 거마의 왕래가 잦다. 거마가 꼬리를 물고 다니다.
출전	남조·송(南朝·宋) 범엽(范曄)
	『후한서·명덕마황후기(後漢書·明德馬皇后紀)』

유래　　동한東漢의 명덕 마황후明德馬皇后는 현명하고 덕행이 훌륭하였으며 대의에 바른 사람이었다. 하여 정치가 청렴하고 사회를 안정시키는데 긍정적인 역할을 하였다.

　　마황후는 한장제漢章帝의 양모였다. 당시는 황제가 태후의 친인척들에게 관직과 작위를 올려 주는 것이 관례였으며 한장제도 여러 번 이런 요구를 제기했으나 태후는 번마다 이를 거부했다. 얼마 후 중원中原 일대에 큰 가뭄이 들자 어떤 대신이 황제에게 이렇게 아뢰었다.

　　"가뭄이 나타난 것은 외척의 처우를 올려주지 않았기 때문입니다."

　　한장제가 이 대신의 말을 듣고는 후궁에 와서 마태후에게 넌지시 이런 말을 올렸다.

"현재 중원 일대에 큰 가뭄이 든 것이 외척의 처우를 올려주지 않았기 때문이라는 의견이 있습니다."

이에 마태후가

"그런 말을 쉽게 믿어서는 안 됩니다. 황제께서 저의 의견을 묻는 것이라면 저의 대답은 그렇게 하지 말아야 한다는 것입니다."

마태후는 이어 의미심장한 말을 한다.

"선제가 계실 때는 외척의 직위를 너무 높여주어 권력이 지나치게 커져서는 안 된다고 누차 말씀하셨지요. 지난 조대의 왕황후王皇后는 한꺼번에 자기 가문의 다섯 사람을 후작으로 봉했는데 결국 누런 안개가 천지를 뒤덮었고 닷새가 지나도록 흩어지지 않았다고 합니다. 또 두태후竇太后의 형제와 조카들이 모두 높은 관직과 후한 녹봉을 받았지만 이들은 교만하기 그지없었고 나라를 위해 몸과 마음을 다 바치려는 생각은 꼬물만치도 없었습니다. 이들이 법도를 지키지 않고 조정의 기강에 먹칠을 하니 문무백관들이 이를 비난하지 않는 자가 없을 정도였습니다. 이런 일들을 우리는 거울로 삼아야 합니다. 제 집안의 사람들은 직위와 녹봉을 올려줄 하등의 필요가 없습니다. 이들은 아주 유족한 생활을 하고 있습니다. 며칠 전 우리 집

문 앞을 지나면서 보니 가마가 물 흐르듯이 꼬리에 꼬리를 물고 말들은 신룡(神龍)처럼 기품이 있어 보였습니다車水馬龍. 청지기는 화려한 옷을 차려 입었는데 태후인 저의 마차를 모는 사람보다 잘 입고 있었습니다. 이들은 누릴 줄만 아는데 어찌하여 이들의 관직과 녹봉을 더 높여 주실 수 있단 말입니까?"

마태후의 말을 듣고 난 한장제는 자신의 생각을 바꾸게 되었다. 대의를 위해 절제할 줄 아는 마태후의 이런 행동은 후세의 모범으로 되었고 사람들의 존경을 받게 되었다.

車載斗量 차재두량

글자풀이	수레 차(車 chē), 실을 재(載zài), 말 두(斗dǒu), 헤아릴 량(量 liàng).
뜻풀이	① 차로 싣고 말로 될 정도다. ② 매우 많다(진기하지 않다).
출전	진(晉) 진수(陳壽)『삼국지·오서·손권전(三國志·吳書·孫權傳)』

유래   삼국三國시기 동오東吳의 손권孫權이 유비劉備의 대장군인 관
우關羽를 죽이고 형주荊州를 탈취했다. 이로써 두 나라는 연맹이 깨지고 적
국이 되었다. 유비는 친히 관우의 원수를 갚겠다고 공언했다. 손권이 촉蜀
나라와 강화를 하려 했으나 성사되지 않으니 위魏나라에 투항하는 길밖에
남지 않았다. 오나라가 파견한 사신은 촉나라가 있는 한중漢中을 습격하도
록 위나라를 설득하여 촉나라의 공격을 견제하는 한편 위나라의 신하로 들
어가면서도 체통을 잃지 말아야 했다. 때문에 누구를 사신으로 보내는가가
아주 중요했다.

중대부中大夫 조자趙咨가 사신으로 가겠노라고 자청해 나섰다. 위나라 황
제 조비曹丕를 만난 그는 손권의 표문을 전했는데 이를 받아 본 조비는 조
자가 온 뜻을 알아차렸다. 조비가 촉나라를 공격하는 일은 언급하지 않고
이렇게 물었다.

"당신의 주군은 어떤 사람인가?"

이에 조자가 말했다.

"저의 주군께서는 총명과 인의 그리고 지혜를 갖추고 천하를 품을 수 있는 뜻을 가진 분이십니다."

조비가 웃으면서 다시 물었다.

"칭찬이 너무 지나친 것 아닌가?"

이에 조자가 다시 답했다.

"지나친 것이 아닙니다. 주군께서는 노숙魯肅과 같은 인재를 선발해 내셨는데 이는 총명함을 말해줍니다. 또 일반 병사들 중에서 여몽呂蒙과 같은 대장군을 가려냈는데 이는 명지함을 보여줍니다. 우금于禁을 생포하고도 죽이지 않은 것은 인의를, 피를 보지 않고 형주를 탈취한 것은 지략을 말해주며 장강의 세 개 주를 차지하고 천하를 호시탐탐 노리는 것은 웅대한 포부를 말해 줍니다. 그리고 지금 폐하의 신하로 되려함은 그의 지략을 보여줍니다. 이것이 바로 '총명과 인의 그리고 지혜와 웅대한 포부'가 아니겠습니까?"

조비가

"오나라의 주군은 학문이 깊은가?"

고 물으니 조자는

"주군께서는 백만의 군사를 거느리고서도 틈만 나면 고금의 서책들을 읽으십니다. 다만 죽은 글을 읽는 일반 서생들과는 다를 뿐입니다"

하고 답했다.
조비가 불시에 근엄한 표정으로 말했다.

"우리가 오나라를 치려고 하는데 이에 대해 어떻게 생각하는가?"

조자가 답했다.

"대국에 다른 나라를 정벌할 군대가 있다면 소국은 적을 막아낼 좋은 방책이 있는 법입니다."

조비가 오나라가 우리 위나라를 겁내지 않는가 물으니 조비는 당연하다는 듯이 말했다.

"우리 오나라에는 정예군사 100만에 장강이라는 천험이 있으니 두려울 게 뭐가 있겠습니까?"

조비는 한동안 생각하더니 또 물었다.

"오나라에 당신과 같은 인재는 얼마나 되는고?"

조자가 웃으면서 답했다.

"준재로 불리는 인재는 8, 90명 정도에 달하고 저 같은 사람은 너무 많아 수레로 싣고 말로 될 정도입니다車載斗量."

조비는 고개를 끄덕이면서 말했다.

"당신은 정말로 훌륭한 사신이구만!"

조비는 어지를 내려 손권을 오왕吳王으로 책봉했고 조자는 동오로 돌아갔다.

沈魚落雁 침어낙안

글자풀이	잠길 침(沈 chén), 물고기 어(魚 yú),
	떨어질 락(落 luò), 기러기 안(雁 yàn).
뜻풀이	① 물고기가 보고 물속으로 들어가 숨고, 기러기가 보고 모래톱
	에 내려앉는다.
	② 여자의 아름다움을 형용.
출전	『장자·제물론(莊子·齊物論)』

유래   춘추시대春秋時代 때 오吳나라가 월越나라를 멸하니 월왕 구천 勾踐은 망국의 치욕을 씻기 위해 한편으로는 와신상담하면서 기회를 노렸 고 다른 한편으로는 절세의 미녀를 골라 오왕의 마음을 흐려 놓으려고 결 심했다.

월나라에 서시西施라는 미녀가 살았는데 그는 매일 강가에서 천을 씻곤 했다. 그녀의 미모에 물속의 물고기들이 부끄러워 물 위로 올라올 생각을 못하고 강바닥에 가라앉았다고 한다. 후에 범려范蠡가 서시를 찾아내서 오 왕에게 바치니 오왕은 서시의 미색에 푹 빠져 나라대사는 뒷전으로 미루게 되었다. 이와 반대로 월왕 구천은 나라를 재정비하게 되었고 끝내는 오나 라를 멸망시켰다.

한원제漢元帝 때 궁에서 천하의 미녀들을 궁녀로 물색했다. 미인 왕소군이 1등으로 뽑혔건만 간신인 모연수毛延壽가 소군이 뇌물을 주지 않는다고 일부러 왕소군의 화상을 추하게 그려 황제에게 바쳤다. 하여 왕소군은 황제를 가까이 할 기회가 없었다. 어느 날 깊은 밤 소군이 울적한 마음을 비파로 달래는 것을 마침 원제가 듣고 만나보니 하늘이 내려준 여인이라고 놀라움을 금치 못했다. 원제가 소군을 명비明妃로 책봉하고 소군을 능멸한 모연수를 참형에 처하라 명했다. 이를 알게 된 모연수가 흉노들이 살고 있는 곳에 도망을 가서 흉노匈奴의 선우單于에게 왕소군의 화상을 바쳤다. 화상을 본 선우는 사신을 여러 번 보내 청혼했다. 원제가 크게 노해 이를 완강하게 거부했으나 나라와 백성을 사랑한 왕소군은 원제를 설득해 화친을 받아들이게 되었다. 소군이 궁을 떠나는 날 원제가 친히 패릉교覇陵橋까지 배웅을 하는데 이때 마침 기러기 떼가 다리 위를 날아 지났다. 그런데 기러기들이 절세의 미녀인 왕소군을 보고는 수림 속에 숨어 버렸다고 한다.

후에 사람들은 장자가 기록한 이야기와 전설을 정리해 "침어낙안"이라는 성어를 만들게 되었다.

乘人之危 승인지위

글자풀이	탈 승(乘 chéng), 사람 인(人 rén),
	갈 지(之 zhī), 위태할 위(危 wēi).
뜻풀이	남의 위급한 때를 틈타서 침해하다.
출전	남조·송(南朝·宋) 범엽(范曄)『후한서·개훈전(後漢書·蓋勛傳)』

유래　　　동한東漢 때 한양장사漢陽長史 개훈蓋勛은 그 성품이 정직하고 재능 또한 출중했다. 당시 한양은 양주梁州 관할 지역이었고 양주자사梁州刺史 양곡梁鵠은 개훈의 친구인지라 정무처리에 걸리는 문제가 있으면 개훈의 조언을 청하곤 했다.

　　양주 관할의 몇 개 군과 현의 관원들은 부패하기 이를 데 없었다. 그중에서 무위태수武威太守는 조정의 실세를 등에 업고 법을 무시하면서 백성들을 괴롭히니 고을에는 백성들의 원성이 넘치고 태수를 미워하지 않는 자가 없었다.

　　양곡의 수하 중에 소정화蘇正和라는 종사從事가 있었는데 강직하기 이를 데 없는 관리였다. 그는 법에 따라 탐관오리들의 기염을 크게 꺾어 놓았다. 허나 양곡은 이런 행위가 무위태수의 배후에 있는 세력을 건드려 자신에게 화가 미칠까 두려워 소정화를 죽이려 했다. 그는 한양에 와서 개훈과 이 일

을 의논하려 했다.

개훈과 소정화는 견원지간이었다. 어떤 자가 개훈에게 양주자사가 소정화의 일을 상의하러 온다고 알리고 이 기회에 소정화를 없애라고 제안했다. 개훈이 이를 단호하게 거절하고는 엄하게 꾸짖었다.

"사사로운 원한 때문에 어질고 재능이 있는 사람을 죽이는 것은 불충不忠이요, 다른 사람이 위급한 때를 이용해 그 목숨을 노리는 것은乘人之危 불인不仁이다. 소정화가 비록 나하고는 원수라고는 하나 위험에 처한 그에게 위해를 가하는 일을 할 수는 없다."

개훈은 양곡이 찾아오자 잘 타일렀고 이에 양곡은 소정화를 죽이려던 생각을 접게 되었다. 후에 소정화가 이 일을 알고는 매우 감읍해 직접 개훈의 집을 찾아 왔으나 개훈이 만나주지 않았다. 그는 사람들에게 그 이유를 이렇게 밝혔다.

"내가 소정화를 죽이지 말라고 양곡을 권한 것은 공무일 뿐이고 나와 소정화간의 원한과는 전혀 무관한 것이다."

程門立雪 정문입설

글자풀이	한도 정(程 chéng), 문 문(門 mén), 설 입(立 lì), 눈 설(雪 xuě).
뜻풀이	스승을 공경하여 가르침을 받다(기다리다).
출전	원(元) 탈탈(脫脫) 등 『송사·양시전(宋史·楊時傳)』

유래　　　정호程顥, 정이程頤 형제는 북송北宋 때의 유명한 철학가, 교육가이다. 이들의 문하에 가르침을 청하러 오는 사람들이 많았는데 그중에는 양시楊時와 유초遊酢도 있었다.

　양시는 어릴 때부터 총명하였고 무슨 일이든 끝까지 묻는 성격이었다. 그는 총명하고 말주변이 좋았으며 어른이 되어서는 경사經史 연구에 집중했다. 유초는 양시의 친한 벗으로 두 사람은 뜻이 같아 늘 함께 학문을 담론하며 날을 밝히곤 했다.

　양시는 일반 문인들과는 달라 진사進士에 급제했으나 명리를 쫓지 않았으며 몇 번이나 벼슬길에 나설 기회를 포기했다. 이는 이학理學 연구에 집중해 최고의 경지에 이르려는 그의 뜻이 굳건하였기 때문이다. 당시 정호는 하남河南 영창潁昌에 거주하고 있었다. 양시는 늘 정호를 찾아 가르침을 청하면서 스승의 예로 모셨으며 많은 가르침을 얻게 되었다.

　양시가 마흔 살이 되던 해에 송철종宋哲宗이 정호를 종정사승宗正司丞으로 임명했다. 허나 양시가 스승을 위해 송별연을 차리기도 전에 정호는 병으로 사망했다. 양시는 비통을 금할 수 없었고 스승의 이론을 크게 발전시키리라 결심했다. 이학의 정수를 장악하기 위해 양시는 낙양洛陽에 있는 정이를 찾아가 스승으로 모시려 했다. 이를 알게 된 유초도 양시와 함께 떠났다.

낙양에 도착했을 때 날이 어두워졌고 두 사람은 객사를 찾아 짐을 풀었다. 이튿날 두 사람은 의관을 정제하고 정이의 집으로 향했다. 가는 길에 큰 바람이 불어쳤고 이어 눈발이 날렸다. 정이의 집에 도착하니 마침 정이는 잠시 눈을 붙이고 있었다. 두 사람은 창밖에 공손하게 서서 정이가 깨기를 기다렸다.

이때 바람이 점점 거세지고 눈도 더 크게 내렸다. 한기가 뼛속까지 스며들었으나 두 사람은 정이의 휴식을 방해할까봐 발도 구르지 않았다. 그 공손한 태도는 유비가 삼고초려를 했던 것과 마찬가지로 사람들을 감동케 했다.

큰 눈이 두 사람의 발등을 덮을 때 쯤 정이가 깨어났다. 그는 창가에서 눈사람으로 변한 양시와 유초를 보고는 크게 감동을 받았고 두 사람을 집에 들어오게 했다. 이때부터 정이는 자신의 평생의 학문을 이 두 제자에게 전수했다. 양시와 유초는 더욱 부지런히 학문에 정진했으며 연구를 거듭하여 끝내는 이학의 대가가 되었다.

양시가 죽은 후 원나라의 문인 사응방謝應芳은 이런 시를 남겼다.

| 탁피문정공 | 卓彼文靖公, |
| 조립정문설 | 早立程門雪. |

후에 사람들은 "정문입설"이라는 성어로 스승을 지극히 존경하고 진심으로 배움을 청하는 뜻을 보여 주었다.

懲前毖后 징전비후

글자풀이   징계할 징(懲 chéng), 앞 전(前 qián), 삼갈 비(毖 bì), 뒤 후(後 hòu).

뜻풀이   이전의 과오를 뒷날의 경계로 삼다.

출전   『시경·주송·소비(詩經·周頌·小毖)』

유래   주周나라를 세운지 얼마 되지 않아 무왕武王이 병으로 죽고 그의 아들 희송姬誦이 보위를 잇게 되니 바로 주성왕周成王이다. 즉위한 성왕이 아직 어려 조정의 모든 사무는 무왕의 동생인 희단姬旦(주공을 말함)이 맡아서 처리했다.

당시 무왕의 두 동생인 관숙管叔과 채숙蔡叔은 정치적인 야망이 큰 사람들이었다. 이들은 주공이 성왕을 폐위시키고 천하의 대권을 잡으려 한다고 도처에 유언비어를 퍼뜨리면서 혼란을 조성했다. 주공은 이런 흉흉한 소문을 듣고 몹시 불안했다. 비록 자신은 마음에 거리끼는 것이 없다 하지만 현재 자신은 쉽게 사람들의 의심을 받을 수 있는 위치에 있다고 생각한 주공이 주성왕에게 이런 주청을 올렸다.

"대왕, 최근 몇 년 간 소신은 몸 상태가 매우 나쁘오니 낙양洛陽에 가서 한동안 쉴까 합니다. 조정의 일들은 여러 대신들과 많이 의논해서 처리하시

옵소서."

주성왕은 주공이 혐의를 피하기 위해 떠나는 줄은 모르고 정말로 병환
이 있는 걸로 생각하고 아쉽지만 그 주청을 허락했다.

성왕의 허락을 받은 주공이 즉시 낙양에 갔다. 그러나 얼마 지나지 않아
성왕이 주공을 그리워했고 특히는 힘든 일이 생기면 의논할 사람조차 없는
상황이었다. 성왕은 낙양에 사람을 보내 주공의 상태를 알아 오도록 했다.

주성왕의 사신이 낙양에 도착해 주성왕이 주공을 그리워하는 마음을 전
하고는 도성으로 돌아갔다. 사신은 주성왕에게 이렇게 고했다.

"주공은 아주 건강해 보였으며 전혀 병환이 있는 것 같지 않았습니다. 주

공은 다른 사람들의 말 때문에 대왕의 곁을 떠난 것입니다."

사실의 진상을 알게 된 주성왕이 직접 낙양에 가서 주공을 모셔 다시 국사를 처리하도록 했다. 관숙과 채숙은 자신들의 음모가 무위로 돌아간 것을 보고는 주왕紂王의 아들인 무경武庚과 결탁해 공공연히 반란을 일으켰다. 이에 주공이 직접 대군을 통솔해 반란을 진압했다.

몇 년 후 성왕이 어른이 되자 주공은 모든 대권을 성왕에게 인계했다. 주성왕은 근면하고 대공무사한 주공의 행동에 감동했고 조상제례를 지내는 행사에서 『소비小毖』라는 시를 읊었다. 그중의 한마디는 "지난날 잘못을 징계하여 후환을 막다懲前毖後"이다. 성어 "징전비후"는 바로 여기에서 유래한 것이다.

赤膊上陣 적박상진

글자풀이	붉을 적(赤 chì), 어깨 박(膊 bó), 오를 상(上 shàng), 진 진(陣 zhèn).
뜻풀이	① 알몸으로 적진에 뛰어들다.
	② 상체를 드러내고 적진에 나아가다.
출전	명(明) 나관중(羅貫中)『삼국연의(三國演義)』제59회

유래　　　동한東漢 말에 양주涼州에 할거하던 지방군벌 마등馬騰의 아들 마초馬超는 아버지의 원수를 갚기 위해 서량태수西涼太守 한수韓遂와 함께 군사를 일으켜 조조曹操를 공격했다. 쌍방은 토성土城에서 대결하게 되었다.

하루는 양군이 전투를 시작하자 마초가 창을 꼬나들고 말을 달려 조조 수하의 맹장인 허저許褚와 싸우기 시작했다. 백여 합이나 겨루었으나 승부가 갈리지 않았고 말들이 지쳤는지라 두 사람은 싸움을 멈추고 각자의 진으로 돌아가 말을 갈아타고 다시 겨루기 시작했다. 그런데 다시 백여 합을 겨루었으나 여전히 승부를 낼 수가 없었다. 성격이 급한 허저는 다시 진중으로 돌아가 갑옷을 벗어 내친 후 상체를 드러내고 달려나와 마초와 겨루었다赤膊上陣. 이를 지켜보던 양군이 맞붙어 싸우는데 결국 조조의 군사는 반수이상의 사상자를 내고 군영에 돌아가 굳게 방어만 할뿐 접전을 피했다. 하는 수 없이 위구潤口에 퇴각해온 마초는 한수에게 이렇게 말했다.

129

"내가 힘든 싸움을 수많이 겪었으나 허저와 같이 목숨을 내거는 사람은 처음입니다. 정말 '호랑이' 장군이더군요."

衝鋒陷陣 충봉함진

글자풀이	찌를 충(衝 chōng), 칼날 봉(鋒 fēng),
	빠질 함(陷 xiàn), 진칠 진(陣 zhèn).
뜻풀이	① 돌격하여 적진 깊숙이 들어가 함락시키다.
	② 정의로운 일을 위하여 용감히 싸우다.
출전	당(唐) 이백약(李百藥)『북제서·최섬전(北齊書·崔暹傳)』

유래　　　　북위北魏 말, 나라에 내란이 일어나 서위西魏와 동위東魏 두개 정권으로 갈라졌다. 동위의 조정대권은 승상 고환高歡과 그의 아들들인 고징高澄, 고양高洋이 장악했다. 고환의 수하로 있는 장사長史 최섬崔暹은 고환에게 충성을 하여 관직이 점점 높아졌으나 권세를 두려워하지 않았고 중신들의 죄를 고발하기를 서슴지 않았다.

　　고환은 최섬의 이런 처사에 매우 만족해했고 만날 때마다 그의 손을 잡고는 이렇게 말했다.

　　"이전에 조정에는 법을 다스리는 관리들이 있었으나 대신과 권문세가들이 서로 결탁하고 법을 어겼을 때는 감히 이를 탄핵하는 자가 없었습니다. 허나 대감께서는 나라에 충성하고 고관대작들을 두려워하지 않으니 나라의 정치가 바른 길에 들어서게 되었습니다. 나를 위해 정의롭고 용감하게 싸워줄 衝鋒陷陣 사람은 바로 최섬 당신입니다."

고환이 최섬에게 천리마를 선물하고 직접 말고삐를 잡아주었다.
어느 날 효정제孝靜帝가 화림원華林園에서 고환을 위해 연회를 마련했다.
술이 몇 순배 돌자 효정제가 이런 말을 했다.

"지금 조정의 문무백관들 중에는 성정이 탐욕스럽고 포악하여 아랫사람들을 못살게 구는 자들이 많소이다. 만약 대신들 중에 공정하게 법을 집행하고 탄핵을 서슴지 않으며 주변사람들한테도 똑같이 법을 실행하는 사람이 있다면 내가 오늘 직접 술을 권하겠소."

고환이 계단 아래에 내려가 여러 대신들 앞에서 큰 소리로 말했다.

"어사중위御史中尉 최섬 한 사람만이 오늘 폐하가 권하는 술을 마실 자격이 있나이다."

황제가 매우 기뻐하며

"최섬은 그야말로 법을 엄하고 공정하게 집행하는 관리이다."

라고 칭찬했다.

이때부터 최섬의 위망은 점점 높아졌다.

出類拔萃 출류발췌

글자풀이	날 출(出 chū), 무리 류(類 lèi), 뺄 발(拔 bá), 모을 췌(萃 cuì).
뜻풀이	① 같은 무리보다 뛰어나다.
	② 인재가 특출나서 뭇사람보다 뛰어나다.
출전	『맹자·공손추상(孟子·公孫醜上)』

유래   상商나라가 분봉한 작은 나라의 제후 고죽군孤竹君에게는 백이伯夷라는 맏아들과 숙제叔弟라는 셋째 아들이 있었다. 고죽군은 숙제에게 제후자리를 물려주려 했으나 고죽군이 죽은 후 숙제는 형인 백이에게 제후의 자리를 양보했다. 백이가 이를 받아들이지 않으니 두 형제는 함께 서백 희창西伯姬昌에게 귀순했다. 희창이 상나라를 정벌하려 하니 백이, 숙제형제가 단호하게 반대했다. 그 후 희창이 상나라를 멸하고 주周나라를 세우자 두 형제는 주나라의 음식 먹기를 거부하며 수양산首陽山에 은거했다가 끝내는 굶어 죽었다. 형제간 우애를 중히 여기고 공명과 부귀를 탐하지 않는 지조로 이들은 후세에 이름을 날렸으며 고대인들의 마음속에는 현자賢者로 자리 잡았다.

후에 공손추公孫醜가 스승인 맹자孟子에게 이윤과 백이, 공자孔子를 한 반열에 놓아 이 세상의 성인聖人이라 할 수 있는지를 물었다.

맹자는 딱 잘라서 그럴 수 없다고 답해 주었다.

"공자는 사람이 생겨난 이래 유일한 성인이니 그 누구도 공자와 비할 수는 없다."

공손추가 다시 그럼 세분의 현자들은 어떤 같은 점이 있는가 물었다. 맹자가 이렇게 답했다.

"이윤은 왕위를 찬탈하고 나라를 배신한다는 악명을 쓰면서 태갑太甲을 풀어 주어 상나라의 사직이 무너지지 않게 했다. 이 일은 공자도 할 수 있고 백이도 그렇게 했을 것이다. 백이는 아버지의 뜻을 어기지 않기 위해 제후의 작위를 포기하고 빈한한 생활을 하였는데 공자와 이윤도 그렇게 하였을 것이다. 이 세 사람의 현자가 왕이 된다면 이들의 위망은 천하를 통일하기에 족하여 천하의 제후들이 예의를 갖추고 찾아와 알현을 청할 것이다. 이들 세 사람에게 도리에 어긋나는 일을 시킨다면 이들은 거부할 것이다. 예하면 이들에게 무고한 사람을 죽이고 그 대가로 천하를 얻을 수 있다고 해도 세 사람은 역시 거절할 것이다. 이는 바로 이들의 같은 점이라 할 수 있다."

맹자가 말을 이었다.

"서로 다른 점을 보면 그 차이가 너무나 크다. 너는 응당 공자의 제자들이 스승을 어떻게 평가했는지를 알아야 한다. 재아宰我는 '저의 스승께서는 요堯와 순舜보다도 더욱 고명하신 분이다'고 했고 자공子貢은 '스승께서는 한 나라의 예의제도로부터 그 정치 상황을 판단하실 수 있었고 한 나라의 예악을 듣고서도 그 나라의 품성과 교육수준을 아시였다. 공자의 치국治國사상은 천추만대의 군주들이 반드시 지켜야 하는 최고의 원칙이었고 그 누가 공자의 치국사상을 위반한다면 망국의 종말을 면치 못했다'고 말했다. '성현과 일반인은 모두 사람이고 같은 무리이지만 성현은 이들을 훨씬 초월했으며 같은 무리중의 우수한 자들보다도 훨씬 우수한 사람이다出類拔萃'는 말과 같은 도리이다. 공자는 바로 이런 성인이니 누구도 그와 비길 수 없다."

스승의 대답에 공손추는 깨달음을 얻고 크게 기뻐했다.

出奇制勝 출기제승

글자풀이	날 출(出 chū), 기이할 기(奇 qí),
	억제할 제(制 zhì), 이길 승(勝 shèng).
뜻풀이	① 기병(奇兵)이나 기계(奇計)를 써서 적을 공격하여 승리하다.
	② 상대방이 생각 못한 방법으로 승리하다.
출전	한(漢) 사마천(司馬遷)『사기·전단열전(史記·田單列傳)』

유래　　　　전국시대戰國時代 연燕나라의 소왕昭王은 즉위한 후 내치에 힘쓰고 천하의 유능한 인재들을 널리 모았다. 그는 책사인 곽외郭隗의 제안을 받아들여 황금단을 만들어 놓고 천하의 영재들을 청했다. 이 방법이 효과를 보아 많은 인재들이 연나라에 모였다. 특히 악의樂毅가 연나라에 오자 소왕은 대장군 직을 내려 제齊나라를 토벌하게 했다. 악의는 출중한 용병술을 가지고 있었고 전법 또한 다양했다. 그는 연나라의 군사를 이끌고 파죽지세로 제나라의 도성인 임치臨淄까지 진격했으며 제나라 민왕湣王은 황급히 영성營城으로 도망쳤다.

　　당시 제나라 장군 전단田單이 즉묵卽墨성을 지키고 있었다. 그는 방어를 철저히 하고 여러 성문에도 군사를 보내 목숨을 걸고 지키도록 했다. 군사들의 사기를 진작시키기 위해 전단은 성벽에서 그들과 함께 먹고 잠을 자곤 했는데 이를 본 군졸들과 백성들이 전단을 깊이 신임했다. 한편 악의는 연나라 군사들의 사상자를 줄이기 위해 즉묵성을 포위만 하고 공격은 하지 않는 방법을 취했으며 이는 전단에게 투항하라는 압력이었다. 전단이 즉묵성을 장장 3년간이나 지켜냈고 연나라 군사들 역시 쉽게 물러가지 않았다.

그러던 중 연소왕이 사망하고 연혜왕燕惠王이 보위에 올랐다. 전단은 이 기회를 이용해 사람을 몰래 연나라에 파견해 이간계를 쓰도록 했다. 이들은 "악의가 단숨에 공략할 수 있는 즉묵성을 3년간 공격했다. 이는 그가 성을 깨뜨릴 힘이 없어서가 아니라 정예 군사들을 거느리고 모반을 하기 위함이다."는 소문을 냈다.

연혜왕이 뜬소문을 믿고 즉시 기겁騎劫을 보내 악의을 대체했다. 병권을 빼앗긴 악의는 일이 잘못되었음을 알고는 조나라에 도망을 갔다. 기겁은 큰 재능이 없고 아부로 관직을 얻은 자였고 군사에 대해서는 아무것도 몰랐으며 군사들을 잔혹하게 대했다. 그는 걸핏하면 군사들에게 벌을 주었고 이로 하여 군졸들의 큰 불만을 초래했으며 연나라 군사들은 사기가 저하되고 점차 싸울 의지를 잃어가게 되었다.

전단은 즉묵성의 군사들과 백성들의 투지를 북돋우기 위해 사람을 보내 연나라 군영에 즉묵성의 사람들은 조상들의 능을 파헤치는 것을 제일 두려워하니 이를 파면 즉묵성을 쉽게 얻을 것이란 소문을 퍼뜨리도록 했다. 기겁이 이를 믿고 군사들을 보내 성 주변의 모든 무덤들을 파헤치도록 했다. 즉묵성의 군민들이 이 처참한 광경을 보고는 결사항전의 의지를 더욱 불태우게 되었다.

시기가 무르익은 것을 본 전단은 사람을 보내 연나라 군영에 거짓항복을 하도록 했다. 이를 본 기겁이 전단이 정말로 투항하려나 보다고 여기고 경계를 늦추게 되었다. 전단이 이 기회를 타 소들의 뿔에 칼을 동여맨 후 채색비단으로 소의 몸을 감쌌으며 가짜로 항복을 하는 척하면서 소꼬리에 달아 놓은 폭죽에 불을 붙여 연나라 군영에 몰아넣었다. 소떼들이 연나라 군영에 들어가 좌충우돌하니 군사들은 갈팡질팡하면서 어쩔 바를 몰랐다. 전단이 이 기회를 놓치지 않고 군사를 인솔해 진격하니 제나라는 잃었던 땅까지 모두 수복했다.

후에 사마천司馬遷은 『사기史記』에서 이번 전쟁을 "군사작전에 능한 사람은 정공법과 기병奇兵을 엇갈아 사용하니 이는 바로 상대방이 생각 못한 방법으로 승리하는 것이다出奇制勝"라고 평가했다.

出人頭地 출인두지

글자풀이	날 출(出 chū), 사람 인(人 rén), 머리 두(頭 tóu), 땅 지(地 dì).
뜻풀이	① 남보다 뛰어나다. ② 두각을 나타내다.
출전	송(宋) 구양수(歐陽脩)『여매성유서(與梅聖愈書)』

유래　　북송北宋 초반에 문단에는 형식을 추구하고 음률을 따지며 화려한 미사여구를 사용하면서 사상적인 깊이는 홀시하는 풍기가 형성되었다. 구양수歐陽脩를 대표로 하는 문단의 대표 인사들은 이런 역류에 불만을 품고 상황을 개변하려고 결심했으나 역부족이었다.

　　송인종宋仁宗 때 조정에서는 한기韓琦를 재상宰相으로, 포증包拯을 어사중승御史中丞으로, 구양수를 한림원 대학사翰林院大學士로 임명했다. 후세 사람들은 이번 임명을 "진眞재상, 진眞어사, 진眞학사"로 평가하며 이들을 "3진三眞"이라 약칭했다. 이때 구양수는 문단의 악습을 철저히 근절하려는 결심이 더욱 굳어졌다.

　　기원 1057년에 스무 살의 소식蘇軾과 그의 동생 소철蘇轍이 아버지 소순蘇洵과 함께 변량卞梁에 와서 진사進士시험에 참가했다. 구양수는 한림원 대학사의 신분으로 이번 시험의 주요 감독관을 맡았다. 시험이 끝난 후 그는 화려한 문장만을 추구하는 답안지는 한편에 밀어 놓고 내용이 충실하고 언

어가 간결하면서도 미끈하며 그 기세가 생동한 답안지만을 세밀히 살펴보았다. 응시자들의 답안지를 보면서 그는 생동한 문필과 묘사에 마음이 동했고 때로는 용과 봉황이 날아들듯 하는 글자들에 탄복했다. 반대로 겉모양만 번지르르하고 내용이 텅 빈 글을 볼 때면 마음이 답답했다.

소식이 쓴 『형상충후지지론刑賞忠厚之至論』을 읽은 구양수는 흥분된 심정을 억누르지 못하고 정말 잘 된 글이라고 탁자를 쳤다. 오랜 가뭄 속의 곡식 모가 단비를 맞은 듯, 타향을 떠돌던 사람이 지기를 만난 듯 했다. 소식의 문장은 그 기세가 당당하고 주장하는 바가 정확하여 이를 반박할 여지가 없었으며 여기에 문자가 생동하고 유창하여 일사천리의 기세를 보였다. 그 서예도 마치 물 흐르듯 유연했다. 구양수는 너무나 기뻐 이렇게 중얼거렸다.

"좋은 문장이구나, 당당한 기세로구나, 훌륭한 서법이로구나. 소식이란 이
선비는 보기 드문 인재이니 이후 필히 나라의 동량棟梁이 될 것이다."

소식이 이번 과거시험에 순조롭게 통과해 진사로 급제했다. 그 후 소식은 글 몇 편을 가지고 구양수를 찾아 가르침을 청했다. 소식을 만난 구양수는 급제를 축하하고는 소식이 쓴 글을 읽기 시작했다. 그는 단숨에 글을 읽고는 소식의 재능에 더욱 탄복하게 되었다. 구양수가 소식과 함께 천하대사와 문단의 이야기들을 나누는데 특히 문단의 서곤시西崑詩의 나쁜 영향을 언급할 때는 두 사람이 생각하는 바가 같았다.

소식을 바래고 난 구양수는 기쁜 심정을 억누르지 못하고 매요신梅堯臣

에게 편지를 보내 훌륭한 문장을 읽은 자신의 느낌을 이렇게 전했다.

> "소식의 글을 읽으면 땀이 나면서 통쾌한 느낌입니다. 저는 소식에게 자리
> 를 내주어 그가 두각을 나타내도록出人頭地 할 것입니다."

구양수가 발견한 인재 소식은 진사급제 얼마 후 지방관을 맡았다. 그는 백성들을 위해 많은 일을 했고 그의 시와 사, 산문은 천고의 명작으로 남아 내려왔다.

出言不遜 출언불손

글자풀이　　날 출(出 chū), 말씀 언(言 yán),

　　　　　　아닐 불(不 bù), 겸손할 손(遜 xùn).

뜻풀이　　　① 말하는 것이 불손하다. ② 버릇없이 말하다.

출전　　　　진(晉) 진수(陳壽)『삼국지·위서·장합전(三國志·魏書·張郃傳)』

유래　　　　관도官渡 전투에 앞서 원소袁紹 수하의 허유許攸는 원소가 군량
과 마초를 쌓아둔 중요한 거점인 오소烏巢를 기습하라고 조조에게 제안했
다. 이를 알게 된 원소 수하의 대장군인 장합張郃은 오소의 안위를 걱정하
면서 이렇게 말했다.

　"오소를 지키고 있는 장군 순우경淳于瓊은 술을 즐기니 일을 그르칠 인물입
　니다. 조조의 군사가 오소를 진공한다면 순우경의 능력으로는 절대 감당
　할 수 없을 것이고 일단 양초를 빼앗긴다면 우리 군은 싸우기도 전에 혼란
　에 빠질 것입니다. 성을 지키는 장군을 빨리 교체하고 지원군을 보내 오소
　의 수비를 보강해야 합니다."

　그러나 책사인 곽도郭圖는 이를 반박했다.

"만약 조조가 직접 군사를 이끌고 오소의 양초를 빼앗으러 간다면 그의 대본영은 필히 빌 것입니다. 우리 군사가 이 좋은 기회를 이용해 조조군의 본영을 습격한다면 조조군은 양쪽을 서로 돌볼 수가 없게 되고 우리 군은 반드시 대승을 거둘 것입니다."

원소는 장합과 곽도의 말에 모두 일리가 있다고 여기고 소수의 병력을 파견해 오소를 지원토록 하고 장합과 고람高覽 두 장군에게 5천명 군사를 내주면서 조조군의 본영을 공격하라고 명령했다.

한편 조조는 오소를 급습해 대승을 거두었다. 그는 전부의 양초를 얻었을 뿐만 아니라 철수하는 길에 원소가 파견한 소규모 지원군을 일거에 섬멸했다. 조조는 오소를 진공하기에 앞서 이미 원소가 본영을 습격할 것을 간파하고 만반의 준비를 했기에 원소의 군대는 두 곳에서 모두 패하고 말았다.

곽도는 자신의 계책이 잘못돼 원소가 치명타를 입은 것을 보고는 원소가 죄를 물을까 두려워 선수를 쳤다. 그는 원소에게 이렇게 말했다.

"장합과 고람이 주군의 배치대로 작전을 하지 않기에 전투에서 패한 것입니다. 아군이 패하는 것을 보고도 구할 생각은 아니 하고 이를 오히려 은근히 기뻐했으며 태도가 매우 거만스럽고 하는 말이 불순했습니다出言不遜. 이들은 주군께서 용병술을 모른다고 원망했고 결국은 조조의 꾀에 넘어갔습니다."

원소는 곽도의 간사한 말에 넘어가 장합과 고람 두 장군을 군법에 따라 엄하게 벌할 것이라고 말했다. 곽도는 장합과 고람이 진상을 폭로할까 두려워 은밀히 사람을 보내 이렇게 전했다.

"주군께서는 싸움에서 패한 죄를 물어 두 분 장군을 죽이려 하니 빨리 대책을 강구하셔야 합니다."

더는 퇴로가 없다고 판단한 장합과 고람은 홧김에 조조에게 투항하고 말았다.

初出茅廬 초출모려

글자풀이	처음 초(初 chū), 날 출(出 chū),
	띠 모(茅 máo), 오두막집 려(廬 lú).
뜻풀이	① 처음으로 세상에 얼굴을 내놓다.
	② 사회에 처음으로 진출하여 경험이 어리다.
	③ 풋내기이다.
출전	명 (明) 나관중(羅貫中) 『삼국연의(三國演義)』 제39회

유래　　유비劉備는 한漢나라 황실을 회복하기 위해 일찍 세 번이나 남양南陽에 있는 제갈량諸葛亮의 초막을 찾았으며 이에 감동한 제갈량은 하산해 유비의 군사軍師가 되었다. 유비 수하의 많은 사람들이 이를 이해하지 못했고 특히 유비 수하의 맹장인 관우關羽와 장비張飛가 더했다. 장비는 제갈량을 깔보면서 유비에게 이렇게 말했다.

"공명孔明은 아직 나이가 어리니 재능이 있어 봤자 얼마나 되겠습니까? 그를 너무 과대평가하시는 것은 아닙니까?"

이에 유비가 답했다.

"내가 공명을 얻음은 마치 물고기가 물을 만난 것과 같다. 다른 말을 하지 말거라."

얼마 후 조조曹操 휘하의 장군 하후돈夏侯惇이 10만 대군을 이끌고 신야新野로 쳐들어왔고 이는 유비에게 큰 위협으로 되었다. 유비가 제갈량에게 대책을 묻자 제갈량은 이렇게 말했다.

"제가 군사를 움직이면 불복하는 자들이 있을까 걱정됩니다."

이에 유비는 장군인감과 보검을 제갈량에게 건네면서 군사지휘권을 일임하고 누구든지 제갈량의 영을 어길 시에는 군법으로 엄하게 다스린다고 선포했다.

　지휘권을 위임받은 제갈량은 즉시 군령을 내리기 시작했다. 관우에게
는 군사 천명을 내주면서 박망파博望波 왼쪽의 상산象山에 매복해 있다가 조
조군이 오면 그대로 통과시킨 후 남쪽에서 불길이 솟아오르면 습격을 단행
해 조조군의 보급로를 차단하도록 했다. 또 장비에게 천명의 군사를 내주
고 박망파 오른쪽 수림 속에 매복해 있다가 불길이 일면 박망성 방향으로
맹공을 가해 반드시 조조군 대본영의 군량과 마초를 전부 불살라 버리라고
명령했다. 이어 관평關平, 유봉劉封에게 5백의 군사를 내주고 이들이 방화에
필요한 도구들을 챙겨 박망파 뒷산골짜기 양측에서 기다리다가 조조군이
반쯤 진입하면 즉시 갈대에 불을 달라고 지시했다. 또 조운趙雲이 선봉장으
로 서서 정면에서 조조군을 막되 패하는 척하면서 적군을 유인하라고 명령
했다. 이어 유비에게 한 갈래의 정예 군사를 이끌고 박망파 아래쪽에 진을
치고 대기하다가 적군이 오면 군영을 버리고 도망을 치되 불길이 오르면
즉시 되돌아서서 적군을 공격하라고 명했다.

　제갈량이 작전배치를 끝내자 여러 장군들이 의아해했고 성격이 급한 장
비가 물었다.

"우리들을 다 전투에 내보내고 군사께서는 무엇을 한단 말입니까?"

이에 제갈량이 웃으면서 답했다.

"저는 본진에서 여러분을 위한 축하주를 준비할 겁니다."

이 말을 들은 장비가 울화가 치밀어 뭔가 말하려고 하는데 관우가 말렸다.

"동생, 일단은 군사軍師의 계책대로 해보았다가 패하면 그때 죄를 물어도 늦지 않네."

이것이 바로 제갈량이 하산한 후 지휘한 첫 승전이다. 후세 사람들은 이 고사를 인용해 "초출모려"라는 성어를 만들었다.

垂簾聽政 수렴청정

글자풀이   드리울 수(垂 chuí), 발 렴(簾 lián),

　　　　　들을 청(聽 tīng), 정사 정(政 zhèng).

뜻풀이   수렴청정하다.

출전   5대·후진(五代·後晉) 유구(劉昫) 등 저

　　　　『구당서·고종기하(舊唐書·高宗紀下)』

유래   당고종唐高宗 이치李治는 체질이 허약하고 병이 많아 조회를
보지 못하는 경우가 허다했다. 시간이 가면서 황제가 처리해야 할 문서들
이 산더미를 이루고 나라는 거의 혼란상태에 빠지게 되었다.

　황후인 무측천武則天은 뛰어난 총명과 과단한 성격의 소유자였다. 그는
국사를 처리할 사람이 없어서는 안 되겠다고 생각해 조정의 대소사를 직접
결정하기 시작했다.

　당시 홍문관弘文館 학사學士와 서대시랑西臺侍郞 등 관직을 맡아왔던 상관
의上官儀라는 관리가 있었는데 늘 직언을 하여 무측천의 미움을 샀다. 그러
다가 인덕麟德 연간에 상관의가 폐태자 충忠과 함께 모반을 꾀한다고 고발
하는 자가 있었다. 무측천이 상관의를 고발하는 주장奏章을 보고는 즉시 어
지를 내려 상관의를 하옥시키고 그의 모든 재산을 몰수했으며 결국에는 극

형에 처했다.

상관의의 죽음은 무측천이 수렴청정하는 길에서 마지막 걸림돌을 제거한 것이었다. 그 후 당고종이 조회를 볼 때면 무측천은 황제가 앉는 어좌 뒤편에 발을 드리우고 그 뒤에 앉아서 조정의 대소사를 자신이 결정하거나 그 결정에 참여하곤 했다. 당시 조정대신들은 무측천과 당고종을 합쳐서 "2성二聖"이라고 불렀다.

春風得意 춘풍득의

글자풀이   봄 춘(春 chūn), 바람 풍(風 fēng), 얻을 득(得 dé), 뜻 의(意 yì).

뜻풀이   ① (과거에 급제하여) 득의만면하다.

② 모든 일이 순풍에 돛 단 것처럼 순조롭다.

출전   당(唐) 맹교(孟郊)『등과후(登科後)』

유래

어머님 손에 실 바늘 가지시고	慈母手中線
떠돌이 이 자식의 옷을 지으셨네	遊子身上衣
떠나실 때 한 올 한 올 촘촘히 누비신 것은	臨行密密縫
혹시나 이 자식 돌아옴이 늦을까 걱정함일세	意恐遲支歸
뉘라서 말했던고 이 조그만 풀 같은 효심으로	誰言寸草心
춘삼월 따스한 봄볕 같은 은혜를 갚을 수 있다고.	報得三春暉

이 오언율시五言律詩는 당唐나라 중반의 유명한 시인 맹교孟郊의 작품이다. 시는 소박한 언어로 사람을 감동시키는 모자간의 정을 보여 주었다. 이 시는 당시唐詩 중의 수작일 뿐만 아니라 맹교의 시 중에서도 높은 수준을

자랑하며 널리 알려져 당시와 후세 사람들의 사랑을 받았다.

그러나 맹교는 성격이 괴벽하여 다른 사람과 잘 내왕하지 않았으며 젊을 때에는 숭산嵩山에 은거해 있었다. 대시인 한유韓愈가 맹교의 재능을 높이 평가해 과거시험에 참가해 공명을 얻고 나라와 백성을 위해 그 재능을 써줄 것을 권했다. 그러나 맹교는 이렇게 말했다.

"저의 성격이 관직을 맡기에는 적합하지 않습니다. 일단 출사를 하면 상급자와의 관계를 잘 처리하지 못할 것이며 저는 정무처리에도 서툽니다."

이에 한유가 권고했다.

"나도 성격이 곧은 사람이지만 이는 응시에 장애로 될 수 없습니다. 당신의 문재文才로 볼 때 한림학사翰林學士를 맡아도 전혀 부족함이 없을 것입니다. 출사를 해야 합니다. 대장부로 태어났으면 나라를 위해 한몸을 바쳐야 하거늘 어찌 심산 속에서 늙어 죽는단 말입니까?"

한유의 반복되는 설득에 맹교는 끝내 도성 장안長安에 가서 진사進士시험에 참가했다.

오랫동안 심산 속에 있은 탓인지 아니면 운이 부족했던지 맹교는 두 번이나 과거시험을 치렀으나 모두 낙방했다. 두 번 시험을 치르는 사이에 세월은 이미 10년이나 훌쩍 흘렀다.

맹교는 이 10년 동안 공명은 얻지 못했으나 줄곧 장안에 거주했다. 그는 생계를 유지할 방법이 없어 친구들의 구제로 하루하루를 살아갔으니 그 생활고는 이루 말할 수 없었다. 50살이 되던 해에야 맹교는 진사시험에 합격한다. 그는 기쁜 마음으로 칠언절구를 지었다.

지난날 궁색할 때는 자랑할 것 없더니	昔日齷齪不足誇
오늘 아침에는 우쭐하여 생각에 거칠 것 없더라	今朝放蕩思無涯
봄바람에 뜻을 얻어 말을 세차게 달리니	春風得意馬蹄疾
하루 만에 장안의 꽃을 다 보았네.	一日看盡長安花

"춘풍득의"는 후에 일이 순풍에 돛 단 것처럼 순조로워 매우 기쁨을 형용하는 성어로 사용되었다.

摧枯拉朽 최고랍후

글자풀이　꺾을 최(摧 cuī), 마를 고(枯 kū), 끌고 갈 랍(拉 lā), 썩을 후(朽 xiǔ).

뜻풀이　① 썩은 나무를 꺾듯이 쉽다. 식은 죽 먹기.

　　　　② 부패한 세력은 쉽게 타도된다.

출전　　당(唐) 방현령(房玄齡) 등『진서·감탁전(晉書·甘卓傳)』

유래　　　동진東晉 영창永昌 원년에 진동대장군鎭東大將軍 왕돈王敦이 군사를 일으켜 조정에 반기를 들었다. 왕돈은 거병하면서 당시의 안남장군安南將軍이고 양주자사梁州刺史인 감탁甘卓에게 함께 하기를 권했다. 감탁은 왕돈의 위세에 눌려 그렇게 하기로 대답했으나 출발 전에 수하의 참군參軍 손쌍孫雙을 무창武昌에 보내 반란을 일으키지 말 것을 왕돈에게 권했다. 왕돈은 일부터 놀란 척하면서 손쌍에게 이렇게 말했다.

"감장군은 저번에 내가 말했던 뜻을 잘 몰랐단 말인가? 이번에 군사를 일
으키는 목적은 황제 지근에 있는 불순한 자들을 제거하려는 것이지 결코
다른 뜻이 없소이다."

이때 상주자사湘州刺史 사마승司馬承이 주부主簿 등건鄧騫을 양양襄陽에 파견해 감탁에게 조정에 충성을 다하고 왕돈을 토벌하라고 설득했다. 감탁의 다른 한 수하참군인 이량李梁은 군사를 움직이지 말고 기회를 엿보아 출동할 것을 권했다. 이량은 만약 왕돈이 거사에 성공한다면 감탁을 중용할 것이고 반대로 왕돈이 패한다면 조정에서 감탁을 중용하여 반란을 평정하게 할 것이라는 이유를 들었다.

등건이 이량의 계책을 반박하면서 만약 감탁이 두 곳에 다 줄을 대고 있다가는 큰 변을 당한다고 주장했다. 그는 왕돈의 군사는 만여 명 정도이고 거기에 무창을 지키는 군사는 5천도 안 되며 현재 감탁의 군대는 왕돈군의 두 배나 되니 무창을 공격하면 꼭 승전할 것이라고 분석했다.

등건은 이어 이렇게 말했다.

"물을 거슬러 올라가는 적은 배가 뒤집히지 않기 위해 사력을 다해 노를 젓게 되니 다른 것을 돌볼 겨를이 없습니다. 장군이 무창을 공격한다면 이는 마른 풀을 태워 없애고 썩은 나뭇가지를 분지르는 것처럼 쉬울 것입니다摧枯拉朽."

후에 양양태수 주려周廬 등이 왕돈과 결탁하여 감탁을 죽였다.

감탁은 손쉽게 왕돈 군을 소멸할 수 있는 기회가 있었으나 우유부단함 때문에 결국 왕돈의 계략에 걸려 죽게 되었다.

大功畢成 _{대공필성}

글자풀이 클 대(大 dà), 공 공(功 gōng), 반드시 필(畢 bì), 이룰 성(成 chéng).

뜻풀이 거대한 공정이나 위대한 공적을 이루다.

출전   한(漢) 반고(班固) 저『한서·왕망전(漢書·王莽傳)』

유래 서한西漢 말에 외척이 권력을 장악했다. 한원제漢元帝의 황후의 조카인 왕망王莽이 신도후新都侯, 안한공安漢公으로 책봉되어 권세를 한손에 움켜쥐었다.

어느 한번은 왕망이 황제에게 상소를 올렸는데 그 내용인즉 주나라의 주공周公을 본받아 명당明堂을 만들고 옹령대雍靈臺를 세워 천하의 학자들이 이곳에서 학문을 강하고 책을 쓰도록 하자는 것이었다. 그 본뜻은 결국 이를 통해 자신의 신분을 자랑하고 당대의 주공이 자신임을 알리려는 것이었다.

왕망은 학문을 배우고 연구하려는 이런 학자들에게 훌륭한 여건을 마련해주어 선후로 수천 명에 달하는 인재를 모았다. 이들에게 왕망은 자신의 뜻에 따라 책을 만들도록 했으며 자신에게 불리한 "이단학설"은 모두 수정하도록 명했다. 왕망에게 아부하는 많은 대신들이 상소문을 올려 왕망을 칭송했다.

"옛날 주공이 황제를 보좌하여 만든 제도도 7년밖에 가지 못했습니다. 후에는 명당이 파괴되고 옹령대 또한 무너졌으며 천년이 지난 지금까지 다시 세우지 않았습니다. 작금에 안한공이 황제폐하를 보필한 지 4년도 안되나 그 공덕이 하늘에 닿습니다."

이에 왕망은 크게 기뻐하면서 선후로 각지의 서생과 평민 10여 만 명을 동원해 자신의 공덕을 칭송하는 시문을 창작하도록 했다. 20여 일 동안에 걸쳐 이런 시문이 전부 완성되면서 이른바 "대공필성大功畢成"하게 되었다. 이때부터 왕망의 야심이 점점 커지게 되어 한평제漢平帝를 독살한 후 후에는 아예 스스로 황제로 칭하고 국호를 "신新"이라고 고쳤다. 왕망은 재위

10여 년 만에 적미赤眉, 녹림綠林 등 농민봉기군에 의해 죽임을 당했다.

大逆不道 대역부도

글자풀이	클 대(大 dà), 거스를 역(逆 nì),
	아니 부(不 bù), 말할 도(道 dào).
뜻풀이	대역무도.
출전	한(漢) 반고(班固)『한서·고제기(漢書·高帝紀)』

유래　　　　진秦나라가 망한 후 한왕漢王 유방劉邦과 서초패왕西楚霸王 항
우項羽는 장장 5년에 걸친 초한楚漢전쟁을 벌였다. 어느 한번은 유방과 항우
의 군사가 싸우게 되었는데 항우가 진중에 나와 유방에게 일대일로 싸워
결판을 내자고 했다. 이에 유방이 말했다.

"나는 처음에 너와 함께 초회왕楚懷王의 명을 받아 먼저 관중關中을 차지하
는 자가 왕이 되기로 약조했다. 허나 내가 먼저 관중을 차지했으나 네가 약
조를 어기고 나를 파촉巴蜀 지역의 한왕으로 봉해 쫓아 버렸으니 이는 첫
번째 죄이다. 너는 조趙나라 군사를 구원하러 가는 도중에 상장군上將軍 송
의宋義를 죽이고 자신을 상장군이라 칭했으니 이는 두 번째 죄이다. 너는
회왕의 영을 어기고 제후국들의 군사들을 차지했으니 이는 세 번째 죄이
다."

이어 유방은 항우가 진나라의 궁전을 태우고 진나라 황제의 능을 파헤치고 재물을 수탈했으며 이미 투항한 진나라 왕 자영子嬰을 죽이고 진나라 백성 20만 명을 생매장했으며 의제義帝를 시해한 죄목을 일일이 열거하였다. 열 번째 죄를 말하면서 유방은 이렇게 성토했다.

"너는 신하된 자로서 군주를 살해했고 이미 투항한 사람을 죽였으니 이는 공평하지 못한 처사라 하겠다. 또 이미 약조를 했으나 신의를 저버려 천하에 용납될 수 없으니 이는 중대한 반역이다大逆無道. 열 가지 큰 죄를 지은 네 이 역적 놈을 벌하려 내가 정의로운 군사를 일으켰거늘 너는 무슨 낯짝으로 나한테 도전한단 말이냐!"

大喜過望 대희과망

글자풀이	클 대(大 dà), 기쁠 희(喜 xǐ), 지날 과(過 guò), 바랄 망(望 wàng).
뜻풀이	기대 이상의(뜻밖의) 성과에 매우 기뻐하다.
출전	한(漢) 사마천(司馬遷)『사기·경포열전(史記·黥布列傳)』

유래   경黥은 형을 받는 사람의 얼굴에 글자를 새긴 후 검은 물감을 들이는 고대의 형벌이다. 이 형을 받은 사람은 얼굴에 평생 그 흔적이 남아 있으므로 이런 형벌은 모독성이 강했다. 진秦나라 말 농민봉기군 수령 중의 한 명인 영포英布가 이 형을 받은 적이 있었으므로 사람들은 그를 경포黥布라고 불렀다.

당시 농민봉기가 곳곳에서 일어났다. 진승陳勝, 오광吳光이 대택향大澤鄉에서 봉기한 후 경포도 여산驪山에서 3천 명을 모아 봉기했다.

항우項羽가 함양咸陽에서 서초패왕西楚覇王으로 자칭한 후에 경포를 구강왕九江王으로 봉했다. 초한전쟁이 시작된 후 경포는 항우 수하의 능력 있는 장령이었고 전투에서 늘 항우군의 선봉장을 맡아왔다. 그 무예수준을 볼 때 초나라 군사들 중 항우 버금이었고 유방 수하의 장수들 중에는 경포와 대적할 자가 없었다.

그러나 한차례의 큰 전투에서 경포가 패하자 항우는 그 책임을 물어 경

포의 작위를 삭탈하고 공을 세워 죄를 갚으라고 했다. 이 일로 경포는 항우에게 불만을 품게 되었고 점점 항우와의 사이가 벌어지기 시작했다.

경포의 처지를 전해 들은 유방은 기쁨을 금치 못했다. 항우와의 전투에서 제일 겁나고 제일 미운 자가 바로 경포였기 때문이다. 이때 마침 유방의 부하 수하隨何가 이 기회를 이용해 경포를 귀순하도록 설득하겠노라고 자청했다. 유방도 그런 생각이 있었던 터라 수하에게 즉시 경포를 찾아가도록 명했다.

경포를 만난 수하는 이렇게 말했다.

"장군께서는 서초패왕을 위해 수많은 전공을 세웠으나 한 번의 패전 때문에 왕의 작위를 삭탈당했습니다. 지금 한신韓信의 용병술이 귀신같아서 싸위서 이기지 않은 적이 없고 공략 못한 성이 없으니 장군께서는 어느 날엔가 한신과 만나게 될 것입니다. 만약 그때 가서 또 다시 패전한다면 아마 목숨도 부지하기 힘들 것입니다. 저희 한왕께서는 장군을 매우 존경하시니 초나라를 떠나 한나라에 가서 큰 공을 세워 대업을 이룩함이 어떠하십니까?"

수하의 권고를 들은 경포가 여러모로 생각해 보고는 이를 받아들이기로 했다.

경포가 항우를 배반하려 마음을 굳혔으나 무예로는 항우의 적수가 아니었으며 여기에 경포의 수하들은 원래 모두가 초나라 군사들인지라 서로 싸우게 되니 군대의 사기가 말이 아니었다. 경포는 항우와 접전하자마자 여지없이 패했고 수하와 함께 백성으로 가장해 몰래 한나라 군영의 유방을 찾아가 항복했다.

경포의 오기를 꺾어놓기 위해 유방은 한 가지 계책을 생각했다. 그는 발을 씻을 때 경포를 들이라고 했고 경포를 보고도 전혀 신경 쓰지 않고 냉담한 태도로 보였다. 이에 경포는 항복한 것을 후회했으며 유방과 몇 마디 말만 나누고는 총총히 하직을 고했다. 그는 수치심과 분노에 치를 떨었다.

왜 이런 처지까지 되었을까 생각한 경포는 자진할 생각까지 했으나 죽더라도 한왕 앞에서는 죽을 수 없으니 하룻밤 동안 쉬고 내일 다시 생각해 보자고 결정했다.

경포가 심란한 마음을 달래고 있을 때 유방의 수종이 와서 이미 마련한 거처로 안내하고는 푹 쉬시라고 인사를 했다. 그 거처를 살펴보니 시설과

호위군사들 그리고 음식과 수레 등이 유방이 사용하는 것과 같았고 경포가 원래 생각했던 대우보다 훨씬 높은 것이었다. 이를 본 경포가 크게 기뻐하였고大喜過望 유방을 위해 천하를 얻는데 한몸을 바치리라 결심을 굳히게 되었다.

膽大如斗 담대여두

글자풀이	쓸개 담(膽 dǎn), 클 대(大 dà), 같을 여(如 rú), 말 두(斗 dǒu).
뜻풀이	① 담낭이 한 말 그릇처럼 크다. ② 매우 膽大하다는 말.
출전	진나라(晉) 진수 (陳壽)
	『삼국지·촉서·장완비위강유전(三國志·蜀書·蔣琬費褘姜瑜傳)』

유래   삼국시기 촉蜀나라의 강유姜瑜는 재능이 출중하고 충성심이 남달라 제갈량諸葛亮의 깊은 신임을 받았다. 제갈량은 강유를 정서장군征西將軍으로 임명하고 그를 중용했으며 후에 제갈량이 죽자 촉나라의 병권은 강유가 맡게 되었다.

강유는 아주 담대했는데 제갈량의 유지를 이어 중원中原정벌을 위해 아홉 차례나 출정했으나 끝내 승전고를 울리지는 못했다. 후에 위魏나라의 종회鍾會와 등애鄧艾가 이끄는 두 갈래 대군이 촉나라를 공격했다. 촉나라는 수적 열세에 처해 참패를 당하고 강유는 소수의 병마를 이끌고 검각劍閣을 군게 지켰다. 그러나 후주後主 유선劉禪이 이미 투항했는지라 강유도 결국 종회에게 항복할 수밖에 없었다.

얼마 후 종회는 암암리에 위나라를 배반할 계획을 세웠다. 강유는 이를 좋은 기회라 생각하고 종회와 손잡는 척하면서 기회를 보아 촉나라를 회복하려 했다. 허나 계획이 사전에 발각되고 강유는 위나라 병사들에게 살해된다.

전해지는 말에 의하면 위나라 군사들이 강유의 배를 갈라보니 담낭이 한말 정도로 컸으며 이를 보고 놀라움을 금치 못했다. 이 일이 널리 알려지면서 "담대여두"라는 성어가 생겨났고 이를 줄여 "두담斗膽"이라고도 했다.

當局者迷 당국자미

글자풀이　　당할 당(當 dāng), 판 국(局 jú), 사람 자(者 zhě), 미혹할 미(迷 mí).

뜻풀이　　　① 당사자는 알지 못하지만 방관자는 명확히 안다.

　　　　　　② 당사자보다 제3자가 더 잘 안다.

출전　　　　송(宋) 구양수(歐陽脩) 등『신당서·원담전(新唐書·元澹傳)』

유래　　　　당唐나라의 학자인 원담元澹은 그 학식이 높아『위전魏典』30편을 편찬하였으며 당시 명망이 매우 높았다. 한번은 대신 위광魏光이 당현종唐玄宗에게 당나라 초반의 명재상 위정魏征이 정리, 수정한『예기禮記』를 경서經書 즉 유가의 경전저작에 포함시킬 것을 요구하는 상서를 올렸다.

　　『예기』는 진秦, 한漢 이전의 여러 가지 예의저서의 선집選集으로 서한西漢의 대성戴聖이 편찬하였으며 책에는『곡례曲禮』,『단궁檀弓』,『왕제王制』,『학기學記』,『악기樂記』,『중용中庸』,『대학大學』등 49편이 수록되어 있다. 이에 현종이 즉시 윤허를 하고 원담 등에게 자세히 교열을 하고 주해를 달 것을 명했다.

　　한동안 시일이 흘러 원담 등은 임무를 완성해 총 50편으로 된『예기』를 만들었고 여기에 주해를 달아 현종에게 올렸다. 그런데 우승상右丞相 장설張說은 현재 사용되는『예기』는 서한의 대성이 편찬 것이고 이미 거의 천년을 사용해 왔으며 또 동한東漢의 정현鄭玄이 이미 주해를 달았고 경서범위에

들어갔는데 위정이 다시 정리, 수정한 『예기』로 교체할 필요가 있는지 질문했다. 현종은 장설의 말에도 도리가 있다고 여겨 생각을 바꾸었다. 그러나 원담은 응당 교체해야 한다고 주장했고 자신의 관점을 밝히기 위해 "석의釋疑"라는 글을 썼다. 이는 주객이 대화하는 형식으로 쓴 논문이라 할 수 있다.

먼저 손님이 묻는다.

"『예기』라는 이 경전저작은 대성이 편찬하고 정현이 주해를 단 판본과 위정이 정리, 수정한 판본이 있는데 어느 것이 더 훌륭한가?"

주인의 대답은 이러하다.

"대성이 편찬한 예기는 서한西漢 때부터 지금까지 많은 사람이 수정하고 주해를 달았으니 서로 모순되는 바가 많습니다. 위정은 이런 부족점을 감안해 『예기』를 재정리하였으나 옛것만을 고집하는 사람들이 반대할 줄을 어찌 알았겠습니까!"

손님이 고개를 끄덕이며 말했다.

"그렇군요. 마치 바둑을 둘 때 그 당사자는 알지 못하지만 방관자는 명확히 그 수를 아는 것과 같은 도리군요當局者迷."

當頭棒喝 당두봉갈

글자풀이	당할 당(當 dāng), 머리 두(頭 tóu),
	몽둥이 봉(棒 bàng), 꾸짖을 갈(喝 hè).
뜻풀이	① 선승이 가르칠 때 막대기로 학승의 머리를 때리며 소리 지르다.
	② 정수리에 일침을 가하다.
	③ 따끔하게 경고·충고를 하다.
출전	송(宋) 석도원(釋道原)『경덕전등록(景德傳燈錄)』

유래　　당唐나라의 혜능慧能대사는 불법을 깊이 연구하다가 어느 날 이런 도리를 깨친다. 한 사람이 경건한 불심을 가지고 부처를 섬긴다면 인간의 경지를 벗어나 부처의 경지에 들어가며 그때 가서는 날마다 경을 읽거나 좌선을 하는 수고를 하지 않아도 된다는 것이었다. 이를 기초로 혜능대사는 불교 선종禪宗의 한 문파인 남종 돈오파南宗 頓悟派를 세웠다.

　　이른바 "돈오"라고 함은 한꺼번에 도를 깨치는 것이며 이는 "점오漸悟(점차적으로 깨우침)"와 상대적으로 이르는 말이다.

　　이 이론에 따르면 불교의 이치를 가르치는 선사禪師는 초학자들을 가르칠 때 구구절절 불교의 이치를 가르치는 것이 아니라 막대기로 이들의 정수리를 때리거나 큰 소리를 질러 돈오의 경지에 도달하도록 했다. 희운希運

이라는 선사는 가르침을 청하러 오는 사람을 맞이할 때는 불문곡직하고 막대기로 그 사람을 한 대 때리거나 큰 소리를 지른 후에 문제를 제기하고는 상대방이 생각할 겨를이 없이 즉시 대답하도록 했다. 이는 그 사람이 불교에 대해 경건한 마음을 품고 있는지 혹은 불교의 이치에 대해 알고 있는지, 알고 있으면 어느 정도인지를 알아보기 위함이었다. 후에 이런 방식은 불교가 도를 전파하는 주요한 방식의 하나로 자리 잡았다.

道不拾遺 도불습유

글자풀이	길 도(道 dào), 아닐 불(不 bù), 주울 습(拾 shí), 남길 유(遺 yí).
뜻풀이	① 길에 떨어진 것을 줍지 않다. ② 세상이 태평하다.
출전	한(漢) 유향(劉向) 『전국책·진책1(戰國策·秦策一)』

유래   상앙商鞅은 원명이 위앙衛鞅으로 위衛나라 사람이며 전국시대戰國時代의 유명한 정치가이다. 그는 진秦나라에서 개혁을 주도하여 큰 공로를 세웠고 진왕은 상商 지역의 15개 읍邑을 상으로 내렸으며 그 이름을 따서 상앙이라고도 불렸다.

상앙은 젊은 시절 위나라에서 진나라로 도망을 왔으며 진효왕秦孝王에게 나라를 다스림에 있어서 법이 근본으로 됨을 설파했다. 진효왕이 상앙의 주장을 받아들이고 그를 재상으로 임명했다. 상앙이 일련의 새로운 법을 제정하여 귀족의 특권을 보호하는 옛 법을 대체했는데 이것이 바로 역사상 유명한 "상앙변법商鞅變法"이다.

상앙은 법률 앞에서 누구나 평등함을 강력하게 주장했고 그 누구든 나라를 위해 공을 세우면 당연히 상을 주어야 한다고 강조했다. 또 경작과 길쌈을 권장했고 이를 많이 하는 사람은 부역을 면제해 주기도 했다. 상앙은 귀족의 세습제를 폐지하고 군공의 크고 작음을 기준으로 작위와 관직을 주

어야 하며 엄하고 바르게 법을 실행하고 절대 사사로운 정을 따져서는 안 되며 모든 것을 법에 기준해야 한다고 주장했다. 상앙의 이런 변법은 귀족 세력의 반대에 부딪쳤으나 진효황의 지지를 받아 변법은 빠른 시일 내에 실행에 옮겨졌다.

상앙이 변법을 적극 추진하니 백성들의 생산열정이 전에 없이 높아지고 군대는 군기가 엄격해졌으며 군졸들은 전투에 나가기를 주저하지 않았다. 민풍도 점차 순박해지고 사회질서는 안정을 되찾았으며 결국 길에 떨어진 물건을 줍지 않고道不拾遺 밤에 문을 닫지 않는 태평성대가 나타났으며 진나라는 날로 강대해졌다.

道聽途說 도청도설

글자풀이   길 도(道 dào), 들을 청(聽 tīng), 길 도(途 tú), 말씀 설(說 shuō).

뜻풀이   ① 길에서 주워들은 말. ② 근거 없는 풍문.

출전   『논어·양화(論語·陽貨)』

유래   전국시대戰國時代 애자艾子라는 사람이 초楚나라에서 제齊나라로 돌아왔다. 도성에 들어서자마자 애자는 빈말하기를 밥 먹듯 하는 모공毛쯩을 만났다. 모공은 신비스러운 어투로 애자에게 한 집에서 기르는 오리가 한꺼번에 알을 백 개나 낳았다고 말했다.

애자가 이를 믿지 않으며 말했다.

"그런 일은 있을 수 없을 것입니다."

이에 모공은 오리 한 마리가 아니라 두 마리일 것이라고 말했으나 애자는 또 고개를 저으면서 이 역시 불가능하다고 말했다.

모공이 아마 세 마리일 것이라고 했으나 애자가 여전히 믿지 않으니 이어 그 숫자를 네 마리, 여섯 마리, 여덟 마리로 점차 늘려갔다. 모공이 오리 숫자를 늘려갈수록 애자는 더욱 믿을 수 없게 되었다.

한참 지나 모공이 애자에게 이런 소문을 알려주었다.

"지난달에 하늘에서 큰 고깃덩이가 떨어졌는데 그 길이가 30장이고 너비는 10장이었다네."

애자가 믿지 않으니 모공이 급히 고쳐서 말했다.

"아마도 20장 정도였을걸."

애자가 여전히 믿지 않았다.

이에 모공이 그럼 그 길이가 10장이라고 말했다. 애자가 모공의 거짓말을 더는 들어줄 수가 없어 이렇게 반문했다.

"이 세상에 어찌 길이가 열장이나 되고 너비도 열장이나 되는 고깃덩이가 있단 말인가? 그것도 하늘에서 떨어졌다니? 자네가 직접 눈으로 보았던가? 방금 자네가 말한 오리는 어느 집 것이란 말인가? 지금 말하고 있는 고깃덩이는 어느 곳에 떨어졌더란 말이오?"

정곡을 찔린 모공이 우물우물하면서 말했다.

"이 모두는 길가에서 다른 사람이 말하는 것을 주워들은 것이네.道聽途説"

애자가 크게 웃으면서 자신의 제자들에게 이렇게 말했다.

"너희들은 이자처럼 길가에서 주워들은 풍문을 사실인양 말해서는 안 될
것이다."

이 고사는 명明나라 도본준屠本畯이 편찬한 우스개 책인 『애자외전艾子外
傳』에 수록되어 있다. 이 고사는 바로 공자의 『논어』에서 말하는 "도청이도
설道廳而塗說, 덕지기야德之棄也."에 대한 주해이기도 하다. 여기서 길 도途자
대신 진흙 도塗자를 쓰기도 한다.

得陇望蜀 득롱망촉

글자풀이	얻을 득(得 dé), 땅 이름 롱(陇 lǒng),
	바랄 망(望 wàng), 나라 이름 촉(蜀 shǔ).
뜻풀이	① 농 땅을 얻으면 촉나라까지 갖고 싶다.
	② 말 타면 경마 잡히고 싶다. ③ 욕망은 한이 없다.
출전	남조·송(南朝·宋) 범엽(范曄)『후한서·잠팽전(後漢書·岑彭傳)』

유래   잠팽岑彭은 동한 중흥東漢中興의 명장이고 "광무중흥光武中興"
의 좌명대신佐命大臣 중의 한 사람으로 동한정권의 건립을 위해 지대한 공을
세웠다.

왕망王莽이 한漢나라의 정권을 탈취할 때 잠팽은 극양棘陽을 지키고 있었
다. 한나라 군대가 극양을 수복한 후 그는 몇 백 명을 거느리고 완성宛城으
로 도망쳐 완성의 수성장군인 엄설嚴說과 함께 한나라 군을 막았다. 유수劉
秀의 동생 유백승劉伯升은 경시제更始帝의 대사마大司馬였는데 이때 한나라 군
사를 이끌고 완성을 공격했다. 성 안에 식량이 다 떨어져서야 잠팽은 엄설
을 설득해 한나라에 투항했다. 그가 투항한 후 유백승의 수하 장수들은 완
성공격 때 잠팽 때문에 힘들었던지라 포로들을 죽이자고 했으나 유백승이
이를 막으면서 말했다.

"수성장군인 잠팽이 성을 굳게 지킨 것은 기개를 말해준다. 지금 우리는 큰
일을 도모하고 있으니 이런 자를 죽여서는 안 된다. 오히려 그에게 관직을
줌이 마땅할 것이다."

유백승은 잠팽에게 대사마大司馬 주유朱鮪의 수하에서 교위校尉를 맡게 하
고 함께 양주揚州를 공략하고 회양淮陽을 평정했다. 얼마 후에는 잠팽을 영
천태수潁川太守로 임명했다. 당시 용릉舂陵태생인 유무劉茂가 영천을 차지하
고 있어 잠팽은 임지로 부임을 할 수 없었고 하는 수 없이 몇 백 명의 부하
들을 거느리고 황하이북에서 태수太守 한흠韓歆을 도와 성들을 지켰다.

이때 유백승은 이미 경시제에게 죽임을 당했고 유수가 대사도大司徒직을
대신했으며 군사를 지휘하여 황하이북 지역을 어느 정도 평정했다. 한흠

이 잠팽의 권고를 거부하고 유수와 대항해 싸웠으며 더는 가망이 없자 그제야 항복했다. 이에 유수가 대로하여 한흠을 죽이려 하자 잠팽이 말렸다.

"현재 적미군赤眉軍이 이미 관중關中에 들어갔고 경시제는 기필코 패할 것입니다. 이는 대사도께서 대업을 이룰수 있는 좋은 시기이고 저는 대사도를 도울 것입니다. 한흠은 명문가 출신이고 명망도 높으니 살려두면 도움이 될 것입니다."

이에 유수가 한흠을 용서해주고 그를 등우鄧禹의 수하에 보내 군무를 맡도록 했다. 후에 잠팽은 하북河北을 평정했고 유수가 황제로 등극할 때에는 정위廷尉직에 올랐고 귀덕후歸德侯에 봉해졌으며 대장군의 권력을 행사했다. 후에 잠팽이 대사마 오한吳漢, 대사공 왕량王梁, 편장군偏將軍 풍이馮異 등 맹장들과 함께 낙양洛陽을 공격하게 되었는데 낙양성은 경시제의 대사마인 주유가 지키고 있었다. 한나라 대군이 몇 달이나 맹공격을 했으나 주유가 지키는 낙양성을 넘을 수가 없었다. 유수는 잠팽이 주유의 교위로 있었던 내력을 알고는 주유의 군영에 가서 투항을 권고하라고 명했다.

결국 잠팽이 주유를 설득했고 주유는 몸을 자박하고 성을 나와 유수에게 투항했다. 이를 본 유수가 친히 포박을 풀어주고 주유를 평적平狄장군에 봉했다. 유수는 낙양성을 공략한 후 여러 장수들에게 논공행상을 했으며 그중에서 잠팽이 제일 큰 공을 차지했다.

한나라 광무제光武帝 8년기원 32년 유수가 잠팽, 오한 등을 거느리고 서량西涼의 외효隗囂을 공격했다. 유수는 개연蓋延, 경엄耿弇에게 상규를 포위하게 하고 자신은 낙양으로 돌아가면서 군사통솔권을 잠팽에게 맡겼다. 얼마 후 유수는 잠팽에게 편지를 보내 이렇게 명했다.

"두 성을 공략한 후 즉시 군사를 이끌고 사천을 접수하도록 하라. 사람의 마음이란 만족을 모르는 법, 이미 감숙을 평정했으면 사천을 도모하려 한 다得隴望蜀. 매번 출정에 수염이 많이도 희었구나!"

得心應手 득심응수

글자풀이   얻을 득(得 dé), 마음 심(心 xīn), 응할 응(應 yìng), 손 수(手 shǒu).

뜻풀이   ① (일이) 마음먹은 대로 되다. 순조롭게 진행되다.

          ② 매우 익숙해 있어서 자유자재로 하다.

출전   『장자·천도(莊子·天道)』

유래   춘추시대春秋時代 제齊나라의 군주인 제환공齊桓公이 관중管仲을 재상으로 임명하여 제나라의 정무를 총괄하게 했다. 관중이 개혁에 뜻을 두고 조정을 위해 열심을 일하니 제나라는 점차 강대해져 제후국들 중에서 패주霸主가 되었다.

제환공은 관중을 매우 신임하고 그의 재능에 탄복하였으며 관중의 제안을 받아들여 책을 더 열심히 읽기 시작했다.

어느 날 제환공이 글을 읽고 있는데 마당에서 수레바퀴를 만들던 늙은 목공이 이를 보고 제환공에게 다가와 물었다.

"대왕께 묻사옵니다. 이 서책에는 어떤 내용이 들어 있기에 대왕께서 이토록 재미있게 읽고 계신 것입니까?"

제환공이 서책에는 모두 성현聖賢의 말씀이 들어 있노라고 말했다.

이에 목공이 그 성현들은 지금 이 세상에 살아 있는가 물었고 제환공은 이들이 오래전에 이미 저 세상으로 떠났다고 말해주었다.

목공이 이해되지 않는다는 투로 말했다.

"그러면 서책에 적혀 있는 말들은 모두 쓸모없는 것이 아닙니까?"

제환공이 두 눈을 부릅뜨고 화를 내면서 말했다.

"무엄한 놈이로구나. 네가 금방 한 말이 어떤 뜻인지 나에게 해석해 보거라. 도리가 있다면 너를 용서해 줄 것이고 도리가 없다면 너의 목을 벨 것이다. 그 누가 감히 내가 책을 읽는 것을 두고 뒷공론을 하는지 두고 봐야겠다."

늙은 목공은 제환공이 화를 내도 두려워하지 않고 침착하게 답했다.

"대왕, 소인은 수레바퀴를 만드는 사람이니 어떻게 수레바퀴를 만드는지를 예로 들어 말씀 올리겠습니다. 이 수레바퀴의 축을 넣는 구멍이 크게 되면 쉽게 헐렁해지고 반대로 작으면 잘 맞아 들어가지 않습니다. 하여 그 구멍이 축과 잘 맞아야 수레바퀴가 든든하고 또 쉽게 조립할 수 있습니다. 저는 이 일을 할 때 마음이 가는 곳에 손이 따라가니得心應手 그 도리는 저도 잘 모르오며 그 비결을 아들놈에게 말해줄 수도 없는 노릇입니다. 저의 아들도 저의 말만 듣고서는 이 재주를 배워 낼 수가 없습니다. 대왕, 이 몸은 이미 일흔이 넘었으나 아직도 직접 수레바퀴를 만들어야 합니다. 소인이 직접 만들지 않으면 안 되기 때문입니다. 제가 그만두면 수레바퀴를 만들 사람이 없습니다. 옛 사람들은 그들의 이치나 기술을 잘 적어놓지 않았고 후세에 전해주기도 전에 죽었습니다. 때문에 소인은 대왕께서 읽으시는 서책에는 모두 옛 사람들의 쓸모없는 말뿐이라고 아뢴 것입니다."

늙은 목공의 말은 들은 제환공은 뭐라고 할 바를 몰라 이렇게 말했다.

"수레바퀴를 만드는 일에서는 네가 훌륭한 목공일 것이다. 허나 네가 할 수 없다고 하여 다른 사람도 할 수 없는 것은 아니다. 너는 옛사람들이 그들의 이치와 재주를 후세에 잘 전하지 않았다고 하는데 네가 그 뜻을 잘 모를 뿐, 이 역시 틀린 말이다. 네가 이미 일흔이 넘은 몸이니 오늘은 용서해 줄 것이니 어서 가서 일을 하라."

"득심응수"라는 성어는 이 이야기에서 유래되었다고 한다.

德高望重 덕고망중

글자풀이   큰 덕(德 dé), 높을 고(高 gāo),

　　　　　　　　　바랄 망(望 wàng), 무거울 중(重 zhòng).

뜻풀이   덕성과 명망이 높다.

출전   송(宋) 사마광(司馬光)『사입대소전찰자(辭入對小殿札子)』

유래　　　부필富弼은 자가 언국彥國이고 북송北宋 낙양洛陽 태생으로 관직이 재상 반열에까지 올랐다. 80년이란 인생에 40년을 관리로 있은 부필의 일생은 파란만장했다.

　　빈한한 가문에서 태어난 부필은 어릴 때부터 열심히 공부를 했고 점차 지식이 연박하고 그 거동이 활달했으며 비범한 기개를 보였다. 범중엄范仲淹이 부필을 보고는

　　"정말로 제왕을 보필할 현명한 인재로구나."

　　하고 감탄했을 정도였다. 허나 그때 부필은 "낙양재인洛陽才子"으로 불린 소년에 지나지 않았다.

　　부필은 26살에 출사했다. 40여 년간 그는 나라를 위해 충성을 다했으며

외교, 국방, 감찰, 가난구제 등 사무에서 큰 성과를 보였으며 점점 높은 관직에 올랐다. 부필은 인종仁宗과 영종英宗, 신종神宗 3대에 걸쳐 재상직을 맡음으로써 천자가 아끼고 백관이 우러르는 명대신으로 평가받았다.

인종 경력慶曆 2년(1042년)에 북방의 거란국이 국경에 둔병을 하고 남관南關의 넓은 땅을 내어줄 것을 송宋나라에 요구해왔다. 조정이 부필을 적진에 보내 담판을 하도록 했는데 부필은 개인의 안위를 돌보지 않고 정정당당하게 주장을 펼침으로써 담판을 성공적으로 끝냈다.

경력 8년(1048년)에 황하의 둑이 터져 홍수가 범람했다. 당시 부필은 조정의 반대파들에 의해 여러 가지 비방을 받아 결국 청주靑州의 관리로 밀려나게 되었다. 허나 홍수재해가 발생하자 부필은 관아와 사저를 내어 이재민들을 안치했으며 현지 백성들에게 양곡을 기부할 것을 호소하는 방榜을 내붙이고 관가의 곳간에 있던 전부의 양곡을 여러 재해지역에 보내주니 민간에서는 부필에 대한 칭송이 자자했다. 황제가 사자를 보내 치하하고 부필에게 예부시랑禮部侍郞직을 제수했으나 부필은 이는 신하로서 해야 할 일을 했을 뿐이라고 말하며 기어이 사양했다.

부필은 사람됨이 겸허하고 어질고 상냥했으며 후에 재상이 된 후에도 위세를 부리지 않았다. 수하관리들이나 백성들이 찾아와도 그는 평등한 예로 대했다. 부필은 나이가 들어서는 관직을 내려놓고 오랫동안 낙양에 은거해 살았다. 어느 날 그가 작은 가마를 타고 외출하다가 그를 알아보는 사람이 있었는데 많은 사람들이 모여들어 그의 얼굴을 보려고 했고 이로 하여 장터가 텅텅 비었다는 이야기도 있다. 사마광司馬光은 부필을 "3대를 보좌한 대신이요, 덕성과 명망이 높았다德高望重."고 평가했다.

東山再起 동산재기

글자풀이　　동녘 동(東 dōng), 뫼 산(山 shān), 두 재(再 zài), 일어설 기(起 qǐ).

뜻풀이　　　① 재기하다. ② 권토중래하다.

출전　　　　당(唐) 방현령(房玄齡) 등 『진서·사안전(晉書·謝安傳)』

유래　　　　사안謝安은 자가 안석安石이며 동진東晉의 유명한 재상이었다. 진군陳軍 양하陽夏 태생이며 마흔 살이 넘어 출사해 재상까지 맡았다. 그는 도량이 넓고 성격이 냉정했는데 생명이 위협을 받는 위급한 관두에도 여전히 평시와 다름없이 태연했다. 다음 이야기는 바로 그의 이런 성격을 잘 보여준다.

　　진나라 간문제簡文帝가 병으로 붕어한 후 권신 환온桓溫이 진나라를 폐하고 자신의 나라를 세우려 계획했다. 환온이 신정新亭에 있는 군용막사에 주연을 차려 놓고 왕단지王壇之와 사안석을 초대했는데 사실 이는 "위험한 초대"였다. 환온은 막사 밖에 군사들을 매복시킨 후 연회 도중에 왕단지와 사안석을 제거하려 했다.

　　연회장에 앉은 왕단지는 너무나 겁이 나서 식은땀이 옷을 적셨고 안절부절못했다. 허나 사안석은 태연자약하게 술을 마시면서 환온에게 대의大義를 설명했는데 결국 환온을 설득하는데 성공했다. 당시 왕단지와 사안석은 그 명성이 쌍벽을 이루고 있었는데 이 일이 있고 나서는 많은 사람들이 사안석을 더 높이 보게 되었다.

사안석은 조정의 중임을 맡기 전에 여러 해 동안 동산東山에 은거해 있었다. 조정에서 그를 사도부저서랑司徒府著書郎으로 임명하자 그는 병을 핑계로 거절했다. 그는 매일 왕희지王羲之 등 명사들과 함께 산수를 즐기고 음주와 시문에 푹 빠져있었다. 후에 양주자사揚州刺史가 사안석의 재능이 출중하다는 것을 알고는 기어이 그를 하산시키려 했다.

어떤 사람이 이런 말을 했다.

"사안석이 하산하지 않으면 천하의 사람들은 어찌 할고?"

사안석이 기어이 은거생활을 이어간 것은 조정의 고위관리인 남동생의 진로에 영향을 줄까봐 걱정해서였다. 후에 동생이 파직을 당하게 되어서야 사안석은 출사를 결심했다. 그가 오랫동안 동산에 은거해 있었기에 다시 조정의 관직을 맡게 된 것을 일컬어 "동산재기"라고 했다.

獨步天下 독보천하

글자풀이	홀로 독(獨 dú), 걸음 보(步 bù), 하늘 천(天 tiān), 아래 하(下 xià).
뜻풀이	① 독보적이다. ② 천하제일이다.
출전	남조·송(南朝·宋) 범엽(范曄)『후한서·대량전(後漢書·戴良傳)』

유래　　　동한東漢 초에 대량戴良이라는 선비가 있었는데 학식이 높았으나 그 성정이 보통 사람들하고는 완전히 달랐다.

어느 날, 그의 친구인 사계효謝季孝가 물었다.

"자네가 보기에 이 세상에서 누가 자네와 비길 수 있다고 생각하나?"

이에 대량이 호기롭게 말했다.

"나는 공자孔子와 대우大禹와 같아 독보적이니獨步天下 누가 나와 비길 수 있겠는가?"

사계효는 친구의 비범함을 알고 있었으나 친구의 대답이 지나치다고 생각했다.

　사실 대량은 큰소리를 친 것이 아니었다. 그는 큰 뜻을 품고 있었고 그의 학문과 명망은 큰 업적을 이루기에 충분하였다. 허나 대량은 현실에 불만이 많았고 세간의 일에 관여하지 않았으며 나라의 정치에도 전혀 관심이 없었다. 관아에서 여러 번이나 사람을 보내 그에게 출사를 권고하였다. 자주 찾아오는 관리들을 번거롭게 여긴 대량은 아예 가솔들을 거느리고 강하江夏,(현재의 호북성 경내)라는 곳의 깊은 산속에 은거했으며 죽을 때까지 산을 내려오지 않았다고 한다.

獨當一面 독당일면

글자풀이	홀로 독(獨 dú), 당할 당(當 dāng), 한 일(一 yī), 낯 면(面 miàn).
뜻풀이	① 독자적으로 어느 한 부분을 담당하다. ② 한몫 맡다.
출전	한(漢) 반고(班固)『한서·장량전(漢書·張良傳)』

유래　　　기원선 206년 한왕漢王 유방劉邦은 겉으로는 잔도棧道를 만드는 척하면서 암암리에 진창陳倉을 공격하는 계책을 써서 관중關中을 점령했다. 이때 원래 항우項羽의 부하였던 진평陳平이 팽성彭城을 공격해 항우의 본거지를 점령하는 계책을 내놓았다. 유방이 이를 받아들이고 직접 여러 곳의 군사 총 50만 명을 모아 일거에 팽성을 공략했다. 유방은 항우의 궁을 차지하고 모든 미녀와 보물들을 자신의 소유로 했으며 매일 큰 연회를 차려 승리를 경축했다.

　팽성이 점령당했다는 소식을 접한 항우는 길길이 날뛰면서 직접 3만의 정예 군사를 이끌고 팽성을 탈환하러 왔다. 항우의 군사가 야밤에 가만히 성 아래에 접근했다가 불시에 성을 공격하니 한나라 군사들은 크게 패하고 남쪽으로 철군했다. 그러나 황급히 도망을 치다보니 앞에 섰던 군사들은 서로 짓밟혔고 뒤에 처졌던 군사들은 모두 항우 군의 칼날에 목숨을 잃어 사상자만 해도 20여 만에 달했고 그중 휴수睢水에서 죽은 자만도 십 수만에 달했다.

유방이 몇 십 명의 부하들과 함께 하읍下邑에 이르러 이렇게 말했다.

"팽성의 전투에서 크게 패하여 수많은 군사를 잃고 사기도 땅바닥에 떨어졌소. 나와 함께 항우와 끝까지 싸우려는 자에게 나는 함곡관函谷關 동쪽의 땅을 전부 내어줄 생각이요. 누가 이 소임을 맡아 초楚나라를 깨뜨리는데 공을 세울 수 있겠소?"

장량張良이 나서며 말했다.

"대왕의 장수들 중에서 한신韓信 장군만이 이 중책을 맡아 자신이 맡은 몫을 다할 것입니다 獨當一面. 대왕께서 관동關東의 땅을 한韓장군에서 하사해 그가 죽을힘을 다하도록 한다면 능히 항우를 이길 수 있을 것입니다."

유방이 이를 동의하고는 한신을 보내 황하黃河 이북에 가서 싸우도록 했으며 끝내는 초한楚漢전쟁의 승리를 거두게 되었다.

斷章取義 단장취의

글자풀이	끊을 단(斷 duàn), 글 장(章 zhāng), 가질 취(取 qǔ), 옳을 의(義 yì).
뜻풀이	문장의 일부를 끊어 저자의 본의와는 달리 제멋대로 사용하는 일.
출전	춘추·로(春秋·魯) 좌구명(左丘明)
	『좌전·양공28년(左傳·襄公二十八年)』

유래　　　춘추시대春秋時代 말 제齊나라의 대부大夫인 최저崔杼와 경봉慶封이 제장공齊庄公을 시해하고 장공의 이복동생인 저구杵臼를 국군으로 추대하니 바로 제경공景公이다. 최저와 경봉은 왕을 옹립한 공을 인정받아 우상右相과 좌상左相을 맡았다.

　　장공에게는 충성스러운 호위병이 있었으니 그들이 바로 노포규盧蒲葵와 왕하王河이다. 장공이 비명에 죽자 두 사람은 다른 나라로 도망쳤다. 노포규는 도망치기에 앞서 동생인 노포별盧蒲嫳에게 이런 당부를 했다.

"너는 무슨 방법을 써서라도 최저와 경봉의 신뢰를 얻을 것이며 적당한 기회에 내가 귀국하여 장공의 원수를 갚도록 도와주어야 할 것이다."

　　노포별이 형님의 당부를 가슴깊이 간직하였으며 후에 경봉의 가신家臣

이 되었다. 그는 경봉을 도와 좌상 최저의 온 가족을 멸하는 계책을 내주었고 그 후 제나라의 조정대권은 경봉의 손에 들어갔다. 후에 경봉이 노포별의 아내에게 푹 빠져 조정의 대사에는 관심이 없었으며 아들 경사慶舍에게 정사를 일임했다. 뒤이어 노포별이 큰 공을 세우니 경사의 신뢰도 얻게 되었으며 그는 형이 제나라에 돌아와 경사의 시위군사로 있도록 손을 썼다.

호위병사 출신인 노포규는 그 용맹이 출중하여 경사의 마음에 들었으며 경사는 자기의 딸인 경강慶姜을 노포규에게 시집보냈다. 경사의 신임을 얻은 노포규가 함께 외국에 도망을 갔던 왕하가 제나라에 돌아올 수 있게 방법을 댔다. 이어 두 사람은 경씨 부자에게 불만을 품은 사람들을 규합해 장공의 원수를 갚을 준비를 착착 해나갔다.

경강은 남편의 행동에 비밀스러운 점이 많은 것을 발견하고 무슨 영문인가고 캐물으면서 절대 남편의 비밀을 누설하지 않을 것임을 다짐했다. 이에 노포규는 경씨네를 죽이려는 계획을 경강에게 말해주었고 경강은 이 의로운 행동을 도울 것이며 비밀을 엄수할 것이라고 말했다. 거사 날자는 경봉이 사냥을 가는 날로 정해졌다. 이들이 한창 제사를 지낼 때 노포규가 갑자기 창을 들어 경사의 가슴을 찔렀다.

경사를 죽인 후 노포규는 군사들을 지휘해 경씨의 무리들을 죽이기 시작했다. 경봉이 사냥 중에 이 소식을 듣고는 수행한 병졸들을 거느리고 도성으로 진격했으나 성벽이 견고하여 깨뜨릴 수가 없었다. 경봉은 하는 수 없이 노魯나라로 도망쳤으나 얼마후 피살되었다.

어떤 사람이 노포규에게 이렇게 물었다.

"경씨와 노씨는 모두 강씨의 후손들인데 자네는 어찌하여 같은 종친인 경씨와 혼인을 하여 경강을 아내로 맞았단 말인가?"

이에 노포규가 답했다.

"경사는 내가 같은 종친인 것을 개의치 않고 딸을 나에게 시집보냈으니 내가 이를 피할 이유라도 있단 말이요? 이는 마치 어떤 사람이 늘 『시경詩經』 중의 시구를 따서 자신의 뜻을 알리는 것과 같은 도리요. 나는 내가 요구한 바를 취했을 뿐 종친이고 아닌지를 따지지는 않았다오斷章取義."

對症下藥 대증하약

글자풀이	대답할 대(對 duì), 병 증세 증(症 zhèng),
	아래 하(下 xià), 약 약(藥 yào).
뜻풀이	① 병의 증세에 따라 처방하다.
	② 사정에 따라 문제를 해결하다.
	③ 문제의 구체적인 상황에 맞추어 해결책을 마련하다.
출전	진(晉) 진수(陳壽)『삼국지·위서·화타전(三國志·魏書·華陀傳)』

유래   화타華陀는 동한東漢 말에 살았던 유명한 의원으로 패沛나라의 초譙라는 지방의 사람이다.

어느 날 저녁 무렵 화타가 병자들의 병을 보고 있을 때 두 명의 병자가 대문에 들어섰다. 한 명은 부사府使 예심倪尋이었고 다른 한 명은 상인인 이연공李延共이었다. 두 사람은 모두 얼굴이 벌겋게 상기되었고 손으로 머리를 감싸고 걸음마다 신음소리를 내면서 문에 들어서자마자 탈진이라도 하듯 쓰러졌다.

화타가 이들에게 증상을 묻자 두 사람은 약속이나 한 듯 상대방을 가리키며 말했다.

"우리 두 사람은 머리가 아프고 몸에서 고열이 납니다."

화타가 이들을 각각 진맥을 한 후 처방을 내렸다.

"예심대인은 응당 장과 위를 원활히 해주는 약을 드셔야 하고 연공께서는
몸에서 땀을 빼는 약을 복용해야 합니다."

이에 두 사람은 이상하게 여겨 화타에게 물었다.

"우리 두 사람은 병의 증세가 같은데 왜서 먹는 약은 다르단 말입니까?"

화타가 웃으면서 대답했다.

"예심대인은 몸 외부에 병에 없고 발병원인은 부패한 음식을 먹었기 때문입니다. 허나 연공께서는 내장에는 병이 없고 발병원인이 외부의 풍한風寒 때문입니다. 두 분은 증세는 같으나 그 발병원인이 서로 다르니 당연히 처방도 달라야 하지 않겠습니까? 이를 두고 병의 증세에 따라 처방한다고 하지요對症下藥."

두 사람이 화타의 처방대로 약을 지어 귀가해 먹으니 이튿날 병은 씻은 듯이 나았다.

多多益善 다다익선

글자풀이	많을 다(多 duō), 많을 다(多 duō),
	더할 익(益 yì), 착할 선(善 shàn).
뜻풀이	① 다다익선. ② 많으면 많을수록 좋다.
출전	한(漢) 사마천(司馬遷)『사기·회양후열전(史記·淮陽侯列傳)』

유래   한신韓信은 서한西漢의 개국공신이고 중국 역사상 유명한 군사가이다. 유방劉邦은 그를 제왕齊王, 초왕楚王으로 봉했다가 후에는 회양후淮陽侯로 강등시켰다. 항우의 초나라와 유방의 한나라가 천하를 다툴 때 그는 한나라 군을 이끌고 수많은 전공을 세웠으며 소하, 장량張良과 함께 "한초 3걸漢初三杰"로 불렸다.

유방은 황제로 된 후 한신을 초왕으로 봉하기는 했으나 그 병권을 거두었다. 그럼에도 불구하고 당시 한신은 제일 실력이 강한 제후 왕이었다. 후에 유방은 한신이 항우 수하의 장군이었던 종리매鐘離昧과 함께 모반을 계획하고 있다는 밀고를 받게 되었다. 그는 책사인 진평陳平의 계략을 받아들여 운몽택云夢澤이라는 곳에 행차하니 제후들이 진陳에 와서 만나기를 명했다.

한신이 종리매를 죽인 후 진에 와서 유방을 배알했으나 유방은 한신을 체포하여 낙양洛陽으로 압송했다.

낙양에 돌아온 유방은 한신이 모반을 꾀한 적이 없음을 알게 되었고 그의 과거 전공을 생각해 한신을 회양후로 강등시켰다. 이에 한신은 몹시 억울했으나 별다른 방법이 없었다. 그는 자신의 부장이었던 주발周勃, 관영灌嬰, 번쾌樊噲 등의 관직이 자신과 같은 반열에 있음을 보고는 이들과 함께 어울리는 것을 부끄럽게 여겨 늘 병을 핑계로 조회에 나가지 않았다.

한신의 속셈을 아는 유방이 어느 날 한신을 궁에 불러 환담을 나누면서 조정의 여러 장군들의 능력을 평가해 보라고 하니 한신은 조정의 장군들을 전혀 눈에 들어 하지 않았다.

유방이 웃으면서 이렇게 물었다.

"장군이 보기에 나는 얼마만한 병력을 통솔할 수 있겠는가?"

한신이 황제께서는 10만의 군사를 통솔할 수 있다고 답을 올렸다.
유방이 그럼 한장군은 얼마만한 군사를 통솔할 수 있는 가고 다시 물었다.
이에 한신은 많으면 많을수록 좋다고 답했다.
유방이 웃으면서 풍자조로 말했다.

"장군은 병사를 통솔함에 있어서 다다익선多多益善이라고 하는데 그럼 왜 나한테 잡혀 있는 것이요?"

한신은 말실수를 했음을 알아차리고는 이렇게 에둘러댔다.

"폐하는 비록 군사는 많이 통솔하지 않으시나 그 장군들을 거느리는 능력이 있지 않으십니까?"

한신이 회양후로 강등되고서도 여전히 오만방자한 것을 본 유방은 몹시 불쾌해했다. 그 후 유방이 출정을 한 틈을 타서 황후 여씨呂氏가 구실을 대어 한신을 죽였다.

多難興邦 다난흥방

글자풀이	많을 다(多 duō), 어려울 난(難 nàn),
	일어날 흥(興 xīng), 나라 방(邦 bāng).
뜻풀이	나라에 재난이 많으면 백성들이 분발하여 국가를 부흥시킨다.
출전	춘추·로(春秋·魯) 좌구명(左丘明)
	『좌전·소공4년(左傳·昭公四年)』

유래　　　춘추시대春秋時代 때 초령왕楚靈王은 국내적으로는 자신과 다른 정견을 가진 자들을 숙청하고 대외로는 패주覇主자리를 차지하려 했다. 그는 대부大夫 오거吳居를 진晉나라 평공平公에게 보내 함께 제후들의 회맹을 소집하고 이번 회맹에서 패주가 되려고 했다.

　　허나 진평공은 자신이 패주로 될 작정이었다. 그런데 진나라의 대부인 사마후司馬候는 진나라가 초나라와 패주자리를 다투는 것은 아직 시기상조라 여겨 이렇게 고했다.

"초나라 왕이 비록 폭군이라 하지만 아직은 나라가 망할 정도는 아닙니다. 아마 신神께서는 초나라 왕이 나쁜 일을 다 하게 한 후 벌을 내릴 것이며 초나라 백성들도 결국 왕을 버릴 것입니다. 그때에 가서 패주의 자리는 저절로 우리 손에 들어올 것이 자명합니다."

진평공이 이렇게 물었다.

"초나라는 군신 간에 불화가 많고 재난도 많이 겪고 있는데 패주자리를 차지할 수 있겠는고?"

이에 사마후가 답했다.

"한 나라에 재난이 많다는 것은 불행이라고 봐야겠지요. 그러나 이런 재난은 오히려 그 나라의 군신과 백성들이 분발하여 나라를 부흥시키고多難興邦 국토를 넓히는 힘으로도 됩니다. 예하면 제齊나라가 자중지란으로 왕이 시해 당하자 공자公子 소백小白이 내란을 평정하고 노魯나라의 침입을 막아냈으며 결국 대권을 차지했는데 그가 바로 제환공齊桓公입니다. 그는 유능한 재상인 관중管仲을 등용해 개혁을 단행했고 나라는 점점 강대해졌으며 마침내 그 자신도 패주가 되었습니다. 진晉나라의 공자 중이重耳는 왕의 신임을 얻지 못해 오랜 세월 동안 외국을 떠돌아다니면서 수많은 고생을 겪다가 끝내는 귀국해 보위에 올랐는데 그가 바로 진문공晉文公입니다. 진문공은 국내의 정치를 일신하고 군사력을 강화함으로써 진나라가 두 번째 패주가 되게 했습니다. 때문에 여러 가지 재난이 나라를 부흥시킨다고도 하는 것입니다. 그러나 만약 초령왕이 자신의 위기를 알아채지 못한다면 설령 패주가 되었더라도 오래 가지 못할 것입니다."

진평공은 사마후의 말에 일리가 있다고 생각했다. 그해 6월에 있은 회맹에서 진평공은 초령왕을 도와 패주자리에 오르게 했다. 그 결과 사마후가 예측한 대로 초령왕은 맹주가 된 후 자고자대하면서 자기 나라의 발전을 도모하지 않았다. 몇 년이 지나 그의 세 동생이 연합하여 난을 일으키니 초령왕은 자결하게 되었다. 그는 제환공이나 진문공 같이 수많은 고난 속에서 자신의 나라를 부흥시킨 것이 아니라 재난 속에서 위기를 더욱 키웠고 결국 자신의 목숨까지 잃게 되었다.

咄咄逼人 돌돌핍인

글자풀이	꾸짖을 돌(咄 duō), 핍박할 핍(逼 bī), 사람 인(人 rén).
뜻풀이	기세가(살기가) 등등하다.
출전	남조·송(南朝·宋) 유의경(劉義慶)
	『세설신어·배조(世說新語·排調)』

유래　　　동진의 문학가 고개지顧愷之가 은중감殷仲堪의 집에 손님으로 갔는데 마침 환온桓溫의 아들인 환현桓玄도 함께 모였다. 세 사람은 문자놀이를 하기로 했는데 위태할 "위危"자를 이용해 위급한 상황을 묘사한 시구를 짓는 방식이었다.

　　환현이 두 손을 저으면서 "모두석미검두취矛頭淅米劍頭炊"라고 읊었다. 창 끝을 밟고 쌀을 씻으며 검 끝에서 밥을 짓는다는 뜻이다.

　　이에 은중감이 느릿느릿하게 "백세노옹반고지百歲老翁攀枯枝"라고 한 구절 지었다.

　　백세노인이 부들부들 떨면서 썩은 나뭇가지를 오른다는 것이다.

　　이어 고개지가 "정상녹로와영아井上轆轤臥嬰兒라고 응수했다. 이는 우물의 두레박 고패가 돌고 있는데 거기에 아기가 누워 있다는 것이다.

　　이때 은중감 수하의 참군參軍이 옆에 있다가 "망인기할마, 야반임심지盲

人騎瞎馬, 夜半臨深池"라는 시구를 내 놓았다. 이는 맹인이 눈먼 말을 타고 야밤에 깊은 호숫가를 달린다는 뜻이다.

이 구절을 들은 은중감이 큰 소리로 말했다.

"정말 기세가 날카로워咄咄逼人 견딜 수가 없구나."

사람들이 함께 은중감을 쳐다보고는 그제야 은중감의 한쪽 눈이 멀었음을 생각하고는 박장대소했다.

方寸之地 방촌지지

글자풀이   모 방(方 fāng), 치 촌(寸 cùn),

갈 지(地 zhī), 땅 지(地 dì).

뜻풀이   사방 한 치의 땅. 마음을 지칭함.

출전   『열자·중니(列子·仲尼)』

유래   춘추시대春秋時代 송宋나라에 도가道家학파를 연구하는 용숙龍叔이라는 사람이 있었다. 이 학파는 마음을 비우고 득실을 따지지 않으며 세속적인 인간들이 추구하는 물질적인 이익과 심신에 영향을 끼치는 명예를 멀리 할 것을 요구했다. 따라서 이런 사람들이 사회생활 중에서는 괴짜로 여겨지고 다른 사람의 미움을 받을 뿐만 아니라 심할 때는 지인들과도 어울리기 힘들 때가 많았다.

용숙은 마음이 선량하고 총명한 사람인지라 자신이 다른 사람들과 완전히 어울리지 못한다는 것을 감지하고는 있었으나 도대체 뭐가 문제인지를 알 수 없었다. 그 자신은 다른 사람의 미움을 살 사람이 아니라고 여기고 있고 게다가 다른 사람과 공명과 이득을 따지지도 않으니 누구에게도 피해를 주지 않는다고 생각했다.

그는 문지文摯라는 선비가 학문이 깊고 세상일에 밝다는 소문을 듣고는 찾아가 인사를 드리고는 이런 질문을 했다.

"선생께서 이 시대의 명의이고 고치지 못하는 병이 없다는 얘기를 많이 들었습니다. 저의 고통을 해소할 수 있도록 치료를 해주실 수 있을까요?"

문지는 용숙의 인품을 익히 알고 있던 차라 깍듯이 예의를 차리면서 이렇게 물었다.

"선생의 병을 보아 드릴 수 있어 영광으로 생각합니다. 다만 선생의 병 증세가 어떠한지 자세히 말씀해 주신다면 병증에 맞게 처방을 내드리지요."

이에 용숙이 증세를 설명하기 시작했다.

"제 병은 좀 이상한 점이 있습니다. 이는 저의 성격과 연관이 있지 않나 생각됩니다. 다른 사람들이 매우 중시하는 일에 대해 저는 전혀 흥미가 없습니다. 사람들은 명성이 널리 알려지는 것을 자랑으로 생각하지만 저는 명성을 전혀 개의치 않습니다. 또한 어떤 사람이 우리나라의 정책을 모독하는 말을 해도 저는 화를 내지 않으며 논쟁을 할 의미가 없다고 생각합니다. 저는 뜻하지 않게 보물을 얻은 적이 있는데 이로 하여 특별히 기뻐하지 않았고 후에 제가 소중히 여기던 물건을 잃어버린 적이 있지만 담담하게 받아 들였습니다. 이런 제가 아둔한 게 아닙니까?"

문지가 머리를 절레절레 흔들며 말했다.

"아닙니다. 선생께서는 혹시 다른 증세도 있습니까?"

용숙이 한숨을 쉬며 말했다.

"물론 다른 증세도 있지요. 앞에서 말한 증세만이라면 주변 지인들이 나를
괴짜로 여길 리가 없겠지요. 저는 생과 사와 관련된 일도 크게 여기지 않아
서 살아 있다고 하여 큰 기쁨을 느끼지 않고 죽는다고 하여 특별히 슬픔을
느끼지도 않습니다. 저에게 있어서 빈부와 귀천은 별로 다르지 않으며 사
람과 짐승 모두 생존을 위해 몸부림치니 그 본질은 다르지 않다고 생각합

니다. 이해득실이 제 마음을 움직일 수 없고 부귀영화도 저한테는 별로 유혹으로 되지 않습니다. 이런 저를 아내와 노비들도 이상한 눈길로 쳐다보니 병증이 깊은 것이 아닙니까?"

문지가 일어서더니 이렇게 말했다.

"햇빛을 등지고 서 주십시오. 당신의 심장을 살펴봅시다."

문지가 한참동안 응시하더니 흥분된 어조로 이런 말을 했다.

"선생의 심장이 있어야 할 곳은 완전히 비어 있으니方寸之地已虛矣 이는 장생불로의 비결을 장악한 것이나 마찬가지입니다. 이는 경하해야 할 일입니다. 선생께서는 아무런 병도 없고 이후에도 병에 걸리지 않을 것입니다."

용숙이 이 말을 듣고는 크게 깨닫는 바가 있어 기쁜 심정으로 돌아갔다고 한다.

飛沙轉石 비사전석

글자풀이	날 비(飛 fēi), 모래 사(沙 shā),
	구를 전(轉 zhuǎn), 돌 석(石 shí).
뜻풀이	① 모래를 날리고 돌을 굴린다. 바람이 세차게 부는 모양.
	② 모래가 날리고 돌멩이가 구를 만큼, '바람이 세차게 붊'을 형용
	(形容)하는말.
출전	진(晉) 진수(陳壽)
	『삼국지·오서·육개육윤전(三國志·吳書·陸凱陸胤傳)』

유래　　　육윤陸胤은 자가 경종敬宗이고 삼국三國시기 오나라의 오군吳君, 현재의 강소 소주사람인데 어사御史와 상서선조랑尙書選曹郞으로 있으면서 태자 손화孫和와 가까운 사이였다. 오나라의 노왕魯王 손패孫覇가 태자와 왕위다툼을 벌였고 전기全寄, 양축楊竺 등이 암암리에 노왕과 결탁했다.

　　어느 하루, 오나라의 군주 손권孫權이 양축을 불러 손패의 재능에 대해 물었다. 양축은 손패가 문무를 겸비했으니 응당 태자가 되어야 한다고 극력 설명했다. 양축의 말을 들은 손권이 손패를 태자로 삼으려 했는데 침대 밑에 숨어 있던 사람이 이를 몰래 태자 손화에게 고해바쳤다.

　　이때 육윤은 일이 있어 무창武昌에 가려던 참이었는데 태자는 평민차림으로 육윤의 가마에 올라 대책을 의논하게 되었다. 두 사람은 대장군 육손陸遜이 소를 올려 태자교체를 반대하도록 합의했다. 육손이 소를 올리자 손권은 양축이 이 은밀한 사안을 발설한 것이라 의심했다. 양축은 자신은 비밀을 누설하지 않았다고 변명했고 이에 손권은 육손에게 어디서 들었는지 추궁한 결과 육손이 육윤에게서 들었음을 고했다. 이에 육윤이 잡혀와 고신을 받게 되었으나 끝내 태자의 이름을 대지 않고 양축이 알려준 것이라고 잡아뗐다. 일이 커져 양축도 하옥되었는데 그는 고신을 견디지 못하고 자신이 이 일을 육윤에게 일러주었다고 거짓자백을 했다. 손권이 양축을 죽였고 육윤은 오히려 살아남게 되었다.

영안 원년永安元年에 육윤이 서릉독西陵督으로 되고 도정후都亭侯에 책봉되었다. 이 해에 중서승中書丞 화락華雒이 표문을 올려 육윤을 천거했다.

"육윤은 천성이 총명하고 재능이 출중하며 청렴한 관리입니다. 교주交州에 재임했을 때는 성은을 입어 유랑민들이 육윤에게 귀화하니 변강이 태평했습니다. 그 후의 부임지인 창오蒼梧, 남해南海는 거의 해마다 태풍과 온역이 해를 끼쳤습니다. 태풍이 몰려오면 나무가 부러지고 모래가 날리고 돌이 굴러다녔으며飛沙轉石 독한 기운이 자욱해 날짐승들도 오기를 꺼려했습니다. 육윤이 그곳에 부임한 후로는 태풍과 독한 기운이 자취를 감추고 상인들이 편하게 장사를 하고 백성들도 더는 온역 때문에 고통을 받지 않았으며 해마다 풍년이 들었습니다. 임관지가 바다에 임해있어 물이 짰는데 육윤은 물을 가두는 저수지를 만들었고 백성들은 짠 물과 짠 음식을 먹던 역사를 끝냈습니다. 육윤은 그곳에서 10여 년 간 재임하면서 '연지곤지 바른

첩이 없었고 집에는 서우각과 상아와 같은 귀한 물건이 없었습니다.' 작금
의 관리들 중에서 이런 사람은 정말 찾아보기 힘듭니다."

여기서 "비사전석"이라는 고사성어가 유래했고 지금에 와서는 "비사주
석飛沙走石"이라고 많이 쓰인다.

飛揚跋扈 비양발호

글자풀이	날 비(飛 fēi), 날릴 양(揚 yáng),
	밟을 발(跋 bá), 뒤따를 호(扈 hù).
뜻풀이	① (태도나 거동이) 횡포하게 굴다. ② 제멋대로 행하다.
	③ 건방지게 굴다.
출전	당(唐) 이백약(李百藥)『북제서·신무기하(北齊書·神武紀下)』

유래　　　　남북조南北朝 때 북위北魏 선비족鮮卑族인 후경侯景은 성정이
잔혹한 사람이었다. 그는 정주자사定州刺史로 있다가 고환高歡이 북위 정권
을 찬탈하고 동위東魏라고 나라 이름을 바꾸니 고환에게 붙어 대승상부大丞
相府 장사長史직을 맡았고 정주자사를 겸했다. 그는 수하에 있는 10만의 정
예 군사를 이용해 하남河南 13주를 14년 동안이나 통치했으며 늘 오만방자
한 행동을 하면서 飛揚跋扈 조정을 깔보았다. 고환이 죽은 후 고징高澄이 정권
을 잡고 후경의 병권을 삭탈하려 하자 후경은 군사를 이끌고 남조의 양무
제梁武帝 소연蕭衍에게 투항했다. 소연이 후경을 예주자사豫州刺史로 봉하고
수양壽陽을 지키도록 했다.

　　그러나 얼마 후 후경은 또 반란을 일으켜 양나라 도읍인 건강建康을 점령
하고 국호를 한漢이라 했다. 군사들이 작전을 진행할 때마다 후경은 장군

들에게 성을 함락한 후에는 무고한 백성들을 모두 죽이도록 명령했으며 이는 자신의 강함을 사람들에게 각인시키기 위해서였다. 그는 또 두 사람이상 모여서 말을 나누는 것을 금지했으며 이를 위반한 자들은 구족을 멸하도록 했다. 더욱 지독한 것은 후경이 큰 방아확을 만들어 놓고 자신에게 불만을 품은 사람들을 여기에 넣어 찧어서 죽인 것이다.

후에 양나라의 백성들이 소연의 아들인 상동왕湘東王 소역蕭繹을 지지하고 한마음으로 뭉쳐 후경의 정예군을 격파하니 후경은 도망치다가 피살되었다.

分道揚鑣 분도양표

글자풀이　　나눌 분(分 fēn), 길 도(道 dào), 떨칠 양(揚 yáng), 재갈 표(鑣 biāo).

뜻풀이　　제각기 제 갈 길을 가다.

출전　　북조·북제·위(北朝·北齊·魏)『위서·원지전(魏書·元志傳)』

유래　　　북위北魏사람인 원지元志는 허간공河間公 원제元齊의 아들이다. 어릴 때부터 열심히 글을 읽어 제자백가諸子百家의 책을 두루 섭렵했으며 한번 읽은 책의 내용은 잊는 법이 없고 그 문장이 출중했고 달변이었다.

효문제孝文帝가 어사중위御史中尉 이표李彪의 제안을 가납하여 도성을 산서山西 평성平城에서 낙양洛陽으로 옮겨왔다. 그때 원지는 낙양현령縣令을 맡고 있었다. 어느 한번은 원지와 이표가 길에서 마주쳤는데 하인들이 서로 길을 양보하지 않아 말다툼이 생겼고 후에는 무기를 들고 서로를 공격했다. 수하들이 서로 싸우는 것을 본 원지와 이표도 서로를 꾸짖으며 어서 길을 피하라고 했다. 두 사람의 논쟁이 커지니 결국 황제를 찾아 시비를 가려보기로 했다.

이표가 당당한 어투로 말했다.

"소신은 어사중위의 신분이니 백관의 잘잘못을 살피는 것이 저의 책무입니다. 재상이라도 잘못이 있으면 나는 탄핵彈劾할 권리가 있는 몸입니다. 원지는 직급이 현령에 불과해 소신보다는 직급이 많이 낮은 자이니 규정에 따라 나에게 길을 터주어야 합니다."

원지도 전혀 지지 않고 즉시 반박했다.

"저는 낙양성을 관리하는 지방관으로 낙양의 모든 거주자들은 저의 관할 범위에 들어 있습니다. 그러니 어찌 다른 관원과 마찬가지로 이표에게 길을 내준단 말입니까?

효문제는 자신이 아끼는 두 대신이 길 때문에 얼굴을 붉히며 면전에서 다투는 것을 보고 어찌하면 좋을지 몰랐다. 두 사람의 말을 들어보면 다 도리가 있는지라 효문제는 절충안을 내놓으면서 이렇게 말했다.

"두 사람은 다투지 말지어다. 낙양은 나의 도읍이니 경들은 각자의 갈 길을 가야 할 것이다分道揚鑣."

두 사람이 효문제의 말을 듣고는 궁을 나왔다. 원지는 즉시 사람을 시켜 길의 폭을 재도록 한 후 절반으로 나누고 거기에 선을 그었다. 그러고는 이표에게 사람을 보내 이후 길에서 다시 마주치면 경계선 양측으로 서로 피해 가기로 약조했다.

얼마 후 이들은 또 길에서 마주치게 되었다. 이들의 수레가 모두 길 중앙을 가다가 서로 약조한 사이인지라 하인들이 즉시 수레를 몰아 길을 피해 서로의 갈 길을 갔다. 이때부터 두 사람은 더는 다투는 일이 없었다.

分庭抗禮 분정항례

글자풀이   나눌 분(分 fēn), 뜰 정(庭 tíng), 대항할 항(抗 kàng), 예 례(禮 lǐ).

뜻풀이   ① 상호간에 대등한 지위나 예의로써 대하다.

          ② 지위가 대등하다. ③ 상호 대립하다.

출전   『장자·어부(莊子·漁父)』

유래   천하를 주유하던 공자孔子가 어느 하루는 살구나무가 우거진 치유緇帷라는 곳에서 휴식을 취하고 있었다. 제자들은 한곳에 모여 책을 읽고 있었고 스승 공자는 거문고를 타면서 시를 읊었다. 이때 귀밑머리와 수염이 하얗고 긴 머리를 늘어뜨린 늙은 어부가 강가에 배를 대고 공자가 부르는 노래를 조용히 경청했다. 곡이 다 끝나자 어부는 자공子貢과 자로子路 두 사람을 불러 놓고 공자를 가리키며 물었다.

"저분은 뭘 하는 사람인고?"

이에 자로가 노魯나라의 군자君子라고 답했다.

그러니 노인은 이분은 성씨가 무엇이고 뭘 하는 사람인가고 물었다.

자공이 이렇게 답했다.

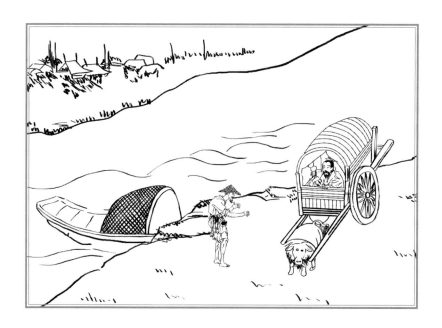

"공씨 성을 가진 이분은 충성과 신의를 굳게 지키고 인의를 실천하십니다. 위로는 군왕에게 충성을 다하고 아래로는 백성들을 교화하시면서 천하에 이로운 일을 하십니다."

어부가 또 물었다.

"저분은 국토를 가진 군주인가요?"

자공이 아니라고 답하니 그럼 왕이나 제후를 보필하는 대신인가고 다시 묻자 자공이 역시 아니라고 답했다.

어부가 웃으면서 배 쪽으로 가더니 이렇게 말했다.

"이 사람은 인의가 있다고 할 수 있겠으나 재앙을 피하기가 어려울 걸세. 자신의 몸을 그토록 혹사하여 생명의 근본을 해쳤으니 '도道'와는 너무 멀리 떨어져 있구나."

자공이 돌아와서 공자에게 이를 알리니 공자는 거문고를 옆으로 밀어 놓고

"그 사람은 성인聖人이구나."

라고 하며 어부가 있는 곳으로 향했다.

이때 어부는 배에 올라 강가를 떠나려 하다가 머리를 돌려 공자를 발견하고는 배를 멈추고 공자와 마주해 섰다. 공자가 몇 걸음 뒤로 물러선 후 두 번 읍을 하고는 다시 앞으로 나왔다.

어부가 무슨 일인가고 묻자 공자는 이렇게 말했다.

"방금 선생께서 하신 말이 끝나지 않았다고 생각됩니다. 아둔한 저로서는 그 뜻을 잘 모르겠습니다. 제가 여기서 공손하게 기다림은 선생의 고견을 들어 모셔 나에게 도움이 되도록 하기 위해서입니다."

어부가

"당신은 정말 배우기를 즐기는 사람이군요."

하고 말했다.

공자가 다시 읍을 하고는

"저는 어릴 때부터 지금까지 공부를 하다 보니 어언 69살을 먹었으나 아직까지 깊은 도리를 들은 적이 없으니 어찌 허심하게 가르침을 청하지 않겠습니까?"

하고 말했다.

어부는 도가道家의 철학적 이치에서 출발해 깊은 도리를 말해주었다. 그 내용은 주로 공자에게 자기가 하지 말아야 할 일이나 할 수 없는 일을 하지 말며 반대로 없는 일을 찾아서 하는 것 역시 자신에게 재앙을 가져오고 몸의 근본을 해칠 수 있다는 것이었다.

어부의 말이 끝난 후 공자는 선생께서 어디에 거주하는지 물었고 기회가 되면 찾아뵙고 학문의 이치를 더 사사받고 싶다고 말했다. 허나 어부는 갈대가 가득한 강기슭을 향해 배를 몰아갔다. 공자는 한참동안이나 강기슭에 서 있었으며 노 젓는 소리가 들리지 않아서야 원래 자리로 돌아갔다.

자로가 스승에게 물었다.

"저는 스승께서 이렇게 존경을 표하는 분은 처음 보았습니다. 크고 작은 나라의 군주나 국왕들도 스승님을 보면 평등한 예절로 대해주었습니다.分庭 伉禮 스승께서는 그들을 만나서는 자부심을 잃지 않으셨습니다. 헌데 늙은 어부를 만나셔서는 허리를 굽히고 말씀을 나눌 때는 먼저 읍례를 하시니 이는 너무 지나친 것이 아닙니까? 어찌 초야의 어부를 스승께서는 이토록 겸손하게 대하시는 겁니까?"

이에 공자가 이런 말을 남겼다.

"연장자를 만나 공경한 태도를 취하지 않는다면 이는 실례이고 현자賢者를 만나 존경을 표하지 않는다면 이는 어질지 못함이다. 어부가 큰 이치를 깨우쳤으니 내가 어찌 존경하지 않겠느냐?"

고사의 원문에서는 "분정항례分庭伉禮"라고 되어 있으나 "分庭抗禮"로도 많이 쓴다.

焚書坑儒 분서갱유

글자풀이	불사를 분(焚 fén), 글 서(書 shū), 구덩이 갱(坑 kēng), 선비 유(儒 rú).
뜻풀이	① 분서갱유.
	② 진시황이 학자들의 정치비평을 금하기 위하여 시서육경을 불 태우고 유학자 460여 명을 생매장한 일.
	③ 학문, 사상을 탄압당하는 일.
출전	한(漢) 사마천(司馬遷) 『사기·진시황본기(史記·秦始皇本紀)』

유래　　　중국을 통일한 진시황秦始皇은 군현제郡縣制를 실행했다. 기원전 213년에 박사제인博士齊人 순우월淳于越이 이 제도를 반대하면서 옛 제도에 따라 황실의 자제들을 책봉할 것을 주장했다.

"은殷나라와 주周나라 두 조대의 보위가 천여 년 동안 이어져온 원인은 조정에서 책봉한 황실 자제들과 공신들이 각지 제후들의 보좌를 받았기 때문입니다. 지금 폐하께서 천하를 얻으셨으나 황실의 자제들은 분봉을 받지 않았으니 유사시에 누가 구원하러 온단 말입니까? 옛것을 본받지 않고 오래갈 수 있는 일이란 없는 법이옵니다. 여러 대신들이 폐하를 칭송한 목적은 황제의 허물을 덮어 감추기 위해서입니다."

진시황이 이 말을 듣고 몹시 노했다.

승상丞相 이사李斯가 나서서 이를 반박했다.

"황제黃帝를 비롯한 오제五帝)는 일을 처리함에 있어서 서로 중복되는 점이 없었고 하夏, 상商, 주周 세 조대의 제도 역시 낡은 것을 고수하지 않았기에 나라가 안정되고 강성할 수 있었습니다. 이들은 일부러 이전 조대와 다르게 하려 한 것이 아니고 시대가 다름에 따라 다른 방식을 취할 수밖에 없었던 것입니다. 작금에 폐하께서 만대에 길이 빛날 위업을 이루었으니 어찌 예전의 방법을 답습한단 말입니까? 허나 일부 유생들은 지금의 것이 아니라 옛것만을 배우고 작당을 하여 백성들에게 헛소문을 퍼뜨려 혼란만을 조성합니다. 소신은 폐하께 진나라 역사서 외의 모든 서책들을 태워 없앨 것이며 박사博士가 관리하고 있는 "시詩", "서書"와 제자백가의 저서들은 관리들이 전부 한곳에 모아 역시 태워버릴 것을 주청합니다. 함께 모여 "시"와 "서"를 논하면 사형에 처하며 옛것을 인용하여 현 시국을 반대하는 자는 그 일족을 멸합니다. 관리들이 알고도 이를 고발하지 않으면 같은 죄로 다스려야 합니다. 법령이 반포된 후 30일 내에 이런 서책을 태우지 아니 한 자는 경형黥刑에 처하고 4년 동안 노역에 종사하도록 합니다. 의약, 식목 등과 관련된 책은 태우지 않아도 됩니다."

진시황이 이사의 제안을 받아들이고 법령을 정하라고 명했다. 얼마 후 분서焚書를 행하라는 법령이 내려왔는데 이것이 바로 역사상 유명한 진시황 분서사건이다.

당시 진시황은 불로장생의 선약을 찾고 있었으나 많은 재력을 허비하고도 찾지 못했다. 그 후 그는 방사인 후생侯生과 노생盧生 두 사람의 거짓말을 믿고 이들에게 불로장생약을 찾아올 것을 명했다. 이 두 사람은 선약을 찾을 수 없다는 것을 알고 있는지라 이렇게 원망을 했다.

"시황제는 정말 자기밖에 모르는 잔혹한 성정이다. 제후가문에서 태어나 천하를 삼키고 제멋대로이며 고금에 자신과 비할 사람이 없다고 여긴다. 그는 형벌을 즐겨 사용하고 사람을 죽여 자신의 위망을 높이려 한다. 모두들 죄를 받기를 무서워하고 관직을 보전하기에 급급하며 충언을 하는 자가 없다. 진나라 법령은 한 사람이 두 가지 이상의 기술을 보유해서는 안 되고 그 기예가 효험이 없으면 죽이기가 일쑤이다. 지금 조정에서 천문을 관측하는 30여 명은 원래 훌륭한 선비들이나 황제의 뜻을 거스를까 두려워 아첨만 하고 황제의 잘못을 직언하는 자는 없다."

두 사람은 결국 도망치기로 결심했다.
진시황이 이를 알고 노하여 말했다.

"짐은 노생 등을 매우 신임했고 또 많은 재물을 하사했다. 헌데 이들이 유가儒家의 이치를 들어 나의 흉을 보고 또 도망까지 쳤다. 내가 사람을 시켜 알아보니 지금 함양咸陽의 많은 유생들 중 요언을 퍼뜨리고 백성들을 현혹하는 자들이 많다고 하니 정말로 괘씸할 지고."

진시황이 어사御史에게 모든 유생들의 언행을 감찰하고 심문하도록 했으며 유생들끼리 서로 고발하도록 했다. 그는 법령을 위반한 460여 명의 유생들을 전부 함양에 생매장하도록 했는데 이것이 바로 그 유명한 진시황 갱유坑儒사건이다.

후에 사람들은 이 두 가지 일을 묶어 "분서갱유"라는 성어를 만들었다.

風聲鶴唳 풍성학려

글자풀이	바람 풍(風 fēng), 소리 성(聲 shēng), 학 학(鶴 hè), 학 울 려(唳 lì).
뜻풀이	① 바람소리와 학의 울음소리도 모두 적병으로 의심하다.
	② 겁을 집어먹은 사람은 하찮은 일에도 크게 놀란다.
출전	당(唐) 방현령(房玄齡) 등 『진서·부견재기하(晉書·符堅載記下)』

유래   동진東晉 효무제孝武帝 태원太元 8년(기원 383년) 전진前秦의 선소宣昭황제 부견符堅이 35만의 대군을 통솔해 남쪽의 동진을 공격했다. 효무제가 대장 사석謝石과 사현謝玄에게 8만의 군사를 주어 적을 막게 했다.

안휘安徽 낙간洛澗 부근에서 동진의 군대는 이미 진을 치고 전진군을 기다리고 있었다. 사현은 당시의 상황을 잘 분석한 후 용맹한 장군인 유뢰지劉牢之에게 정예군사 5천을 주어 밤에 전진군의 군영을 기습하도록 했다. 이 전투에서 부견의 25만 선봉부대는 양성梁成, 왕현王顯 등 10명의 장수와 만여 명에 달하는 군사들을 잃었다. 이는 전진군의 사기를 크게 꺾어 놓았다.

이어 동진의 군사들은 수로와 육로로 병진하면서 유리한 지형을 장악했다. 당시 부견은 동생인 부융符融과 함께 수양성壽陽城 성루에 있었는데 진나라 군사들의 진세가 정연하고 사기가 높은 것을 발견했다. 그가 북쪽의 팔공산八公山을 바라보니 초목이 모두 사람으로 보이고 천군만마가 매복해

있는 듯하였다. 부견이 머리를 돌려 부융에게 이렇게 말했다.

"산과 들에 적군이 널려 있는데 어찌 진나라의 군사가 적다고 한단 말
이냐!"

그런 부견의 얼굴에 실망과 두려움이 짙게 깔렸다.

이미 겁을 먹은 부견이 대담한 공격을 펼치지 못하고 비수淝水의 북쪽에
진을 쳤다. 이때 사석과 사현이 사신을 부융에게 보내 전진군이 군사를 좀
뒤로 물려주면 동진군이 강을 건너와 서로 결전을 치르자고 했다. 부융은
적군이 강을 건너는 도중에 돌연 습격을 가해 일거에 쓸어버리려는 생각으
로 진나라 군의 요구를 들어주고 퇴병하라고 수하 군사들에게 명했다.

그런데 퇴각명령이 내려지니 군졸들은 아군의 선두부대가 패한 줄로 생각해 너도나도 도망치기 시작했으며 사태는 걷잡을 수 없이 번져 진세가 흔들렸다. 동진군이 이를 틈타 강을 건너 추격을 하니 전진군은 여지없이 패하고 시체가 들판을 뒤덮었다. 부융이 전사하고 부견은 화살을 맞은 후 패잔병들을 수습해 북쪽으로 걸음아 날 살려라 하고 도망쳤고 길에서 바람소리와 학의 울음소리가 들려도 동진의 병사들이 추격해 오는 줄로 알았다風聲鶴唳.

비수의 전투에서 전진군은 거의 궤멸되었고 그 후 얼마 안 되어 나라도 무너지게 되었다.

風雨同舟 풍우동주

글자풀이   바람 풍(風 fēng), 비 우(雨 yǔ), 한 가지 동(同 tóng), 배 주(舟 zhōu).

뜻풀이   고난을 같이하다.

출전   『손자병법·구지(孫子兵法·九地)』

유래   춘추시대春秋時代에 오吳나라와 월越나라는 오랜 세월 원수로 지냈고 양국 간에 늘 교전이 있었다. 따라서 두 나라 백성들도 소 닭 보듯 했다.

어느 하루 두 나라 국경에 있는 나루터에서 오나라와 월나라 사람 10여 명이 같은 배를 탔는데 서로 보는 척도 하지 않아 분위기가 몹시 험악했다.

배가 출발하여 강심에 이르니 갑자기 날씨가 변하면서 광풍이 불었다. 삽시간에 검은 구름이 하늘을 뒤덮고 폭우가 쏟아지면서 큰 파도가 연이어 배를 덮쳤다. 오나라의 어린이 두 명이 겁을 먹고 엉엉 울기 시작했고 월나라의 할머니 한 분은 몸을 가누지 못하고 선실에 쓰러졌다. 뱃사공은 키를 단단히 잡고 빨리 선실로 들어오라고 사람들을 독촉했다. 젊은 사공 두 명은 재빨리 돛대로 가서 돛을 내리려 했다. 그러나 선체가 광풍 속에서 크게 요동치니 쉽게 내릴 수 없었다. 만약 재빨리 밧줄을 풀어 돛을 내리지 않으면 배가 뒤집어질 상황이었다. 이 위급한 시각에 배에 탄 젊은 손님들은 오

233

나라, 월나라에 관계없이 앞 다투어 돛대 쪽으로 달려가 광풍과 세찬 파도 속에서 함께 밧줄을 풀기 시작했다. 이들의 행동은 마치 한 사람의 두 손처럼 잘 들어맞았다. 얼마 지나지 않아 나룻배의 돛이 내려졌고 요동치던 선체도 안정을 찾았다.

뱃사공은 위험을 함께 이겨낸風雨同舟 이들을 보며 감개무량함을 금치 못하면서 말했다.

"오나라와 월나라가 영원히 화목하게 지낸다면 얼마나 좋을까!"

鳳毛麟角 봉모린각

글자풀이   봉황 봉(鳳 fèng), 털 모(毛 máo), 기린 린(麟 lín), 뿔 각(角 jiǎo).

뜻풀이   ① 봉황의 털과 기린의 뿔. ② 매우 드물고 진귀한 인재나 사물.

출전   남조·량(南朝·梁) 소자현(蕭子顯)

『남제서·사초종전(南齊書·謝超宗傳)』

유래   사령운謝靈運은 남조南朝 송宋나라 때의 시인이며 동진東晉의 명장 사현謝玄의 손자이다. 그는 시와 사에 대해 능통하지 않은 것이 없었고 특히 산수시山水詩의 대가로 중국 산수시의 발전에 지대한 영향을 준 인물이다.

가문의 영향으로 사령운의 손자인 사초종謝超宗도 그 문재가 뛰어났다. 사초종은 총명한데다가 학문에 정진하였고 여러 가지 시작詩作들을 빠짐없이 읽었으며 부지런히 글도 썼다. 그의 작품은 당시 큰 인기를 누렸다.

사초종은 젊은 나이에 출사해 신안왕新安王 유자란劉子鸞의 상시常侍로 있으면서 왕부의 여러 가지 문서를 관리했으며 따라서 왕부의 문서작성도 그가 맡게 되었다.

젊은 관리 사초종은 부지런했고 정직했으며 글재주 또한 뛰어나니 자연스럽게 사람들의 눈길을 끌게 되었다. 신안왕은 큰 행사가 있을 때마다 사초종을 수행하게 했는데 그 목적인즉 사초종에게 견식을 늘릴 수 있는 기회를 주는 한편 인재를 알아보는 자신의 안목을 자랑하려는 의도였다.

어느 한번 신안왕의 어머니인 은숙의殷淑儀가 병으로 사망하니 왕부는 온통 비통한 분위기였고 신안왕 또한 그 슬픔이 깊었다. 이를 본 사초종이 노부인을 기념하는 글을 썼다.

사초종은 노부인이 평소 자신을 따뜻하게 대해주던 일을 회상하고 또 왕부 전체가 슬픔에 잠겨 있는 현실과 신안왕의 슬픈 심정을 생각하면서 자신도 비통을 금할 수 없었다. 이 모든 정서를 붓에 담아 옮기니 명문장이 탄생했고 이를 읽은 사람들은 눈물을 흘리지 않는 이가 없었다.

이 문장이 점점 소문이 나면서 사람들은 너도나도 읽기를 원했다. 얼마 후 이 문장이 효무제의 손에 들어가고 이를 읽은 효무제가 문무백관들 앞에서 칭찬을 금치 않았다.

"사초종은 정말 봉황의 털을 가지고 있군(뛰어난 재능이 있음을 말함). 천하에 또 한 명의 사령운이 나타났구나."

대신들은 효무제의 말에 연신 고개를 끄덕였고 너도나도 사초종의 문학적 재능을 칭찬했다.

그중의 한 대신이 말했다.

"폐하께서 사초종을 봉황의 털에 비견한 것은 정말로 알맞은 평가이옵니다. 평범한 사람이라면 어찌 이런 문재가 있겠습니까? 봉황은 길한 새이고 기린 또한 길한 짐승이오니 이런 문재를 가진 사람이 또 한 명 있다면 그를 기린의 뿔에 비길 수 있을 것이옵니다. 그렇게 되면 봉모린각鳳毛麟角이 되지 않겠습니까?"

釜底抽薪 부저추신

글자풀이   가마 부(釜 fǔ), 밑 저(底 dǐ), 뽑을 추(抽 chōu), 섶나무 신(薪 xīn).

뜻풀이   ① 솥 밑에 타고 있는 장작을 꺼내어 끓어오르는 것을 막다.

② 문제를 근본적으로 해결하다. ③ 발본색원

출전   북조·북제(北朝·北齊) 위수(魏收)

『위후경판이량조문(爲侯景判移梁朝文)』

유래   기원 534년에 북위北魏가 동위東魏와 서위西魏로 분열되었다. 동위의 대권은 대승상 고환高歡이 장악했으며 그 수하에는 유력한 조수인 후경侯景이라는 자가 있었다. 후경은 3만의 군사만 자기에서 맡겨준다면 장강을 넘어 양무제梁武帝 소연蕭衍을 사로잡을 것이라고 호언장담했다. 이에 고환이 10만의 군사를 주면서 하남河南을 지키라고 명했다.

후경은 고환과 작별인사를 하면서 조용히 이런 말을 했다.

"제가 군사를 거느리고 밖에 있으니 만일을 방비하기 위해 대승상께서 저에게 서신을 보낼 때에는 작은 점을 찍어 주십시오. 그러면 제가 그 진위를 가릴 수 있으니 간사한 무리들의 함정에 빠지지 않을 수가 있을 것입니다."

후경은 고환의 촉망을 받아왔지만 고환의 아들인 고징^{高澄}을 경멸해왔다. 기원 546년에 고환이 중병에 걸렸다. 고징은 후경이 자신을 경멸한다는 것을 알고 있는지라 아버지가 죽기 전에 후경의 병권을 빼앗으려 생각했다. 그는 아버지의 명의로 후경에서 도성에 돌아올 것을 명했다. 그러나 고징은 아버지와 후경 간에 밀약이 있는지를 모르고 있던 차라 서신에 작은 점을 찍지 않았다.

편지를 받아본 후경은 약속한 작은 점이 찍혀 있지 않는지라 의심이 생겼고 구실을 대어 조정에 돌아가지 않았다. 이듬해에 고환이 병으로 죽었으며 후경은 고징의 죽임을 당할까봐 서위에 귀순하기로 결심했다. 그는 먼저 하남의 13개 주의 땅을 서위에 바쳤으나 군대는 내주지 않고 기회만을 노렸다.

고징은 후경이 공공연히 나라를 배반한 것을 알고는 모용소종慕容紹宗에게 군대를 주어 하남으로 진격하도록 했다. 이와 동시에 중서시랑 위수魏收에게 후경의 배반죄목을 알리는 문서를 쓰도록 했다. 문재가 뛰어난 위수는 재빨리 그 문서를 작성했으며 고징은 이를 곳곳에 붙이도록 명했다.

이렇게 되니 후경은 위급한 상황에 처하게 되었고 아예 남쪽의 양무제梁武帝에게 투항했으며 군대를 파견해 줄 것을 양무제에게 청했다.

고징은 양무제가 군대를 보내 후경을 도와주는 것을 보고 위수에게『위후경판이량조문爲侯景判移梁朝文』이라는 글을 쓰도록 했다. 글 중에는 양나라가 만약 후경을 도와주지 않고 오히려 그를 잡아서 바친다면 이는 타는 장작을 꺼내어 끓는 물을 식히고抽薪止沸 후환을 송두리 채 뽑는 것과 마찬가지로 문제를 근본적으로 해결할 수 있을 것이라는 구절이 있다.

그러나 양무제는 이를 대수롭지 않게 생각하고 예정대로 후경을 돕기 위해 군사를 보냈다. 이에 모용소종이 인술한 동위군이 계속 남하하여 후경을 지원하는 양나라군과 접전했으며 그 결과 양나라군이 크게 패했다. 이어 동위군이 그 기세를 몰아 후경의 군대를 공격하니 후경 역시 무너지고 얼마 안 되는 군사들을 이끌고 양나라로 도망쳤다.

후에 위수가 쓴 문서중의 "타는 장작을 꺼내어 끓는 물을 식힌다."는 표현은 "부저추신釜底抽薪"이라는 고사성어로 고착되었다.

付之一炬 부지일거

글자풀이 줄 부(付 fù), 갈 지(之 zhī), 한 일(一 yī), 횃불 거(炬 jù).

뜻풀이 태워버리다.

출전 당(唐) 두목(杜牧)『아방궁부(阿房宮賦)』

유래 당경종唐景宗 이잠李湛은 재위기간이 3년이고 17살에 단명했다. 경종은 정무를 소홀히 했는데 매달 문무백관들을 모아 조회를 보는 횟수가 세 번을 넘지 않았으며 평시에는 놀이를 즐겼다. 이잠은 팔 힘이 출중했고 씨름기술 또한 대단해 궁중에는 적수가 거의 없을 정도였다. 황궁을 호위하는 금군장령들과 각 진鎭의 절도사節度使들은 황제의 은총을 얻기 위해 거금을 들여 힘장사들을 청해 황제와 씨름을 하도록 했다. 이감은 궁중생활에 싫증을 느껴 낙양洛陽에 행궁行宮을 짓도록 어명을 내렸고 이는 지방을 돌면서 놀기 위한 준비였다.

낙양은 수隨나라와 당唐나라의 동도東都였다. 당시 배도인 낙양은 이미 유명무실한 상태였고 궁전들도 퇴락했으며 황제가 출행하는 길마저도 피폐하기 그지없었다. 당나라 중반 이후에는 "안사의 난安史之亂"을 경과하면서 번영하던 태평성대가 그 모습을 감추었고 명의상 통일된 왕조이기는 했으나 사실은 각 진의 절도사들이 군사를 장악하고 거의 독립하여 조정의

241

명령을 듣지 않았으며 세금도 유용하는 경우가 허다해 국고는 텅 빌 정도였다. 이런 상황에서 낙양행궁을 보수한다는 것은 백성들의 고혈을 짜내는 것이었다. 문무 대신들이 상주문을 올려 이잠의 황당한 결정을 반대했으나 이잠은 고집을 꺾지 않았다.

시인 두목杜牧이 당시에 『아방궁부阿房宮賦』라는 글을 지었다. 시인이 글은 쓴 목적은 황제의 경각심을 불러 일으켜 낙양을 순유하려는 계획을 취소하도록 할 생각이었다.

글은 서두에서 아방궁의 거대함과 궁전의 정교로움과 웅장한 기세를 묘사했으며 이어 궁중의 사치스러움에 대해 묘사함으로써 입체적인 느낌을 주었다. 마지막에 가서는 반전의 내용을 여덟 자로 적었는데 바로 "초나라 사람들이 지핀 불에 궁전이 초토화되었다楚人一炬, 可憐焦土"는 구절이다. 아방궁은 진秦나라 때에 신축되었으며 항우項羽가 함양咸陽에 입성한 후 불을 질러 소각해 버렸다.

시인은 글에서 백성의 힘을 끌어 모아 궁실을 짓는 행위는 나라의 멸망을 가속화할 뿐이라는 뜻을 완곡하게 표현했다. 『아방궁부』가 발표된 후 사람들은 너도나도 이를 돌려 보았다. 허나 이잠은 독서를 즐기지 않는 사람이라 한 시인이 글을 지어 황제를 권유하고 있음을 전혀 알지 못했으니 두목의 이 명문장은 소귀에 경 읽은 격이 되었다. 마지막에는 노년의 대신이 나서서야 이잠의 고집을 꺾을 수 있었다.

후세 사람들은 "초인일거, 가련초토"를 개괄해 "부지일거付之一炬"라는 성어로 사용했으며 이는 모조리 불살라 버린다는 뜻이다.

負隅頑抗 _{부우완항}

글자풀이   짐질 부(負 fù), 모퉁이 우(隅 yú),

완고할 완(頑 wán), 대항할 항(抗 kàng).

뜻풀이   험준한 지형에 의지해 완강하게 저항하다.

출전   『맹자·진심하(孟子·盡心下)』

유래   전국시대戰國時代의 일이다. 어느 해 제齊나라에 기근이 들어 많은 사람이 굶어 죽었다. 맹자孟子의 제자인 진진陳臻이 이 소식을 듣고 급히 스승을 찾아와 무거운 심정으로 말했다.

"스승님도 들으셨습니까? 지금 제나라에 기근이 들어 사람들이 모두 굶어 죽게 되었습니다. 모두들 당棠 지역에 있는 곡창을 열어 백성들을 구제하도록 스승께서 다시 한 번 제나라 왕을 설득해 주기를 바랍니다. 아마 그렇게 하시기는 힘들겠지요?"

맹자가

"또 그렇게 한다면 나는 풍부馮婦나 다름없게 될 것이다"

고 답하고 나서 풍부의 이야기를 들려주었다.

　진(晉)나라의 사냥꾼인 풍부는 호랑이를 때려잡는 용맹한 사나이였다. 후에 그는 착한 사람이 되어 더는 호랑이 사냥을 하지 않았고 사람들은 점점 그의 이름을 잊어버리게 되었다. 그러던 어느 해 산에 맹호가 나타나 길가는 행인들을 해치곤 하였다. 몇몇 젊은 사냥꾼들이 힘을 합쳐 이 호랑이를 잡으러 갔다. 이들이 호랑이를 산속 깊은 곳까지 몰아가니 그 호랑이가 산세가 험준한 곳을 등지고 방울만한 눈으로 여러 사람을 노려보며 연신 포효하니 사람들은 누구도 나서서 호랑이를 잡을 엄두를 못 냈다. 바로 이때 풍부가 수레를 타고 이곳을 지나게 되었다. 사냥꾼들은 풍부에게 호랑이를 잡아달라고 부탁했다. 풍부가 수레에서 내려 팔소매를 걷어붙이고 호랑이와 싸우기 시작했다. 격렬한 싸움 끝에 풍부가 호랑이를 때려 죽여 백성들을 위해 우환거리를 제거했다. 젊은 사냥꾼들이 기쁜 마음으로 풍부에게 감사의 인사를 했으나 글 읽는 선비들은 풍부를 조롱했다.

성어 "부우완항"은 험준한 지형에 의지해 완강하게 저항한 이 호랑이 이야기에서 유래되었다. 이 성어는 또 어떤 사람이 저지른 나쁜 일이 발각이 되었으나 이를 승인하지 않고 교활하게 변명을 늘어놓음을 비유하기도 한다.

負重致遠 부중치원

글자풀이	짐질 부(負 fù), 무거울 중(重 zhòng), 이룰 치(致 zhì), 멀 원(遠 yuǎn).
뜻풀이	① 무거운 책임을 지고 목적을 향해 나가다.
	② 원래의 뜻은 무거운 짐을 지고 먼 목적지까지 간다는 것, 중요한 직책을 맡을 수 있음을 비유한다.
출전	진(晉) 진수(陳壽)『삼국지·촉서·방통전(三國志·蜀書·龐統傳)』

유래   방통龐統은 자가 사원士元이며 삼국시기 유비劉備 휘하의 모사로 그 관직이 군사중랑장軍師中郎將까지 이르렀다. 후에 방통은 낙현雒縣을 공격하다가 화살에 맞아 유명을 달리하니 그때 나이 36살이었다.

방통은 당시의 명사인 방덕공龐德公의 조카였다. 융중隆中에서 때를 기다리던 제갈량은 자주 방덕공을 찾았고 자연스레 방통과도 친구로 지냈다. 방덕공은 이들 두 사람의 재능을 귀하게 여겨 제갈량을 와룡臥龍이라 불렀고 방통은 봉추鳳雛라 부르면서 이들을 당대의 준재俊才라고 생각했다.

동오의 주유周瑜가 남군태수南郡太守로 있을 때 방통은 그 수하에서 공조功曹라는 벼슬을 지냈다. 주유가 죽은 후 방통이 오군에 조문을 갔는데 현지의 문인들이 방통의 명성을 듣고 그를 찾아왔다. 지어는 당시의 유명한 문인이었던 육적陸績, 고소顧劭, 전종全琮 등도 함께 했다.

모두들 창문閶門에서 작별모임을 가지고 고금의 일들을 논할 제 분위기가 무르익었다. 이때 현지의 명사 한 명이 좌중에 있는 여러 사람들을 평해달라고 방통에게 청을 들었다.

방통은 먼저 강동의 유명한 선비인 육적을 평가했다.

"육적선생은 달리지는 못하나 달릴 능력이 넘치는 말과도 같아 다른 사람이 따를 수 없는 재능을 가지고 있습니다."

여러 문사들이 참 적절한 평이라고 수긍했다. 이어 방통이 고소를 평가했다.

"고선생은 마치 늦기는 하지만 고생을 감내할 줄 아는 소와도 같습니다. 당신은 무거운 물건을 지고 멀리까지 갈 수 있습니다負重致遠."

이에 좌중에 있던 한 사람이 방통 자신에 대한 평을 해달라고 청을 들었다. 이에 방통은 자부심에 넘쳐 말했다.

"제왕을 위해 지혜를 바치고 천하를 다스리는 일에는 내 재능으로 족하다고 생각합니다."

허나 아쉽게도 방통은 제갈량과는 달리 자신의 웅대한 포부를 실현하지 못하고 젊은 나이에 세상을 떠나고 말았다.

改過自新 개과자신

글자풀이　　고칠 개(改 gǎi), 지날 과(過 guò), 몸 자(自 zì), 새 신(新 xīn).

뜻풀이　　잘못을 고쳐 새사람이 되다.

출전　　한(漢) 사마천(司馬遷)

　　　　『사기·편작창공열전(史記·扁鵲倉公列傳)』

유래　　한漢나라 초에 순우의淳于意라는 유명한 의학자가 있었다. 그는 제齊나라의 국고를 관리하는 태창장太倉長으로 있었으며 때문에 후세 사람들은 그를 존칭해 창공倉公이라 불렀다.

　　순우의는 젊었을 때부터 의술에 뜻을 두었다. 그는 당시의 유명한 의사였던 공손광公孫光의 문하에서 의술을 익혔고 후에는 공손광의 이복동생인 공승양경公乘陽慶에게서 의술을 사사받았다. 공승양경은 순우의에서 그전에 배웠던 의술을 전부 포기하게 하고 자신이 가지고 있던 비방을 남김없이 전수해 주는 한편 고대의 맥경脈經을 가르쳐주고 병을 정확하게 치료하는 여러 가지 방법들을 알려주었다.

　　2년 정도 배우고 나서 순우의가 사람들의 병을 보기 시작하니 그 의술이 신묘해 얼마 지나지 않아 명의로 소문났다. 그는 여러 곳에 다니기를 즐겼는데 일부 권문세족들이 그를 가정의로 청했으나 행동이 구속받는 것을 꺼려 일일이 사절했다. 이를 피하기 위해 그는 한동안 종적을 감추기도 하고 그 호적을 옮기기도 했으며 재산을 마련하지도 않았다. 그 결과 권문세족들의 미움을 사게 되었다. 그러다가 그가 태창장으로 있을 때에는 다른 사람의 모함으로 옥살이를 하게 되었다. 기원 167년에 순우의가 얼굴에 자자를 새기고 코나 다리를 베는 혹독한 형벌인 육형肉刑을 선고받게 되었다. 당시 조정의 규정에 따르면 도읍인 장안長安에 가서 형을 받아야 했다.

육형을 받는다는 것은 매우 고통스럽고 모욕적인 일이다. 집을 떠나기에 앞서 순우의의 다섯 딸들이 대성통곡을 하니 순우의가 화를 내면서 욕했다.

"내 슬하에 아들은 없고 딸들만 있어 이 위급한 관두에 나를 돕는 사람이 한 명도 없구나."

막내딸 제영緹縈이 아버지의 말을 듣고 비통을 금치 못하면서도 동조할 수가 없었다. 그는 아들과 마찬가지로 딸도 아버지를 위기에서 구할 수 있다고 생각했으며 결국 아버지를 따라 도성에 가기로 작심했다.

장안에 도착한 후 제영은 조정에 이런 내용의 상소문을 냈다.

"제 아비가 제나라에서 태창장으로 있을 때 백성들은 청렴 공정함을 칭찬해마지 않았습니다. 지금은 법을 어겨 형을 받게 되었으니 소녀의 마음은 비통하기 그지없습니다. 사람이 죽을 벌을 받으면 다시 살아날 수 없고 형을 받아 잔폐가 되면 다시 되돌릴 수 없습니다. 그 사람이 잘못을 뉘우치고 새 출발을 하려 해도 자신의 뜻을 이룰 수가 없을 것입니다. 저는 아비의 죄를 씻기 위해서라면 관의 노비가 되는 것도 불사할 것입니다. 이는 아비가 잘못을 뉘우치고 새사람으로 거듭날 수 있는 기회를 얻도록 하기 위함입니다."

제영의 상소문은 아버지를 구하기 위한 절절한 마음과 비통함으로 사람들을 감동시켰다. 한문제漢文帝가 이 상소문을 보고 제영의 효심과 아버지의 죄를 대신 받으려는 애틋한 마음에 감명을 받아 결국 순우의의 죄를 사면해 주었으며 육형을 폐지했다.

제영의 이 용감한 행동은 순우의가 육형을 면하도록 하여 순우의는 다시 본업으로 돌아가 의술연구에 정진할 수 있게 되었으며 후에 순우의는 한 시대를 풍미하는 명의가 되었다.

肝腸寸斷 간장촌단

글자풀이   간 간(肝 gān), 창자 장(腸 cháng), 마디 촌(寸 cùn), 끊을 단(斷 duàn).

뜻풀이   ① 가슴이 찢어질 듯 슬프다. ② 애끊다.

출전   진(晉) 간보(干寶)『수신기·원모원자(搜神紀·猿母猿子)』

유래   과거 임천臨川 동흥東興 지역의 한 사냥꾼이 새끼원숭이 한 마리를 잡아 집에 왔다. 이를 본 어미원숭이가 사냥꾼의 집까지 따라와서 슬프게 울어댔다.

사냥꾼은 전혀 마음이 움직이지 않았으며 어미원숭이가 계속 울어대자 시끄럽게 여겨 어미원숭이가 보는 곳에서 새끼원숭이를 죽였다. 어미원숭이가 구슬프게 울다가 나무를 타고 올라가서 그대로 땅에 곤두박혀 죽었다. 사냥꾼이 어미원숭이의 배를 갈라보니 그 창자가 한 마디 한 마디씩 끊어져 있었다肝腸寸斷.

그외『세설신어世說新語』에도 비슷한 내용이 기록되어 있다.

동진東晉때의 군사가, 정치가였던 환온桓溫이 기원 346년에 군사를 이끌고 장강을 거슬러 올라가면서 촉蜀나라를 공격했다. 배들이 삼협三峽에 이르렀을 때 부장 중에서 한 사람이 작은 원숭이를 붙잡아 배에 태웠다. 이를 본 어미원숭이가 급한 나머지 강변을 따라 달리면서 슬프게 울어댔다.

삼협 양안은 산세가 험하고 강이 협곡을 따라 흘렀다. 어미원숭이가 죽을 위험을 무릅쓰고 절벽을 따라 가다가는 산비탈을 굴러 내리기도 하면서 선단을 따라 50킬로미터 이상을 왔다. 배들이 무협巫峽에 이르러 속도가 느려지면서 강가를 따라 서행하고 있을 때 따라오던 어미원숭이가 연속 세 번 울음소리를 내더니 새끼원숭이가 있는 배에 뛰어내렸으나 즉사하고 말았다.

배에 탔던 군사들이 어미원숭이의 배를 갈라보았더니 창자가 마디마디 끊어져 있었다.肝腸寸斷 환온이 이를 알고는 불같이 화를 내면서 새끼원숭이를 잡은 군관을 불러다가는 크게 꾸짖고 그 관직을 강등했다. 후세사람이 이를 시로 표현한 내용이 있다.

파동巴東 삼협 중 무협이 길고
애끓는 원숭이 울음소리에 사람들 눈물짓네.

高屋建瓴 고옥건령

글자풀이   높을 고(高 gāo), 집 옥(屋 wū), 세울 건(建 jiàn), 동이 령(瓴 líng).

뜻풀이   ① 높은 지붕 위에서 병에 든 물을 쏟다.

② 유리한 지대를 차지하다. ③ 유리한 정세에 처하다.

출전   한(漢) 사마천(司馬遷) 『사기·탕문(史記·湯問)』

유래   한고조漢高祖 유방劉邦이 황제로 등극한 이듬해의 일이다. 초왕楚王 한신韓信이 반역을 꾀한다고 밀고를 한 자가 있어 유방은 급히 측근들을 불러 대책을 의논했다.

진평陳平이 이런 계책을 내놓았다.

"폐하께서는 운몽역雲夢澤에 시찰을 가는 것처럼 가장하고 각지 제후들을 진陳에서 만날 것이라고 하십시오. 진은 초와는 서쪽으로 잇닿아 있으니 한신은 반드시 진에 가서 폐하를 알현할 것이고 그때 한신을 손쉽게 잡을 수 있을 것입니다."

고조가 진평의 계책대로 하니 과연 쉽게 한신을 체포할 수 있었다. 고조는 크게 기뻐하며 그날로 천하에 사면령을 내렸다. 대부大夫 전긍田肯이 경

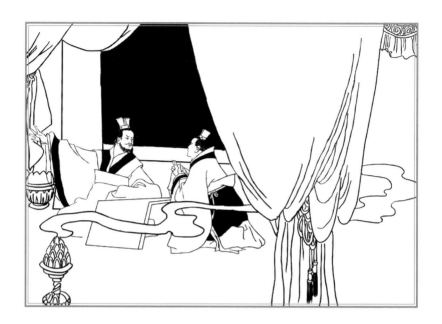

하를 드리는 기회를 타서 고조에게 이렇게 고했다.

"폐하께서 한신을 사로잡고 관중關中에 도읍을 정하였으니 크게 경하드릴
일이옵니다. 관중은 지세가 험준하고 다른 나라는 비할 바가 안 됩니다. 그
국토가 광대하여 천리에 달하고 병력이 많아 천하의 2할을 차지합니다. 천
혜의 지세를 차지하고 있어 제후국들을 칠 때는 높은 지붕 위에서 병 안의
물을 쏟아 붓는 듯 위에서 아래로 진격할 수 있으니 막을 자가 없을 것입니
다高屋建瓴."

전긍이 말을 이어갔다.

"제齊나라 땅은 장장 2천리에 달하고 큰 성이 70여 곳이니 요충지라 할 수 있고 이곳을 장악하면 열배에 달하는 적도 거뜬하게 막아낼 수 있습니다. 이런 중요한 곳일진대 유씨 성 외에는 왕으로 봉해서는 안 될 것으로 생각합니다."

전긍의 말 속에는 한신을 대신하여 용서를 바라는 뜻이 담겨 있었다. 한나라의 개국을 위해 삼진三秦의 땅과 제나라를 점령한 주요한 공신은 바로 한신이었다. 한고조가 전긍의 뜻을 받아들여 한신을 사면해 주었으며 다만 그 봉호를 초왕에서 회양후淮陽侯로 강등하였다.

高枕無憂 고침무우

글자풀이	높을 고(高 gāo), 베개 침(枕 zhěn), 없을 무(無 wú), 근심 우(憂 yōu).
뜻풀이	① 베개를 높이하고 걱정 없이 잘 자다.
	② 마음이 편안하고 근심걱정이 없다.
출전	한(漢) 유향(劉向)『전국책·위책1(戰國策·魏策一)』

유래　　풍훤馮諼은 전국시대戰國時代 제齊나라 사람이고 제나라 왕실의 대신이며 "전국 4공자戰國四公子" 중의 한 명인 맹상군孟嘗君의 문객으로 있었다. 그는 전국시대 식견이 넓은 지략가로 평가된다.

어느 한번은 맹상군이 그를 설薛이라는 지방에 가서 빚을 받아오게 했다. 풍훤은 설지에 도착해 빚을 받지 않았을 뿐더러 차용문서를 다 태워버리고 빚을 진 사람들을 다 모아 큰 연회를 차린 후 맹상군은 마음씨가 훌륭한 주인이기에 당신들이 진 빚은 전혀 개의치 않는다고 말했다. 그는 또 맹상군이 여러분에게 돈을 빌려준 본심은 모두가 더 훌륭한 생활을 할 수 있도록 돕기 위함이니 갚을 필요가 없다고 했다. 이에 설 지역의 백성들이 맹상군에게 감읍했음은 두말 할 나위가 없다.

후에 제나라 왕이 맹상군의 관직을 삭탈하니 그는 설지에 가서 지내게 되었는데 현지 백성들의 큰 환영을 받았다. 이때 풍훤이 맹상군에게 이런 조언을 했다.

"교활한 토끼는 죽음을 피하기 위해 굴을 세 개 가지고 있다고 합니다(교토삼굴). 지금 대감에서는 이런 굴이 한 개밖에 없으니 아직은 마음을 편히 놓고 근심걱정 없이 잠을 잘 수 없습니다. 제가 대감을 위해 다른 굴 두 개도 파드리겠습니다."

풍훤이 양혜왕梁惠王을 찾아가 맹상군을 청해 국정운영을 맡기면 강한 나라를 만들 수 있을 것이라고 설득했다. 양혜왕이 풍훤의 말을 듣고 거금을 내어 맹상군을 청하면서 세 번이나 사람을 보냈으나 풍훤은 맹상군에게 절대 가지 말라고 했다. 제나라 왕이 이 일을 알고는 양나라가 맹상군을 청해 갈까 두려워 급히 더 후한 예의를 갖춰 보내면서 나라의 재상을 맡아줄 것을 부탁했다. 풍훤이 맹상군에게 이 기회에 선대왕이 전해 내려온 제기祭器를 설 지역에 하사해 종묘宗廟를 세움으로써 설 지역의 안전을 담보해줄 것을 제나라 왕에게 청하라고 했다. 종묘가 완공되니 풍훤은 맹상군에게 이렇게 말했다.

"지금 굴 세 개를 다 파놓았으니 대감에서는 베개를 높이 베고 낙을 누릴 수 있습니다高枕爲樂."

"고침위락"이 후에 "고침무우"로 변했다.
그 외 이 고사중의 "교토삼굴狡兎三窟"도 후에 성어로 되었다.

各自爲政 각자위정

글자풀이	각각 각(各 gè), 몸 자(自 zì), 위할 위(爲 wéi), 정사 정(政 zhèng).
뜻풀이	① 제각기 자기 생각대로만 일하다. ② 각자 제멋대로 일하다.
출전	춘추·로(春秋·魯) 좌구명(左丘明)
	『좌전·선공2년(左傳·宣公二年)』

유래   춘추시대春秋時代 송宋나라의 대부大夫 화원華元은 송宋나라의 6경六卿 중의 한 사람이었고 소공昭公과 문공文公, 공공共公, 평공平公 등 네 명의 국왕을 모셔 "4대 원로四朝元老"라 할 수 있다. 화원은 오랜 기간 송宋나라의 우사右師직을 맡아 국정을 관리해 왔으며 정치가와 외교가, 군사가, 자객, 인질, 장수 등 여러 가지 역할을 발휘함으로써 군웅이 천하를 다투던 시대에 송宋나라를 위해 지대한 공을 세웠던 인물이다.

한번은 정鄭나라와 송宋나라가 교전하게 되었는데 서로 진세를 갖추자마자 송宋나라의 주장인 화원의 전차가 송宋나라 진영을 이탈하여 정나라 군사들의 진중으로 달려갔다. 정나라 군사들이 이를 보고는 한꺼번에 달려들어 화원을 붙잡았다.

사건의 발단은 전날 화원이 양을 잡고 큰 연회를 차려 수하 장수들과 군사들을 위로하면서 자신의 마부인 양감羊斟에게 양고기를 나눠주지 않은데

있었다. 양감은 화원이 자기를 무시한다고 여겨 앙심을 품었고 전장에서
보복하리라 다짐했다.

이튿날 양군이 진세를 다 갖추자 양감이 화원에게 이렇게 말했다.

"지난밤 양고기를 나눠줄 때는 화원 당신이 결정을 했지만 오늘 전차를 어
떻게 몰지는 내가 결정하리다各自爲政."

하여 앞에서 말한 화원이 포로로 잡히고 송宋나라가 큰 패전을 겪는 결
과가 나타난 것이다.

후에 양감의 이 말에서 "각자위정"이란 성어가 나왔다.

苟延殘喘 구연잔천

글자풀이   구차할 구(苟 gǒu), 끌 연(延 yán),

                  남을 잔(殘 cán), 헐떡일 천(喘 chuǎn).

뜻풀이   남은 목숨을 겨우 부지해 나가다.

출전   명(明) 마중석(馬中錫)『중산랑전(中山狼傳)』

유래   춘추시대春秋時代 후기後期에 진晉나라의 대부大夫 조간자趙簡子가 어느 한번은 중산中山에서 대규모의 사냥놀이를 벌였다. 사냥을 관장하는 관원이 앞에서 길을 내고 사냥개들과 매들이 짐승을 쫓으니 많은 산짐승들을 잡게 되었다. 그런데 불시에 이리 한 마리가 길 가운데에 서서 큰소리로 울어댔다. 이를 본 조간자가 화살을 날리니 몸에 살을 맞은 이리가 죽기 살기로 도망을 쳤고 조간자가 이를 바싹 뒤쫓았다.

이때 동곽東郭선생이라는 사람이 중산국에 가서 관직이라도 구할까 하여 길을 가고 있었다. 그는 책을 넣은 자루를 실은 나귀를 몰고 가다가 길을 잃고 헤매는 중이었다. 이때 갑자기 이리가 나타나니 동곽선생은 크게 놀랐다. 그 이리는 이렇게 애걸복걸했다.

"마음씨 좋은 분이여, 저는 상처를 입어 더는 도망칠 수가 없습니다. 허나 뒤를 쫓는 자들은 절대 나를 살려두려 하지 않으니 선생께서 제발 저를 구해주기 바랍니다." 이어 이리는 이런 예를 들었다. "이전에 모보毛寶는 자라 한 마리를 사서 방생한 적이 있었습니다. 후에 모보가 전쟁터에서 도망하다가 강을 건너야 했는데 자라가 태워서 강을 건넜다고 합니다. 그리고 수후隨侯는 뱀 한 마리를 구해 주었더니 그 뱀이 귀한 구슬을 물어와 보답했다고도 합니다. 자라와 뱀은 저희 이리보다는 총명하지 못합니다. 지금과 같은 상황에서 저를 자루 속에 넣어 목숨이라도 부지할 수 있게 해주시면 苟延殘喘 이후 그 은혜를 절대 잊지 않을 것이며 아까 말한 자라나 뱀과 같이 꼭 보답을 해드리겠습니다."

마음이 선량한 동곽선생이 이리의 애원에 못 이겨 자루에서 책을 꺼내고 그 속에 이리를 넣고는 자루를 잘 동여맨 후 나귀등에 실었다. 그리고는 길가에 비켜서서 조간자 일행이 지나가기를 기다렸다.

얼마 후 조간자 일행이 와서 동곽선생에게 이리가 어디로 갔는가 하고 물으니 동곽선생은 모른다고 대답해 조간자 일행을 속였다. 조간자 일행이 멀리 간 것을 확인한 동곽선생이 이리를 자루에서 꺼내 주었다. 그런데 이리는 자루에서 나오자마자 이렇게 으르렁댔다.

"방금 사냥꾼들이 뒤쫓아와 큰 고생을 했는데 당신이 나를 구해주었지. 그러나 지금 나는 배가 몹시 고프니 당신을 먹어야겠다. 그러면 내 이 목숨만은 구할 수 있지 않겠는가?"

그러더니 이리는 동곽선생을 덮쳤다.

바로 이 위급한 찰나에 한 농부가 지나다가 들고 가던 곡괭이로 이리를 때려 죽였다.

孤注一擲 고주일척

글자풀이	외로울 고(孤 gū), 물댈 주(注 zhù), 한 일(一 yī), 던질 척(擲 zhì).
뜻풀이	① 노름꾼이 남은 밑천을 다 걸고 최후의 승부를 걸다.
	② 위급할 때 온 힘을 다 발휘하여 한차례 모험을 걸다.
출전	원(元) 탈탈(脫脫) 등 『송사·구준전(宋史·寇准傳)』

유래   북송北宋 진종眞宗 때에 북방 유목민족인 거란족이 중원中原지역을 침범하니 각지 국경의 긴급문서가 눈송이처럼 도성에 날아들었다. 이런 문서들은 재상인 구준寇准의 손에 들어갔으나 속으로 이미 대책을 세워놓고 있었던 그는 황제에게 고하지 않았다. 후에 어떤 관리가 직접 황제에게 절박한 군사 상황을 고했고 조급해진 황제는 즉시 구준을 불러들여 전선의 형편을 하문했다.

구준은 황제에게 소상히 상황을 설명하고 이렇게 말했다.

"폐하께서 적을 물리치려 하시면 닷새면 넉넉할 것입니다. 허나 그렇게 되려면 폐하께서 직접 전선에 가서 군사들을 독려해야 할 걸로 사료됩니다."

구준의 제안에 황제는 결단을 내리지 못하고 조정의 문무 대신들을 불

러 대책을 의논했다. 의견이 분분한 가운데 천도를 제안하는 대신이 있는
가 하면 강화를 하자는 대신도 있었다. 진종은 심사숙고 끝에 그래도 구준
의 제안이 가장 현실성이 있다고 판단하고 직접 전선인 전연澶淵에 갔다.
송宋나라 군사들은 황제가 직접 출정한 것을 알고 그 사기가 하늘을 찔렀
다. 반대로 먼 곳에서 온 거란군은 송宋나라군의 기세가 대단하고 경계가
삼엄한 것을 보고 불안을 금치 못했다.

행궁에 도착한 송진종은 내시를 군영에 보내 구준의 동향을 살피도록
했다. 내시가 돌아와서 이렇게 아뢰었다.

"구승상께서는 아무런 조치도 없이 양학사와 술을 마시고 시를 짓고 있었
습니다."

이 말을 들은 송진종이 화를 내지 않았을 뿐만 아니라 오히려 기뻐하며 말했다.

"구준은 필승의 묘안이 있는 게 분명하니 짐은 마음이 놓인다."

과연 구준이 지휘한 송宋나라 군사들은 거란군을 상대로 연승을 거듭했으며 결정적인 승리를 거두기에 이르렀다. 이에 송진종은 구준을 더욱 신임하게 되었다.

구준은 그 성품이 청렴하고 문무를 겸비했으며 나라를 위한 충정이 대단했다. 하여 그는 관원들을 선발할 때 그 경력보다는 재능을 위주로 뽑았으며 이들은 조정의 중용을 받게 되었으나 부재상인 왕흠약王欽若은 구준을 미워하고 있었다.

어느 한번은 송진종이 구준과 왕흠약을 함께 불러 조정의 일을 의논하게 되었다. 구준이 떠나갈 때 송진종은 아주 따뜻한 눈길로 바래주었는데 이를 본 왕흠약이 다른 마음을 품고 송진종에게 아뢰었다.

"구준은 폐하를 도박밑천으로 삼은 적이 있사옵니다. 도박을 할 때 도박꾼들은 돈을 거의 잃게 되면 나머지 돈 전부를 거는데 이를 고주孤注라고 합니다. 거란인과 싸울 때 구준은 폐하를 전장인 전연으로 직접 출정하도록 하여 수십만 적군들과 싸우는 위험 속에 빠뜨렸습니다. 이는 폐하를 고주로 삼아 마지막 한판을 노리는 것이나 다름이 없습니다孤注一擲. 지금 생각해보면 이는 정말 위험한 모험이었습니다."

왕흠약의 말을 듣고 난 진종은 그때의 상황을 돌이켜보고 간담이 서늘해졌다. 그는 만약 거란군을 이기지 못했다면 자신은 전선에 발이 묶여 고립되거나 심지어 거란군의 포로가 되었을지도 모른다고 생각하기에 이르렀다.

왕흠약의 참언을 믿은 송진종은 얼마 후 구준을 지방관으로 강등시켜 도읍을 떠나게 했으며 그 후 거란국과 굴욕적인 전연지맹澶淵之盟을 맺었다.

刮目相看 괄목상간

글자풀이   비빌 괄(刮 guā), 눈 목(目 mù), 서로 상(相 xiāng), 볼 간(看 kàn).

뜻풀이   ① 눈을 비비고 다시 보다.

② 새로운 안목으로 대하다. ③ 괄목상대하다.

출전   진(晉) 진수(陳壽) 『삼국지·오서·여몽전(三國志·吳書·呂蒙傳)』

유래   여몽呂蒙은 한나라 말, 삼국시기 오吳나라의 명장이다. 동오에서 주유周瑜와 노숙魯肅의 뒤를 이은 군 최고통수권자였고 뛰어난 지략을 가지고 있었다. 그의 주도면밀한 준비와 작전으로 오나라 군대는 당시 중원에 이름을 드날리던 촉蜀나라 대장군 관우關羽를 일거에 격파하고 촉나라의 중요한 거점지역인 형주荊州를 탈취했다.

    여몽은 한미한 가문의 출신으로 어릴 때 책을 읽을 기회가 없었다. 그러나 오나라 군주 손권孫權은 여몽의 재능을 높이 사면서 크게 될 사람이라 점찍었으며 다만 부족한 점이라면 책을 얼마 읽지 않아 필요한 식견이 부족할 따름이라고 보았다. 어느 한번 손권이 여몽을 불러 이렇게 말했다.

"지금 장군은 조정의 대신으로 그 명망이 매우 높고 지위도 존귀하오. 헌데 옥에 티라고 할까 읽은 서책이 너무 적소. 삼군을 통솔하는 대장군은 단순히 무예만 뛰어나고 싸움에 용맹해서만은 안 되고 지략을 갖춰야 한단 말이요. 이후에는 서책을 많이 읽으면서 견식을 쌓도록 하시오."

손권의 지적에 여몽은 얼굴을 붉히며 이렇게 해석했다.

"신은 하루 종일 군영을 지키고 있습니다. 그곳에 할일이 너무 많아 해도 해도 끝이 없습니다. 제가 서책을 보지 않으려는 것이 아니고 정말 시간을 낼 수가 없습니다."

이에 손권이 말했다.

"여장군, 그 말에는 어폐가 있군. 만약 사무가 다망한 걸로 치자면 내가 장군보다 더 바쁠 것이요. 생각해보시오. 조정의 일들이 장군의 일보다 훨씬 많을 것 아니겠소? 나는 내정과 외교 모든 일들을 보아야 하고 결정을 내려야 하오. 이런 와중에도 나는 짬을 내어 책을 읽는다오. 내가 장군더러 책을 읽으라고 권함은 「사서오경四書五經」을 숙달해 박사博士가 되라는 것이 아니오. 장군의 학식이 늘고 안목이 깊어지기를 바랄 뿐이요. 더구나 책을 많이 읽게 되면 장군이 군대를 다스리는데 큰 도움이 되니 말이요."

여몽은 한참 생각하더니 손권의 말에 동의했다.

"폐하, 좋은 말씀입니다. 신이 듣기로 한漢나라 광무제光武帝도 부지런히 학문을 익혔다고 합니다. 그는 남정북벌의 바쁜 와중에도 독서를 견지해왔다고 들었습니다. 신도 광무제를 본보기로 삼아 공부를 게을리 하지 않을 것입니다. 절대 폐하의 기대를 저버리지 않겠습니다."

그 후 여몽은 군무가 번망한 와중에도 매일 시간을 짜내 책을 읽었다. 시간이 흘러 그는 『사기史記』, 『한서漢書』, 『전국책戰國策』 등 서적들을 읽었고 점차 학식이 깊어졌다.

그 후 주유가 죽고 노숙이 동오의 대도독大都督으로 되었고 그 지휘부를 육구陸口에 설치했다. 군무를 처리하는 과정에 여몽은 늘 노숙과 연계를 가지곤 했고 어떤 때는 함께 만나 학문과 관련된 얘기를 나누게 되었다. 노숙도 여몽이 일부 서책을 읽는다는 소문을 들었으나 일개 무장武將에 지나지 않을 것이라 여겼다.

어느 날 여몽과 노숙이 또 만나 군사에 관한 일을 논하게 되었다. 여몽이 노숙에게 물었다.

"장군께서는 조정의 중책을 맡고 육구를 지키고 계십니다. 이곳은 북으로 형주를 마주보고 있지요. 형주의 관우는 그 무예가 대적할 자 없고 지략 또한 출중하다고 합니다. 만약 의외로 사태가 터진다면 장군은 어떤 대책을 취할 것입니까?"

이 말을 들은 노숙은 여몽이 이미 계책을 가지고 있다고 생각해 솔직하게 가르침을 청했다. 노숙의 태도가 진지함을 본 여몽은 관우를 대적하는 다섯 가지 계책을 자세히 노숙에게 들려주었는데 다 듣고 난 노숙은 놀라서 이렇게 말했다.

"전에는 여몽아우가 그저 무예만 출중한 장군인줄 알았는데 이처럼 지략까지 뛰어날 줄은 몰랐구려. 이는 우리 오나라의 행운이고 정말로 축하할 만한 일이네!"

노숙의 칭찬에 여몽도 농담조로 말했다.

"선비를 사흘 만에 만났다면 마땅히 눈을 비비고 다시 보아야지요士別三日, 刮目相看."

管鮑之交 관포지교

글자풀이   대롱 관(管 guǎn), 절인 어물 포(鮑 bào),

　　　　　　갈 지(之 zhī), 사귈 교(交 jiāo).

뜻풀이   아주 친한 친구 사이.

출전   한(漢) 사마천(司馬遷)『사기·관안열전(史記·管晏列傳)』

유래   　　관중管仲은 춘추시대春秋時代 초반의 유명한 정치가이며 포숙
아鮑叔牙는 그의 절친이었다. 관중이 젊었을 때는 집안이 가난해 자신의 이
득을 위해서 작은 일에서 포숙아를 속이기도 했다. 그러나 포숙아는 관중
의 위인과 그가 처한 형편을 아는지라 속임을 당한 것을 마음에 두지 않았
고 계속 관중을 잘 대해 주었다.

　　제齊나라 때에 와서 제양공齊襄公이 즉위하니 포숙아는 공자公子 소백小白
을 보좌했고 관중은 공자公子 규糾를 모셨다. 제양공은 황음무도한 군주였
으며 성격을 종잡을 수 없었고 제멋대로였다. 포숙아는 제나라에 큰 변고
가 생길 것이라 판단해 공자 소백을 모시고 거莒나라로 도망쳤다. 얼마 후
제나라의 귀족인 공손무지公孫無知 등이 반란을 일으켜 제양공을 시해했다.
관중과 소홀召忽 두 사람은 공자 규를 모시고 노魯나라로 도망갔으며 그 후
공손무지는 피살되었다.

　기원전 685년 여름, 노장공^{魯莊公}이 제나라를 공격하면서 공자 규를 제나라에 귀국시켜 국군으로 추대하려 했다. 공자 소백도 거나라에서 제나라로 돌아가게 되었다. 노나라는 관중에게 군사를 내주어 공자 소백의 귀국길을 막고 거나라로 돌아가도록 설득하게 했다. 허나 소백이 이를 거부하니 쌍방 간에 전투가 벌어졌고 관중이 쏜 화살에 소백이 쓰러졌다. 관중은 소백이 죽은 줄로 알고 노나라에 이를 알렸다.

　허나 소백은 죽은 것이 아니었다. 관중이 쏜 화살은 소백의 허리띠 걸개를 명중했고 소백은 죽은 척하여 상대방을 기만한 것이다. 과연 노나라 군대는 행군속도를 늦추었고 엿새가 지나서야 제나라 국경에 도착했다. 허나 이 틈을 이용해 소백 일행은 급행군을 하여 먼저 제나라에 도착하였으며 제나라 왕으로 등극하였는데 그가 바로 제환공^{齊桓公}이다.

이에 노장공이 크게 화를 내며 군대를 내어 제나라와 큰 전투를 벌였다. 그 결과 노나라 군대가 대패하고 노장공은 급급히 노나라로 돌아갔다.

제환공은 포숙아에게 군사를 내주면서 자신을 대표해 노나라에 가서 이런 말을 전하라고 했다.

"노나라는 나의 친동생인 공자 규를 죽일 것이며 나의 원수인 관중과 소홀은 제나라에 보내 마땅한 벌을 받도록 하라. 그래야만 노나라를 용서할 것이다."

노나라는 제환공의 뜻을 거역하지 못하고 공자 규를 죽였으며 소홀은 자살했다. 관중은 자신을 잡아 제나라에 압송하기를 청했다. 포숙아는 관중의 뜻대로 그를 제나라에 압송했고 제나라 경내에 들어서서는 관중을 풀어주었다. 이어 그는 제환공에게 관중을 극력 천거하면서 과거의 나쁜 감정을 풀고 얻기 힘든 인재인 관중을 등용하라고 권했다. 이에 결국 제환공이 동의했다.

관중이 모든 것을 다 바쳐 제환공을 보필하면서 대대적인 개혁을 단행하니 제나라는 점차 강대해졌고 제환공도 결국 "춘추 5패春秋五覇" 중의 한 명이 되었다. 포숙아는 관중을 천거한 후에는 그 수하에서 일하는 것을 달갑게 여겼으며 천하의 사람들은 관중의 출중한 재능을 칭찬하기보다 인재를 잘 알아보고 개인의 득실을 따지지 않는 포숙아의 성품을 칭송했다. 후에 관중은 포숙아와의 친분에 대해 감격스런 마음으로 말했다.

"나를 낳아준 분은 부모님들이요, 내 마음을 아는 사람은 포숙아이다."

관중과 포숙아의 이야기는 『사기·관안열전』과 『좌전·장공8년左傳·莊公八年』, 『좌전·장공9년左傳·莊公九年』 등에도 수록되어 있다. 여기서 "관포지교"라는 성어가 나오게 되고 절친 간의 친분을 비유할 때 쓰이게 되었다.

鬼斧神工 귀부신공

글자풀이	귀신 귀(鬼 guǐ), 도끼 부(斧 fǔ), 귀신 신(神 shén), 장인 공(工 gōng).
뜻풀이	건축이나 조각 등의 기교가 사람이 했다고는 생각할 수 없는 정도로 정교하다.
출전	『장자·달생(莊子·達生)』

유래   노魯나라에 기술이 출중한 목공이 있었으니 이름은 경慶이었고 사람들은 그를 재경梓慶이라 불렀다. 그는 여러 가지 정교로운 목기를 만들어 내었는데 이를 본 사람들은 모두 탄복해 마지 않았다. 어느 한번은 재경이 나무로 거(종처럼 생긴 고대의 악기)를 만드니 그 외관이 아름답고 무늬조각 또한 살아 있는 듯하여 보는 사람마다 칭찬을 아끼지 않았다. 그들은 이 거는 필시 사람이 만든 것이 아니고 귀신이 만든 것이라 하면서 鬼斧神工 놀라움을 금치 못했다.

노나라의 왕이 재경이 만든 거를 보고는 연신 감탄을 금치 못하면서 이렇게 물었다.

"너는 어떤 법술法術로 이 거를 만들었는고?"

재경이 웃으며 이렇게 대답을 올렸다.

"범속한 인간인 제가 무슨 법술이 있겠습니까?"

왕이 그럼 어떻게 만들었는지 다시 물으니 재경은 이렇게 답했다.

"저는 이 거를 설계할 때 온 정신을 집중하고 잡념을 차단했습니다. 이때에는 제 사지(四肢)의 형태마저 잊을 정도였습니다. 그 후에는 산에 가서 완전히 소인의 요구에 알맞는 목재를 얻을 때까지 세세히 관찰을 합니다. 거를 조각할 때는 마음속에서 거만 생각하고 모든 열과 성을 거기에 쏟으면서 주관적인 생각을 피해갑니다. 이런 집중력과 정교한 조각과정이 합쳐지면서 훌륭한 거가 만들어졌습니다."

왕은 이때서야 재경이 만든 거가 귀신의 손을 거친 듯 정교하고 아름다운 이유를 알게 되었다.

이 고사 중에서 "귀신鬼神"이라는 단어가 나오는데 후세 사람들은 이를 기초로 "귀부신공鬼斧神工" 혹은 "신공귀부神工鬼斧", "신공귀력神工鬼力" 등 성어로 만들었다.

貴人多忘 귀인다망

글자풀이	귀할 귀(貴 guì), 사람 인(人 rén),
	많을 다(多 duō), 잊을 망(忘 wàng).
뜻풀이	① 높은 사람은 잘 잊어버린다.
	② 높은 자리에 있는 사람은 남에게 거만하게 굴며, 옛 친교를 생
	각하지 않는다.
	③ 건망증이 심한 사람을 조소하는 말.
출전	오대·남한(五代·南漢) 왕정보(王定保)
	『당척언·에한(唐摭言·恚恨)』

유래   당唐나라 때 왕령연王泠然이라는 선비가 있었으니 비록 진사進士에는 급제했으나 관직을 제수받지 못해 녹봉도 없었으며 집안형편도 말이 아니었다. 하여 왕진사는 밤낮으로 어떻게 하면 출사할 수 있을지 고민했다.

그러던 어느 날 왕진사는 어사대부御史大夫인 고창우高昌宇와 이전에 좋은 교분관계가 있었음을 생각하게 되었다. 왕진사는 고창우에게 편지를 보내 말직에라도 오를 수 있게 해달라고 부탁했다.

편지의 서두에서 왕진사는 고창우와 안면을 트게 된 연유를 이렇게 적는다.

"공께서 당년에 송성宋城 현위縣尉로 계실 때의 일들을 기억하십니까? 그
때 저는 문필이 이미 일정한 경지에 올랐고 당신께서는 늘 저의 글을 칭찬
해 주셨으며 때때로 가르침을 아끼지 않으셨습니다. 공의 도움을 저는 줄
곧 가슴속에 깊이 간직하고 있습니다."

글은 이어 고창우의 지위가 변한 후 왕진사에 대한 태도도 변했다고 지
적했다.

"후에 공께서는 조정의 고관으로 영전을 하셨습니다. 당신이 오랜 벗인 나
를 늘 기억하고 있으리라 생각했건만 공께서는 강남으로 사신으로 오면서
송성을 지날 때 많은 사람들의 안부를 물었지만 유독 저의 안부만은 묻지
않았습니다. 영전을 하시고 눈이 높아져서 저 같은 사람은 안부조차 묻지
않은 것이지요. 높은 관직에 오른 사람들이 이전의 벗들을 어떻게 대하는
지 천하 사람들이 보고 있음이 겁나지 않으십니까?"

왕진사는 이어 고창우와 연관이 되는 일을 회상한다.

"어느 해 당신께서 과거시험의 주 심사관을 맡으셨고 이에 저는 급제를 할
수 있으리라 생각했으나 당신은 오히려 저를 낙방시켰습니다. 제가 이해
가 되지 않아 편지를 보내니 공께서는 드디어 답신을 주셨고 저에게 천부

적인 재능이 있다고 긍정을 해주시니 저는 마음속에 고마운 마음을 간직하게 되었습니다. 비록 그해에 당신이 나를 낙방시켰지만 올해 저는 당당하게 진사급제를 했고 청운의 꿈을 펼칠 첫발을 내디뎠습니다."

편지의 마무리에 왕진사는 자신이 바라는 바를 적었다.

"공께서 저에게 베푼 은혜를 저는 결코 잊지 않을 것이며 저에게 준 치욕 또한 잊지 않을 것입니다. 당신께서 작은 은혜를 베풀어 저에게 들씌웠던 치욕을 씻어주시기 바랍니다. 너그러운 마음으로 저를 도와 올해 장가를 들고 내년에는 관직을 얻을 수 있도록 해주십시오. 이 정도는 공에게는 일도 아닐 것이나 그 은정을 저는 결코 잊지 않을 것입니다."

마지막으로 왕진사는 은근히 협박하는 내용을 적는다.

"만약 당신이 높은 자리에 올랐다고 옛 친교를 생각하지 않는다면貴人多忘 그 결과를 잘 생각해야 할 것입니다. 문인들의 앞날은 예측하기 힘드오니 어느 날엔가 내가 고관대작에 올라 당신과 어깨를 겨룬다면 나도 거만하게 당신을 대할 것입니다. 그때 가서 공이 후회를 하면서 저에게 사과를 한다면 제가 웃는 얼굴로 대할 수 있겠습니까?"

고창우는 편지를 받고는 어처구니가 없어 왕령연과 같은 무뢰배의 요구를 무시해 버렸고 결국 왕령연은 출사의 꿈을 이룰 수 없었다.

過河拆橋 과하탁교

글자풀이	지날 과(過 guò), 물 하(河 hé), 터질 탁(拆 chāi), 다리 교(橋 qiáo).
뜻풀이	① 강을 건넌 뒤 다리를 부숴 버리다. ② 배은망덕하다.
	③ 목적을 이룬 뒤에는 도와준 사람의 은공을 모르다.
출전	명(明) 송렴(宋濂) 『원사·철리첩무아전(元史·徹里帖木兒傳)』

유래   엘 테무르는 원순제元順帝 초년의 재상이다. 그는 재임기간 조정을 위해 몸과 마음을 다 바쳐 일했으며 그의 우수한 품성과 공정한 일처리는 원나라 뿐만 아니라 전반 봉건사회 역사에서도 출중하다고 할 수 있다.

엘 테무르가 절강浙江에서 재임하던 어느 한해, 지방의 과거시험을 주관하는 관원이 법을 어긴 것을 알고 매우 화가 난 그는 조정의 재상으로 승차한 후 즉시 황제에게 과거시험을 폐지할 것을 주청했다.

황제가 이를 동의하고 교지를 작성했으며 이제 옥새만 찍으면 반포할 수 있었다. 그런데 이때 참지정사參知政事인 허유임許有壬이 반대의견을 내놓았다.

"우리 조정이 과거시험을 회복하기 전에도 조정관리가 뇌물을 주고받은

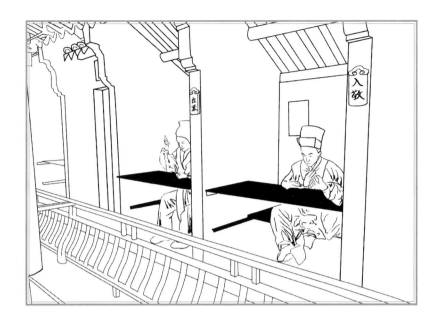

일들이 비일비재했으니 관리의 부패함을 과거시험 때문이라고 하는 것은 어불성설입니다. 지금 와서 보면 과거시험을 통과해 관리로 된 사람들 중에서 법을 어기는 부패한 자들이 필경은 소수이고 대다수는 정직한 관리들입니다."

태사太師 백안伯顏이 나서서 이를 반대했다.

"과거시험을 통과한 관리들은 대부분 진정한 재능이나 학문이 없으며 또 정무를 처리하고 나라를 다스림에 있어서 진정한 능력이 없습니다. 물론 대인께서도 과거급제를 한 분이기는 하지만 이런 사람들의 범위에는 포함되지 않습니다."

허유임이 말했다.

"백대인께서 그렇게 말씀하시면 안 됩니다. 그 출신이 어떠하든지 모두 능력이 있는지 없는지로 갈라보아야 할 것입니다. 장몽신張夢臣, 정문원丁文苑 등 조정의 중신들도 모두 과거급제를 한 분들인데 그럼 이분들도 다 능력이 없다고 하시겠습니까?"

두 사람은 치열한 논쟁을 벌였다.

이튿날 황제는 문무 대신들을 숭천문崇天門앞에 불러 놓고 과거제도를 폐지하는 조서반포를 듣도록 했다. 황제는 일부러 허유임을 제일 먼저 조서를 듣도록 하여 그가 이에 동의한다는 가상을 만들었다. 허유임은 이런 처사가 마음에 들지 않았으나 황제의 눈에 날까봐 백관들의 제일 앞줄에서 조서내용을 전해 들었다. 조서 반포가 다 끝나고 모두가 귀가하는데 허유임은 무거운 심정으로 터벅터벅 걸어갔다. 시어사侍御史인 보화普化가 허유임에게 다가와 이렇게 비아냥거렸다.

"참정대인, 당신이야말로 강을 건넌 뒤 다리를 부숴 버리는 사람이구려."

그 말뜻인즉 당신 허참정은 과거시험에 합격해 관리가 되었지만 황제가 과거제도를 폐지하는 조서를 읽을 때는 제일 앞줄에 엎드려 있었으니 이는 과거제도를 폐지하는 것을 찬성하는 무리들의 책임자라는 것이며 배은망덕한 행위라는 것이다.

허유임이 이 말을 듣고는 부끄러움과 원망스런 마음을 금치 못했고 그 후에는 병을 핑계로 조회에 나가지 않았다.

駭人聽聞 해인청문

글자풀이	놀랄 해(駭 hài), 사람 인(人 rén), 들을 청(聽 tīng), 들을 문(聞 wén).
뜻풀이	듣는 사람으로 하여금 깜짝 놀라게 하다.
출전	당(唐) 위정(魏征) 등『수서·왕소전(隋書·王劭傳)』

유래   수隋나라 때의 역사학자인 왕소王劭는 학문에는 조예가 깊으나 그 품행과 지조는 학문과 비교가 안 되었다. 그는 황제에게 아첨을 하고 현혹적인 방법을 써서 자신의 관직을 지켜왔다.

한번은 수문제가 꿈에서 높은 산에 오르려고 했으나 오를 수가 없었고 시중인 최팽崔彭 등의 도움을 받고서야 산에 오르게 되었다. 이를 들은 왕소가 황제에게 이렇게 아첨을 했다.

"이는 대길할 꿈이옵니다. 꿈에 높은 산에 오르는 것은 폐하의 보위가 높은 산처럼 숭고하고 탄탄함을 말해줍니다. 최팽은 팽조彭祖(전설속의 장수인물)를 비유하는 것이니 이 역시 폐하의 장수를 상징하는 것이옵니다."

이를 들은 수문제가 매우 기뻐했다.

왕소는 나라를 중흥시키려는 수문제의 소망에 만족을 주기 위해 도참이나 명부 등을 이용해 황당한 동요를 배포하고 여러 가지 신기하고 괴이한 현상들을 거짓으로 만들어 아뢰었다. 예하면 한번은 왕소가 신령스러운 거북이를 발견했으며 그 배에 "천하양흥天下楊興"이라고 적혀 있다고 황제에서 아뢴 적이 있다. 황후가 죽은 후 그는 허황한 이야기를 만들어 황후는 "묘선보살妙善菩薩"의 환생이며 황후는 죽은 것이 아니라 신선들의 세계에 되돌아 간 것이라고 말해 수문제의 환심을 샀다.

하여 『수서隋書』에서는 왕소를 '황당한 언어와 조잡한 문자 그리고 실제에 어긋나는 내용으로 듣는 사람들을 깜짝 놀라게 했으며駭人聽聞 결국은 사람들이 그를 경멸했다'고 평가했다.

害群之馬 해군지마

글자풀이	해칠 해(害 hài), 무리 군(群 qún), 갈 지(之 zhī), 말 마(馬 mǎ).
뜻풀이	① 무리 가운데서 다른 말들에게 해를 끼치는 말.
	② 많은 사람에게 해가 되는 자. ③ 사회에 해독을 끼치는 인물.
출전	『장자·서무귀(莊子·徐無鬼)』

유래   『장자·서무귀』에는 이런 이야기가 있다. 어느 한번은 헌원황제軒轅黃帝가 현자賢者인 대외大隗를 만나러 구자산具茨山에 가게 되었는데 당시 유명한 현자 여섯 명과 함께 떠났다. 도중에 양성襄城의 들판을 지나다가 길을 잃었다. 마침 말을 방목하는 목동이 지나가는 지라 황제가 불러 세우고 길을 물었다.

"얘야, 구자산이 어디 있는지 아느냐?"

목동이 그 위치를 안다고 즉시 대답하니 황제가 다시 물었다.

"그럼 대외란 분이 어디에 사시는지도 아느냐?"

목동은

"제가 알아요."

하고 대답했다. 황제가 기쁜 심정으로 목동을 칭찬했다.

"정말 총명하구나. 구자산이 어디 있는지도 알고 대외가 살고 있는 곳도 알고 있구나. 그럼 천하를 어떻게 다스려야 하는지는 알고 있느냐?"

이에 목동이 답했다.

"그럼 당신은 천하를 다스리는 일이 매우 복잡하여 특별한 재능이 필요하거나 남다른 일을 해야 한다고 여기십니까?"

황제가 말했다.

"내 생각에는 그렇다. 그런 재능이 없다면 어찌 천하를 태평하게 만들고 백성들이 안정한 생활을 누리고 즐겁게 일할 수 있게 한단 말이냐?"

목동이 황제의 말을 듣고는 이렇게 말했다.

"저는 어릴 때부터 천하의 하천과 바다를 주유하였고 명산대천을 찾아가 보기를 즐겼습니다. 허나 그때는 몸이 허약하여 출타를 하기만 하면 이런 저런 병이 생겼습니다. 하여 제가 연세 있는 분을 찾아 가르침을 청하니 이런 말을 하셨습니다. '너는 자신이 하려는 일과 자기 몸이 받아들일 수 있는지를 언제나 잘 생각해야 한다. 어디에 가든지 태양이 솟아오르면 유람을 시작하고 태양이 지면 휴식을 하여라. 이렇게 하면 몸이 힘들지 않을 뿐만 아니라 천하의 비경들도 더 많이 볼 수 있으니 네 고민은 훌륭하게 해결될 것이다'. 노인의 말을 듣고 저는 그대로 실행했습니다. 당신들이 보기에 지금의 저는 튼튼한 몸을 가지고 있지 않습니까? 지금 저는 더 먼 곳을 유람할 수도 있고 더 많은 곳들을 돌아 볼 수도 있게 되었습니다. 당신께서 물은 천하를 다스리는 도리 역시 제가 천하를 유람하는 도리와 비슷할 것이니 이를 제외하고 더 많은 도리가 있단 말입니까?"

황제는 목동이 하는 말의 핵심을 이해하지 못해 목동에게 이렇게 물었다.

"내가 물은 것은 천하를 다스리는 구체적인 방법이다. 허나 네가 방금 한 말은 너무 막연하고 아리송하니 무슨 뜻인지 잘 알 수 없구나."

이에 목동이 귀찮은 듯이 말했다.

"선생, 제가 보기에는 천하를 다스림은 제가 말을 방목하는 것과 큰 차이가 없습니다. 말썽꾸러기 말을 말무리에서 쫓아내면 해결될 것이 아닙니까?害群之馬"

목동의 말을 들은 황제가 큰 깨달음을 얻어 목동을 "대사大師"라고 부르면서 절을 하고는 다시 길에 올랐다.

邯鄲學步 한단학보

글자풀이	조나라 서울 한(邯 hán), 조나라 서울 단(鄲 dān), 배울 학(學 xué), 걸음 보(步 bù).
뜻풀이	자기의 본분을 잊고 함부로 남의 흉내를 내면 제 재간까지 다 잃는다.
출전	『장자·추수(莊子·秋水)』

유래   연燕나라의 수릉壽陵이라는 곳에 한 소년이 있었는데 그는 조趙나라의 도성인 한단邯鄲의 사람들이 그 걸음걸이가 아주 우아하다는 말을 들었다. 이런 한단사람들을 부러워했던 소년은 결국 한단에 걸음걸이를 배우러 가게 되었다.

소년이 한단에 이르러 살펴보니 그곳 사람들의 걸음걸이가 확실히 수릉하고는 비교가 되지 않을 정도로 아름다웠다. 소년은 이번 도성걸음에 큰 수확이 있을 것이라 생각했고 잘 배워 가리라 다짐했다.

처음에 소년은 다른 사람이 걷는 모양을 관찰한 후 객사에 와서는 기억에 근거해 걸음걸이를 연습하곤 했다. 그러나 이런 방법은 쉽게 잊어버리는 단점이 있음을 알게 된 소년은 이번에는 다른 사람의 뒤에서 흉내를 내며 걸었는데 이 방법 역시 바른 걸음걸이를 배울 수 없었다.

　소년은 고민을 거듭하던 끝에 자신이 원래의 걸음걸이 습관에 너무 얽매어 있었기 때문이라는 결론을 내렸다. 이에 소년은 자신의 원래 걸음걸이를 완전히 포기하고 한단사람들의 걸음걸이로 걷기 시작했다. 그런데 생각지도 못한 결과가 발생했다. 소년이 걸음을 걸을 때면 손과 발의 이동을 고려해야 할 뿐만 아니라 상반신을 어떻게 움직여야 하는지, 심지어는 이동하는 거리와 움직이는 폭까지 계산해야 했다. 이렇게 되니 한걸음을 걷자고 해도 쉽지 않았고 손발이 말을 듣지 않았다.

　이런 상태로 소년은 힘들게 배워나갔지만 결국은 원래의 걸음걸이마저 잊어버렸고 할 수 없이 기어서 수릉에 돌아갔다고 한다.

含沙射影 함사사영

글자풀이   머금을 함(含 hán), 모래 사(沙 shā), 쏠 사(射 shè), 그림자 영(影 yǐng).

뜻풀이   암암리에 남을 헐뜯다.(비방하다, 중상하다)

출전   진(晉) 간보(干寶)『수신기·역(搜神記·蜮)』

유래   강회江淮지역에 특이한 갑충이 있어 그 이름을 역蜮(물여우)이라 했으며 어떤 사람은 이를 단호短狐라고도 불렀다. 이 곤충은 늘 사람들에게 상처를 입혔다. 역은 모양이 아주 기괴해 등에는 굳은 껍데기가 있고 머리에는 뿔이 났으며 날개가 있어 공중에 떠서 사람의 머리 위에서 공격을 가했다. 역은 눈이 없으나 청각이 특별히 발달했고 입에는 가로 된 물건이 있었는데 그 모양이 마치 석궁과도 같았다. 사람의 소리가 들리면 그 방향과 거리를 알아내 입에 문 모래를 화살처럼 사용해 사람을 공격했다. 이에 명중되는 사람은 특별한 독이 퍼져 종기가 생겼으며 사람의 몸에 명중되지 않고 그 그림자가 이 모래를 맞게 되는 경우에도 병에 걸렸다 한다含沙射影.

汗流浹背 한류협배

글자풀이	땀 한(汗 hàn), 흐를 류(流 liú), 젖을 협(浹 jiā), 등 배(背 bèi).
뜻풀이	① 땀이 등에 배다. ②땀이 철철(비오듯) 흐르다.
	③매우 두려워하거나 수치스러워 하는 모양.
출전	한(漢) 반고(班固) 『한서·양창전(漢書·楊敞傳)』

유래　　한漢나라의 대장군大將軍 곽광霍光은 한무제漢武帝가 태자를 부탁한 고명중신이며 그 후 한소제漢昭帝를 보필하였는데 그 권세가 대단했다. 곽광이 신임하는 측근 중에는 매사에 조심스러운 양창楊敞이라는 자가 있었다.

　기원전 74년에 한소제가 붕어하니 곽광은 여러 대신들과 의논해 한무제의 손자인 창읍왕昌邑王 유하劉賀를 보위에 올렸다. 허나 유하는 황제로 등극한 후 음주가무를 즐기고 향락만 추구했다. 곽광이 이를 듣고 거기장군車騎將軍 장안세張安世, 대사농大司農 전연년田延年 등과 밀모하여 유하를 폐위시키고 새 황제를 세우려 했다. 이들은 의논을 마친 후 전연년을 양창에게 보내 함께 거사를 하자고 전했다. 이 말을 전해들은 양창이 너무 놀라 땀이 비 오듯 했고汗流浹背 벌벌 떨면서 알지 못할 말을 중얼거렸다.

　양창의 아내는 태사공太史公 사마천司馬遷의 딸로 당차고 식견이 있었다.

남편의 우유부단한 모습을 본 그는 급해졌다. 전연년이 옷을 갈아입으러 간 틈을 타서 그는 이렇게 남편을 설득했다.

"나라 대사를 앞에 놓고 우유부단하시면 어쩌잔 말입니까? 대장군께서 이미 계획을 마련해 놓았으니 부군께서는 결단을 내리셔야 합니다. 그렇지 않으면 큰 화를 당하게 될 것입니다."

그러나 양창은 쉽게 결정을 내리지 못했다. 이때 마침 전연년이 방으로 돌아왔고 사마부인은 피할 수가 없게 되자 오히려 대범하게 전연년과 만났다. 사마부인이 전연년에게 남편이 대장군의 분부를 기꺼이 따를 것이라고 말해주자 전연년은 흡족해하며 돌아갔다.

전연년이 이를 곽광에게 아뢰니 곽광도 아주 잘 되었다고 말했다. 곽광은 양창이 여러 대신들을 이끌고 황태후에게 주청을 드리도록 했다. 태후가 조서를 내려 유하를 폐위시키고 한무제의 증손인 유순劉詢을 보위에 올리니 그가 바로 한선제漢宣帝이다.

好整以暇 호정이가

글자풀이　　좋아할 호(好 hào), 가지런할 정(整 zhěng),
　　　　　　써 이(以 yǐ), 겨를 가(暇 xiá).

뜻풀이　　매우 바쁜 가운데도 여유가 있고 서두르지 않다.

출전　　춘추·로(春秋·魯) 좌구명(左丘明)
　　　　『좌전·성공16년(左傳·成公十六年)』

유래　　　춘추시대春秋時代에 정鄭나라가 진秦나라를 배반하니 진려공
秦厉公은 크게 노하여 난서欒書를 중군통수로, 극기郤錡에게는 상군上軍을, 한
궐韓厥에게는 하군下軍을 맡겨 정나라로 진격하도록 했다. 초공왕楚共王은 초
나라에 충성하는 정나라가 위험한 처지에 빠졌는지라 자반子反에게 중군中
軍을, 자중子重에게 좌군左軍을 맡기고 자신子辛에게는 우군右軍을 내주어 진
나라 군대를 대적하게 했다. 초나라군은 그 투지가 드높았고 양군은 대치
상태에 들어갔다.

　　진나라 중군통수인 난서의 아들 난침欒鍼은 초나라의 좌군 자중의 깃발
을 보고 찾아가 이렇게 말을 걸었다.

　　"이전에 나는 귀국에 사신으로 갔고 그때 장군은 진나라의 용맹함이 무엇

인가고 물었지요. 나는 진나라 군사는 보법이 정연하고 여유가 있어 절대 서두르지 않는다고 好整以暇 대답했습니다. 허나 지금 우리 두 사람은 서로 사신도 파견하지 않고 매우 긴장한 관계에 처해 있는데 이는 우리가 말했던 예의에 어긋나는 것입니다. 저는 장군에게 술을 보내도록 우리 왕에게 청을 올릴 것입니다."

얼마 후 진나라의 사신이 자중에게 공손하게 예를 올리고 이렇게 말했다.

"저희 왕께서 장군에게 술을 올리라고 소인을 보냈습니다."

자중이 술잔을 받아서 한 모금에 마신 후 감개무량해하며 말했다. "난침의 기억력은 정말로 비상하구나. 그는 초나라에서 했던 '호정이가'라는 말을 지금까지도 잊지 않고 오히려 나에게 알려주는구나. 사신은 돌아가거라. 나는 지금 곧 북을 울려 진나라와 싸울 것이다."

양군이 교전을 시작했고 하루 낮 하루 밤이 지나도록 도무지 승부가 나지 않았고 쌍방은 새로운 전략을 모색하기 시작했다. 초공왕이 초나라 군사들의 운명을 근심하여 중군통수인 자반을 급히 찾았으나 자반은 군영에서 술에 취한 상태였고 초공왕을 만날 수가 없었다. 초공왕은 이렇게 개탄했다.

"이건 하늘이 우리 초나라를 버리는 것이다. 통수란 자가 어찌 군영에서 취해 있단 말이냐?"

　과연 그 후 초나라군은 패전을 면치 못했고 자반은 부끄럽고 후회가 되
어 자결하고 말았다.

何足掛齒 하족괘치

글자풀이	어찌 하(何 hé), 발 족(足 zú), 걸 괘(掛 guà), 이 치(齒 chǐ).
뜻풀이	① 어찌 입에 올릴 만한가. ② 말 할(문제시할) 것이 못된다.
출전	한(漢) 사마천(司馬遷)『사기·숙손통열전(史記·叔孫通列傳)』

유래   진 2세秦二世 때 진섭陳涉이 농민봉기를 일으키니 천하가 놀랐다. 진 2세는 조정의 대신들을 불러 대책을 의논했으며 대신들은 유능한 장군이 정예 군사를 이끌고 토벌해야 한다고 주장했다. 진 2세는 파병이 바로 국내에 황권을 반대하는 무리가 있음을 보여주는 것이며 이는 황제의 존엄에 대한 모독이라고 여겨 용안이 어두워졌고 노한 기색이 드러났다.

숙손통叔孫通은 황제가 대신들의 주장에 매우 반감을 가지고 있음을 알아차렸다. 그는 공경스러운 어조로 아뢰었다.

"폐하, 대신들이 한 말은 전혀 도리가 없는 것입니다. 작금에 천하가 이미 통일되었고 무기들을 이미 녹여 다른 용도로 사용하고 있습니다. 중요한 것은 폐하와 같은 영명한 군주가 계시옵고 나라에는 완벽한 법률조항들이 있으며 관리들은 직무에 충실하니 어찌 모반의 무리가 생기겠습니까? 좀도적들이 생기는 것과 같은 일은 전혀 문제시할 것이 못되오니何足掛齒 걱정할 필요가 없을 것입니다."

진 2세가 숙손통의 말을 듣고는 크게 기뻐했다.

조회가 끝난 후 대신들은 숙손통을 힐난했다. 이에 숙손통은 속에 없는 말을 하지 않으면 어찌 범의 아가리에서 벗어날 수 있겠는가고 변명했다. 얼마 지나지 않아 진 2세는 바른 말을 했던 대신들을 죽여 버렸고 숙손통은 진나라 조정을 떠나 유방劉邦을 찾아 갔다.

河東獅吼 하동사후

글자풀이   강 하(河 hé), 동녘 동(東 dōng), 사자 사(獅 shī), 울 후(吼 hǒu).

뜻풀이   ① 질투가 심한 부인이 포악하게 굴다.

           ② 공처가를 조소하는 말로도 쓰임.

출전   송(宋) 홍매(洪邁)『용재수필·권3(容齋隨筆·卷三)』

유래   북송北宋 때의 문학가인 소식蘇軾은 당시 재상인 왕안석王安石의 변법에 불만을 품었고 결국 관직이 강등되어 황주黃州로 갔다. 황주에서 소식은 진읍陳慥이라는 사람을 알게 되었고 두 사람은 얼마 지나지 않아 친구로 되었다.

진읍은 열정적인 사람이라 친구가 오게 되면 정성을 다해 대접했으며 때로는 예기藝妓들을 불러 손님들을 즐겁게 하곤 했다. 헌데 진읍의 아내인 유씨柳氏는 성정이 사납고 투기가 강했다. 유씨는 남편이 예기들을 불러 시흥을 돋울 때면 옆방에서 벽을 쾅쾅 치면서 큰 소리를 질렀다. 이에 주인과 손님들은 흥이 다 깨져 헤어지기가 일쑤였다. 진읍은 아내를 몹시 두려워했고 아내가 화를 낼까 전전긍긍했다. 소식이 이와 관련해 시 한 수를 지어 진읍을 놀렸다.

용구거사도 가련하네   龍丘居士亦可憐,

불경을 밤늦게까지 설파하건만   談空設有夜不眠.

갑자기 하동 사자후 들리니   忽聞河東獅子吼,

지팡이 떨어뜨리고 마음은 불안하다네.   拄杖落手心茫然.

　용구거사龍丘居士는 진조가 지은 자신의 호이다. 여기서 하동河東은 진조
의 아내인 유씨를 지칭하는데 그녀가 하동군 출신임을 밝힌 것이다. "사자
후獅子吼"는 원래 불교에서 정의와 위엄을 말하는 것인데 이 시에서는 유씨
가 사자처럼 노한 울음을 터뜨린다는 것이다. 다른 한 가지 뜻은 진조라
는 이 거사가 불경을 강할 제 마침 "사자후"가 울렸으니 두 가지 뜻을 다 담
았다고 볼 수 있다. 지팡이가 떨어지고 마음이 불안하다고 쓴 것은 부인 때
문에 진조가 어쩔 바를 몰라 하는 모습을 생동하게 묘사한 것이다.

鶴立鷄群 학립계군

글자풀이	두루미 학(鶴 hè), 설 립(立 lì), 닭 계(鷄 jī), 무리 군(群 qún).
뜻풀이	군계일학.
출전	남조·송(南朝·宋) 유의경(劉義慶)
	『세설신어·용지(世說新語·容止)』

유래   계강稽康은 삼국시대三國時代 때 위魏나라의 유명한 문학가이고 음악가였다. 그는 재능이 출중하고 성격이 올곧았으며 키까지 커서 어디에서든지 사람들의 주목을 받았다. 후에 그는 조정의 실권을 장악한 사마씨司馬氏들의 미움을 사서 결국 사마소司馬昭의 손에 죽었다.

계강의 아들인 계소稽紹도 아버지를 닮아 재능이 넘쳐나고 훤칠한 키에 용모가 출중하여 어디에 가도 다른 사람에 비해 월등해 보였다.

사마염司馬炎이 위나라의 황제가 된 후 계소는 도읍인 낙양洛陽의 관리로 일하게 되었다. 어떤 사람이 계소를 보고 계강의 벗인 왕융王戎에게 이렇게 말했다.

"어제 여러 사람이 있는 자리에서 계소를 보니 그 무리들 속에서 비범한 기품이 느껴져 마치 학이 닭 무리 속에 서 있는 것처럼 돋보였습니다鶴立鷄群."

그 말을 들은 왕융이 이렇게 말했다.

"당신은 아직 계소의 부친인 계강을 보지 못했군요. 아들보다 훨씬 뛰어나
답니다."

후에 서진西晉 황족들 중에서 반란이 일어났고 계소는 혜제惠帝를 따라
출정했다. 그는 혜제를 호위하기 위해 온 힘을 다했고 그 와중에 불행하게
도 화살을 맞아 유명을 달리했다.

鴻鵠之志 홍곡지지

글자풀이	큰 기러기 홍(鴻 hóng), 고니 곡(鵠 hú),
	갈 지(之 zhī), 뜻 지(志 zhì).
뜻풀이	① 영웅호걸의 큰 뜻. ② 원대한 뜻.
출전	한(漢) 사마천(司馬遷) 『사기·진섭세가(史記·陳涉世家)』

유래　　　진秦나라 말에 조정이 학정虐政을 실시하고 가혹한 법령을 실시하니 백성들이 도탄에 빠졌다. 당시 소작농으로 있던 진승陳勝은 자가 섭涉이고 빈한한 가정에서 태어났지만 어릴 때부터 큰 뜻을 품어왔다. 어느 하루는 진승이 일부 소작농들과 함께 밭에서 일을 하다가 휴식을 취하게 되었는데 다른 사람들은 너도나도 힘든 현실을 개탄하며 울분을 금치 못했으나 현실을 운명으로 받아들이는 태도였다.

이들의 말을 듣던 진승이 말했다.

"만일 이후에 우리가 부귀영화를 누린다면 다른 사람들을 잊어서는 안 될 것입니다."

소작농들은 진승의 말에 웃음을 금치 못했다.

"자네도 다른 사람의 땅을 소작 짓는 처지에 부귀영화가 말이 된다고 생각하나?"

이에 진승이 말했다.

"제비와 참새가 큰 기러기의 뜻을 알리요鴻鵠之志?"

그 뜻인즉 안목이 짧은 사람이 어찌 큰 뜻을 품은 사람을 이해할 수 있겠는가 하는 것이다.

소작농들은 이 말을 듣고 또 한번 웃음을 터뜨렸다. 이들은 그 누구도 얼마 후 진승이 대택향大澤鄉이란 곳에서 농민봉기를 일으켜 중국 역사상 처음으로 되는 농민봉기의 두령이 되고 한때는 천하를 호령하는 왕이 될 줄은 생각지도 못했다.

後顧之憂 후고지우

글자풀이	뒤 후(後 hòu), 돌아볼 고(顧 gù), 갈 지(之 zhī), 근심할 우(憂 yōu).
뜻풀이	뒷걱정, 뒷근심.
출전	북송·북제(北宋·北齊) 위수(魏收)
	『위서·이충열전(魏書·李衝列傳)』

유래　　이충李沖은 남북조南北朝 때 북위北魏의 재상으로 있었다. 그는 재능이 뛰어나고 청렴하여 위나라 황제의 깊은 신임을 받았다. 당시 이표李彪라는 사람이 처음 도성에 왔을 때 이충을 찾아왔고 이충은 그의 재능을 높이 사서 몇 번이나 황제에게 천거했다. 후에 이표는 조정의 중위겸상서中尉兼尙書를 맡으면서 황제의 측근이 되었다. 권세를 잡은 이표는 교만해지기 시작했고 이충을 멀리 할 뿐만 아니라 무례하게 대했는데 많은 대신들이 이표를 아니꼽게 생각했다.

　　어느 한번은 효문제孝文帝가 도읍을 떠나 남방을 순시하게 되었다. 이 기회에 몇몇 대신들이 이충을 찾아와 연명으로 이표의 잘못을 간하자고 청했다. 이충이 직접 붓을 잡더니 이표의 배은망덕함을 적는데 너무나 분해서 큰 소리로 외치면서 책상을 한주먹에 부셔버렸다. 그 후 이충이 병을 얻으니 백약이 무효해 열흘 만에 숨을 거두었다.

효문제가 이 소식을 듣고 상심을 금하지 못하면서 급히 도성으로 돌아왔다. 그는 이충의 무덤에 가서 대성통곡하더니 대신들에게 말했다.

"이충 공은 청렴하고 부지런히 업무에 임해왔다. 막중한 책임을 한 몸에 진 이충 공이 나를 대신해 조정의 사무를 처리하였기에 나는 지방순유를 나가도 뒷근심이 전혀 없었노라後顧之憂. 이런 공이 저 세상으로 갔으니 짐은 이제 누구를 믿는단 말인가?"

後起之秀 후기지수

글자풀이   뒤 후(後 hòu), 일어설 기(起 qǐ), 갈 지(之 zhī), 빼어날 수(秀 xiù).

뜻풀이   ① 새로 나타난 우수한 신인. ② 신예.

출전   남조·송(南朝·宋) 유의경(劉義慶)

        『세설신어·상예(世說新語·賞譽)』

유래   동진東晉 때의 왕침王琛은 북평北平 왕단지王壇之의 넷째 아들이다. 그의 외숙부인 범녕范寧은 당시의 유명한 학자였는데 조카인 왕침의 재능을 중히 여겨 자신의 신변에 두고 명사들과 만날 때면 함께 만나곤 했다. 조카의 식견을 높여주려는 뜻에서였다.

어느 한번은 장현張玄이라는 명사가 범녕을 방문했는데 범녕은 평시와 마찬가지로 왕침을 손님에게 소개해주었다. 장현은 왕침의 총명함을 익히 들어 왔던 터라 일부러 왕침에게 이것저것 말을 걸었다. 그런데 왕침은 한마디도 대꾸하지 않고 태도 또한 냉랭했다. 장현은 말이 통하지 않음을 알고는 하직을 고했다.

손님이 간 후 범녕이 왕침을 나무랐다.

"장현도 오중吳中의 걸출한 인물이거늘 너는 왜서 장현과 말을 섞기를 거

부한 것이냐?"

왕침이 거만한 태도로 대답했다.

"그 사람은 외숙부님을 찾아온 것이지 일부러 저를 만나러 온 것은 아니지 않습니까? 만약 그가 진심으로 저와 사귀려 한다면 직접 저를 찾아오면 될 것이 아닙니까?"

범녕은 외조카가 이처럼 오만방자한 것을 보고 농담 반 진담 반으로 말했다.

"이런! 네가 이처럼 대단한 준재인 줄 몰랐구나. 정말 대단한 신인이後起之
秀 나타났으니 얕잡아 보아서는 안 되겠는걸."

이에 왕침이 웃으면서 말했다.

"외숙부님 같은 명사가 없다면 어찌 저와 같은 조카가 있을 수 있겠습니
까?"

며칠 후, 범녕이 조카의 말을 장현에게 전했다. 장현은 왕침이 평범한
사람이 아니라고 판단하고 찾아가 만나기를 청했으며 이때로부터 두 사람
은 좋은 친구가 되었다.

後生可畏 후생가외

글자풀이	뒤 후(後 hòu), 날 생(生 shēng),
	옳을 가(可 kě), 두려워할 외(畏 wèi).
뜻풀이	① 후생가외, 후생이 무섭다.
	② 젊은 세대는 쉽게 선배를 능가하므로 경외할 만하다.
출전	『논어·자한(論語·子罕)』

유래　　　공자孔子가 여러 곳을 주유周遊하던 때 한번은 길에서 어린이 세 명을 만났다. 그중 두 명은 신나게 놀고 있었으나 한 명은 곁에 서서 지켜보기만 했다. 이에 공자가 이상하게 여겨 서 있는 어린이에게 왜 함께 놀지 않는가 물었다.

　그 어린이가 대답했다.

"서로 몸을 부딪치는 격렬한 놀이는 사람의 생명을 해칠 수 있습니다. 밀고 당기는 놀이 역시 사람의 몸을 다치게 하며 옷이 찢어진다면 무슨 좋은 점이 있단 말입니까? 이런 연유로 저 애들과 놀지 않으니 이상할 것이 없지요."

좀 지나니 그 어린이는 흙으로 성을 쌓고 그 속에 앉아서 나올 생각을 하지 않았으며 길을 떠나려는 공자에게 길을 내줄 생각도 없는 듯 했다.

공자가 이렇게 물었다.

"왜 너는 그 속에 앉아서 길을 비켜주지 않느냐?"

그 어린이의 대답은 이러했다.

"저는 수레가 성을 돌아간단 말은 들었어도 성이 수레에게 길을 내주었다는 말은 들어보지 못했습니다."

공자는 그 어린이의 기지에 감탄을 금치 못하며 어린 나이에 아는 것이 참 많다고 칭찬해 주었다. 이에 그 어린이는 대수롭지 않게 대답했다.

"제가 들은 바로는 물고기는 태어나서 사흘이면 물속을 누비고 다니며 토끼도 태어나 사흘이면 달릴 수 있고 망아지는 태어나서 사흘이면 어미 말을 따라 걸어 다닐 수 있다고 합니다. 이 모든 것은 너무나도 자연스러운 것이니 나이가 많고 적음과는 아무런 연관이 없는 것입니다."

공자가 감개무량해하며 이렇게 말했다.

"대단할지고. 후생이 가외라後生可畏, 지금에야 어린 세대들의 뛰어난 실력을 알게 되었구나!"

狐假虎威 호가호위

글자풀이	여우 호(狐 hú), 거짓 가(假 jiǎ), 범 호(虎 hǔ), 위엄 위(威 wēi).
뜻풀이	남의 권세를 빌어 위세를 부리다.
출전	한(漢) 유향(劉向)『전국책·초책1(戰國策·楚策一)』

유래   전국시대戰國時代 때 소해휼昭奚恤은 초나라의 대장군大將軍이었다. 그는 초나라의 군사 수십만 명을 통솔하면서 그 명성을 크게 떨쳤으며 따라서 그를 시기하는 자들이 적지 않았다. 어떤 자가 초선왕楚宣王에게 소해휼의 험담을 했다.

> "대왕, 소해휼의 위망이 이미 대왕을 크게 넘어선 줄로 아옵니다. 주변의 나라들도 초나라의 왕이 누군지는 잘 몰라도 소해휼이 초나라의 대장군임을 다 알고 있고 소해휼의 이름을 듣게 되면 울던 아이도 그 울음을 그친다고 합니다."

초선왕이 그 말을 다 믿을 수가 없어 대신들에게 물었다.

> "소해휼이 우리 주변국들에서 위망이 아주 높다고 하는 자가 있다. 그게

사실인지 또 만약 사실이라면 왜 이런 일이 생겼는지 알고 싶구나."

군신들이 어떻게 대답을 올려야 할지 몰랐다. 당시 위魏나라에 있다가 초나라의 관직을 맡은 강을江乙이 초선왕에게 이렇게 말했다.

"주변 나라의 군신들과 백성들이 소해휼을 두려워하는 것은 사실입니다. 그러나 소신이 보기에 이들은 기실 소해휼이 아니라 대왕을 두려워하는 것입니다."

강을은 이어 초선왕에게 이런 우화를 들려주었다.

산림 속에 사는 호랑이가 어느 하루는 먹잇감을 찾아다니다가 여우를 만났다. 호랑이가 날래게 덮쳐 여우를 땅에 눌렀다. 꼼짝달싹 못하게 된 여우는 다급한 중에 좋은 생각이 떠올라 이렇게 말했다.

"나는 하늘의 신이 내려 보낸 백수百獸의 왕이다. 네가 나를 잡아먹으면 이는 천신에게 반항하는 것이니 큰 화를 당할 것이다."

호랑이가 여우의 말을 믿지 않으면서 말했다.

"내가 보기에 너는 겨릅대처럼 말라 왕으로서의 위엄이라곤 꼬물만치도 없다. 그러니 천신이 어찌 백수를 통솔하는 일을 너에게 맡긴단 밀이냐?"

이에 여우가 설명을 했다.

"천신께서 너에게 알리지 않은 모양이군, 그러니 네가 믿지 않지. 그러나 산림 속의 다른 짐승들은 모두 기별을 받아서 내가 백수의 왕임을 알고 있다. 믿지 못하겠으면 내 뒤를 따라 돌아보자. 모든 짐승들이 나를 보기만 해도 겁이 나서 멀리 피할 것이다."

호랑이가 반신반의하면서 여우의 뒤를 따라 산림 속 깊은 곳으로 갔다. 그곳에 있던 야수들은 여우가 제 잘난 척 하면서 오는 것을 보고는 거들떠보지도 않았다. 그러나 여우 뒤에서 걸어오는 호랑이를 본 짐승들은 사처로 도망을 쳤고 삽시간에 모든 짐승들이 종적을 감추었다.

강을은 이야기를 다 하고 나서 초선왕에게 말했다.

"소해휼은 바로 그 여우이고 대왕께서는 그 호랑이십니다."

華而不實 _{화이불실}

글자풀이	빛날 화(華 huá), 말 이을 이(而 ér), 아닐 불(不 bù), 열매 실(實 shí).
뜻풀이	① 꽃만 피고 열매는 맺지 않다.
	② 겉만 번지르르하고 실속이 없다.
출전	춘추·로(春秋·魯) 좌구명(左丘明)
	『좌전·문공5년(左傳·文公五年)』

유래   춘추春秋시대에 진晉나라의 대부大夫 양처부陽處父가 위衛나라
를 방문하게 되었다. 진나라로 돌아오는 중에 노魯나라의 녕읍寧邑에서 한
객점에 투숙하게 되었다. 객점 주인은 이름이 영嬴이었다. 영은 양처부의
생김이 범상치 않고 그 행동거지가 비범함을 보고 마음속으로 존경하게 되
었고 아내에게 이렇게 말했다.

"나는 오래전부터 덕행이 높은 이를 섬길 수 있기를 바라왔소. 여러 해 동
안 시시각각 그런 인물을 찾았으나 내 마음에 드는 인물을 만날 수가 없었
소. 그런데 오늘 양처부를 보니 범상치 않은 인물인지라 그를 따라서 가려
하오."

　넝영이 양처부를 따라 나서서 며칠 동안 걸어 온溫이라는 지역에 도착했
는데 그는 갑자기 양처부를 떠나 집으로 돌아갔다. 아내가 이상하게 여겨
물었다.

"왜서 중도에 집에 돌아오신 건가요?"

넝영이 대답했다.

"처음에 나는 양처부의 외모가 잘생기고 신뢰할 수 있는 사람이라고 생각
했소. 헌데 그와 말을 해보니 그의 성정이 너무 강하고 편협하며 말만 번지
르르하고 실속 있는 일을 하지 않는 화이불실의 인물임을 알 수 있었소. 이

런 사람은 쉽게 다른 사람과 척을 지게 되오. 그를 따라갔다가는 깊은 깨우침을 얻는 게 아니라 화를 당할 것이 분명하니 원래의 생각을 접게 된 것이오."

1년 후 양처부는 다른 사람에게 피살되고 말았다.

畫虎類犬 화호류견

글자풀이	그릴 화(畵 huà), 범 호(虎 hǔ), 무리 류(類 lèi), 개 견(犬 quǎn).
뜻풀이	① 범을 그리려다 개를 그리다.
	② 너무 고원(高遠)한 것을 추구하다가 하나도 이루지 못하고 도리어 웃음거리가 되다.
	③ 서투른 솜씨로 흉내 내려다가 오히려 죽도 밥도 안 되다.
출전	한(漢) 유진(劉珍) 등『동관한기·마원전(東觀漢記·馬援傳)』

유래　　　　동한東漢의 개국공신 마원馬援은 수많은 전공을 세워 광무제光武帝 유수劉秀로부터 복파伏波장군을 제수받았다. 마원은 군사들을 엄하게 다스렸고 용병술이 뛰어 났을 뿐만 아니라 가문의 자제들에 대한 교육도 게을리 하지 않았다. 마원의 형에게 아들 두 명이 있었는데 한 명은 마엄馬嚴이고 다른 한 명은 마돈馬敦으로 어릴 때부터 마원의 교육을 받아왔다. 후에 마원이 외지에서 장기간 군사를 거느리게 되면서 도성에 있는 시간이 적어졌다.

　한번은 마원이 어명을 받아 교지交址라는 곳을 정벌하게 되었는데 조카들인 마엄과 마돈이 다른 사람을 비웃기를 밥 먹 듯하고 강호의 인물들과 가까이 지낸다는 풍문을 듣게 되었다. 마원은 조카들이 이렇게 지내다가는 학업을 게을리 할까 근심이 되었고 또 한편으로는 어린 나이에 전정을 그르칠까 우려되어 두 조카에게 편지를 보내 어떤 사람이 되어야 하는지를 알려주었다. 이 편지가 바로 "조카 엄, 둔에게 보내노라"는 것인데 그 문필이 수려하고 뜻 또한 깊어 고문중의 명문장으로 평가받으며 『고문관지古文觀止』라는 책에 수록되었다.

편지에는 이런 내용이 있다.

"나는 너희들이 다른 사람의 험담을 들으면 마치 부모를 부르는 것과 같이 다른 사람이 부를 수는 있어도 자식으로서는 따라 불러서는 안 된다고 생각하기를 바란다. 다른 사람의 뒷 담화를 하고 시국을 풍자하는 것은 내가 제일 싫어하는 일이다. 용백고龍伯高는 성정이 돈후하고 매사에 조심스러우며 겸손하면서도 청렴할 뿐만 아니라 정의감이 넘치니 너희들이 본받아야 할 분이다. 두계량杜季良은 의협심이 강하니 역시 내가 존경하는 사람이다. 그는 천하의 호걸들을 널리 사귀고 좋은 사람이든 나쁜 사람이든 모두 그와 벗으로 사귈 수 있다고 한다. 두계량은 평시에 의리를 중히 여겼기 때문에 그가 부친상을 당했을 때에는 많은 사람들이 장례에 참가했다. 그러나 나는 너희 형제들이 두계량과 같은 사람과는 적게 어울리고 용백고와 같은 사람은 가까이 하기를 바란다. 왜냐하면 전반적인 수양으로 놓고 볼 때 용백고는 현명하고 덕이 있는 사람이기 때문이다. 용백고처럼 되지는 못해도 적어도 법을 잘 지키는 사람으로는 되어야 한다. 이는 마치 큰 붕새를 그리려 했으나 잘 그리지 못해도 들오리 정도는 그려낼 수 있는 것과 같이 신중함과 돈후함을 갖춘 어른이 될 수는 있다. 허나 너희들이 두계량과 같은 사람과 늘 어울린다고 할 때 그의 몸에 있는 장단점 중에서 너희가 장점을 배우지 못한다면 가벼운 사람이 될 것이다. 마치 호랑이를 그리려 했는데 잘못 그려 결국 개와 비슷한 그림이 되는 것과 같은 도리이다.畵虎類犬 나의 후손이 이런 사람이 되는 것을 절대 바라지 않는다."

畵龍點睛 화룡점정

글자풀이   그림 화(畵 huà), 용룡(龍 lóng), 점 점(点 diǎn), 눈동자 정(睛 jīng).

뜻풀이   ① 무슨 일을 하는데 가장 긴요한 부분을 마치여 완성시킴을 비
           겨 이름.

           ② 글이나 말에서 가장 긴요한 대목에서 그 뜻을 몇 마디 똑똑히
           밝힘을 비겨 이르기도 함. 화룡점정, 중심을 포착하여 한 두
           마디로 똑똑히 밝히다로 번역, 사용된다.

출전   당(唐) 장언원(張彦遠)

           『역대명화기·장승요(歷代名畵記·張僧繇)』

유래   장승요張僧繇는 남조南朝 양무제梁武帝때의 유명한 화가로 우
군장군右軍將軍, 오흥태수吳興太守 등 관직을 역임했다. 그는 용과 독수리, 꽃,
산수 등을 잘 그렸으며 인물화와 종교화에도 일가견이 있었다. 장승요의
그림은 핍진하여 마치 살아 움직이는 듯 했으며 그가 그린 동물은 진짜로
움직일 수 있다고 믿는 사람까지 있었다. 하기에 사람들은 장승요를 선인
들을 뛰어 넘는 화가라고 칭송했다. 당시 양무제가 불교에 심취해 불교사
원을 수선할 때면 매번 장승요에게 벽화를 그리도록 명했다. 그가 그린 불
상은 자신만의 풍격을 형성했고 이를 "장가양張家樣"이라 하여 다른 화가들

이 본보기로 삼았다.

한번은 장승요가 금릉金陵의 안락사安樂寺에 벽화를 그리게 되었다. 화면에는 용 네 마리가 들어 있었고 용의 몸통의 모든 부위가 매우 정확하면서도 생동했으며 비늘 하나, 발톱 하나까지 모두 살아 움직이는 듯 했다. 그러나 벽화가 거의 완성되어 갔으나 장승요는 용의 눈을 그리지 않아 보는 이들은 아쉬움을 금치 못했다.

이날은 절간장이 있는 날이었고 장승요도 자신의 벽화 앞에 섰다. 그를 알아본 사람이 있어 왜 용의 눈을 그리지 않는가 물었다.

이에 장승요가 말했다.

"그려서는 안 됩니다. 눈을 그려 넣으면 용이 날아갈 것입니다."

사람들이 그 말을 믿지 않고 기어코 그려보라고 졸랐다. 그 청을 못 이겨 장승요가 붓을 들어 벽화 중의 두 마리 용의 눈을 그려 넣었다. 그런데 눈을 그리자마자 검은 구름이 몰려오더니 번개가 치고 천둥이 치는 가운데 두 마리의 용이 벽에서 튀어나와 하늘을 날더니 삽시간에 구름 속으로 사라져 버렸다. 눈을 그리지 않은 나머지 두 마리 용은 그대로 벽화 속에 남아 있었다.

畵蛇添足 화사첨족

글자풀이   그림 화(畵 huà), 뱀 사(蛇 shé), 더할 첨(添 tiān), 발 족(足 zú).

뜻풀이   ① 뱀을 그리는데 다리를 그려 넣다.

                 ② 쓸데없는 짓을 하다. ③ 사족을 가하다.

출전   한(漢) 유향(劉向)『전국책·제책2(戰國策·齊策二)』

유래   전국시대戰國時代에 초회왕楚懷王이 소양昭陽을 대장군大將軍에 임명하고 10만 대군을 주어 위魏나라를 공격하도록 했다. 소양은 병법을 통달했고 작전 또한 용맹하여 한꺼번에 위나라의 성 8개를 빼앗았다. 소양은 자신의 능력을 과시하기 위해 군사들을 이동시키면서 동쪽으로 제齊나라를 공격할 준비에 들어갔다. 제나라 왕이 이를 알고 대경실색하여 즉시 진진陳珍을 소양의 군중에 사신으로 보내 제나라 공격을 철회할 것을 권고하도록 했다. 진진이 소양을 만나 인사를 올리고 이렇게 말했다.

"장군께서 이처럼 큰 공을 세웠으니 초나라의 규정에 따르면 장군은 승진할 수 있는 겁니까?"

소양이 잠깐 생각하고 나서 말했다.

"안 될 것 입니다. 나는 대장군이니 승진을 하면 영윤令尹에 올라야 합니다. 그런데 지금은 원래의 영윤을 바꾸거나 또 영윤을 한 명 더 둘 수도 없는 법, 그러하니 승진할 가능성이 없는 것입니다."

이를 듣고 난 진진이 말했다.

"초나라에서 있었던 일을 하나 말씀드리지요. 초나라에 사당祠堂을 관리하는 관원이 어느 한번은 제사를 마치고 나서 남은 제주祭酒 한 주전자를 하인들에게 상으로 주었습니다. 헌데 술은 적고 사람은 많아서 한사람이 한 모금씩 마시면 간에 기별도 가지 않을 것이고 한 사람이 다 마시면 딱 좋을만한 양이었습니다. 하인 한 명이 각자가 뱀 한 마리씩 그리되 먼저 완성한 사람이 주전자의 술을 다 마실 수 있게 하자고 제안했습니다. 여러 사람이 그 방법이 좋겠다고 찬성을 했고 모두들 뱀을 그리기 시작했습니다. 그중의 한 사람이 재빨리 뱀을 다 그렸는지라 술 주전자를 들고서는 양껏 마셔보려 했습니다. 그러다가 다른 사람들이 아직도 그림을 그리고 있는지라 자기의 월등한 능력을 보여주려 술 주전자를 내려놓고 이미 그린 뱀의 몸에 발 네 개를 더 그려 넣기 시작했습니다. 그런데 바로 이때 다른 한 사람이 뱀을 다 그렸고 그 사람은 술 주전자를 낚아채서는 이렇게 말했습니다. '뱀은 원래 발이 없고 발이 있으면 뱀이 아니다. 내가 제일 먼저 뱀을 다 그렸으니 이 술은 내 차지다.' 그 사람은 말을 마치고 그 술을 맛있게 마셨습니다."

진진의 이야기를 듣고 난 소양이 알 수가 없다는 어조로 물었다.

"선생께서 그 먼 길을 걸어 여기에 온 목적은 단순히 이 이야기를 나에게 들려주기 위함이었단 말입니까?"

진진이 말했다.

"물론 아닙니다. 장군께서 군주의 영을 받아 위나라를 쳐서 지금은 무려 성 8개를 얻었고 위나라 장수들의 목도 수없이 베고 식량도 많이 노획했으니 그 전공이 대단하다고 할 수 있습니다. 그런데 지금 군사를 재정비해 제나라를 공격하려 합니다. 제가 보기에 제나라 정벌에서 승리를 거둔다 해도 영윤 직을 다른 사람이 차지하고 있어 장군은 승진할 수 없습니다. 그리고 하사품도 더 많이 받는다는 보장이 없겠지요. 그러나 만약 싸움에서 진다면 위나라 정벌에서 이룬 공이 물거품이 될 것입니다. 장군을 생각해서라도 '화사첨족'의 우를 범하지 마시고 개선하심이 어떠할는지요?"

진진의 말에 소양은 한참동안을 숙고하고 나서 이렇게 말했다.

"정말로 지당한 말씀이십니다. 선생의 가르침이 아니었더라면 나는 '화사첨족'이나 하는 바보가 되었을 것입니다."

소양은 즉시 철병하라고 군령을 내렸고 진진도 사신의 임무를 훌륭하게 완성했다.

黃粱一夢 황량일몽

글자풀이	누를 황(黃 huáng), 들보 량(梁 liáng), 한 일(一 yī), 꿈 몽(夢 mèng).
뜻풀이	① 황량몽, 황량일취몽. ② 꿈처럼 덧없는 부귀공명.
	③ 허황된 일. 허무한 꿈.
출전	당(唐) 심기재(沈旣濟)『침중기(枕中記)』

유래　　　당(唐)나라 개원(開元) 연간에 노생(盧生)이라는 선비가 과거시험에 참가하러 장안(長安)에 가게 되었다. 서생이 한단(邯鄲)에 도착하니 날이 어두웠는지라 객점을 찾아 여장을 풀었다. 노생과 한 방에 투숙한 사람은 눈썹까지 다 흰 여옹(呂翁)이라는 도사였다. 두 사람은 주인에게 황량밥을 만들어 달라고 주문했다. 객점 주인이 밥을 짓는 사이에 노생이 여옹에게 파란만장했던 자신의 일생을 털어 놓으면서 이번 과거시험에 합격하여 영화와 부귀를 누릴 수 있기를 바라는 심정을 토로했다. 이어 노생은 자신의 이런 뜻을 이룰 수 있도록 꼭 도와달라고 여옹에게 간절히 부탁했다. 이에 여옹은 자신의 행낭에서 청자(靑瓷)베개를 꺼내 주고는 노생에게 한숨 푹 자라고 하면서 이렇게 말했다.

"자네의 소망이 어쩌면 빨리 이루어질지도 모르겠네."

노생은 하루 동안 길을 재촉해 왔는지라 몸이 지쳐 베개에 머리가 닿자마자 꿈나라에 들어갔다. 그 꿈에서 노생은 고향에 돌아갔고 몇 달 후에는 청하清河라는 곳의 최씨 여인을 아내로 맞이했다. 아내는 아주 예뻤고 집안의 재산도 점점 불어나니 노생은 즐거운 나날을 보내게 되었다. 얼마 후 그는 진사進士에 급제했고 이어 여러 번 진급을 하여 절도사節度使에까지 올랐으며 오랑캐와의 싸움에서 큰 승리를 거두었다. 후에 노생은 10여 년 간 재상宰相을 맡았고 선후로 다섯 명의 아들을 낳았는데 모두 공명을 얻고 관직에 올랐다. 세월이 또 흘러 노생에게는 열 몇 명의 손자들이 생겨나 천하의 큰 가문이 되었으며 그 영화와 부귀는 끝없이 이어졌다. 그러나 80여세가 되니 노생은 중병에 걸렸고 매우 고통스러웠으며 곧 임종을 맞이하게 되었다.

노생이 놀라 꿈에서 깨어나니 이때 황량밥이 아직 채 익지 않았다.

노생은 어리둥절해하며 이렇게 물었다.

"내가 꿈을 꾸었단 말입니까?"

여옹이 이렇게 말했다.

"사람의 인생이 바로 그러하지 않겠는가?"

이 황량몽을 꾼 후 노생은 큰 깨달음을 얻어 도성에 과거시험을 보러 가던 걸음을 돌려 깊은 산속에 들어가 도를 닦게 되었다.

이 고사에서 황량밥이 등장함으로 하여 사람들은 노생의 이 꿈을 "황량일몽"으로 불렀다. 후에는 이 성어로 허황한 일이나 욕망이 파멸됨을 비유했다.

黄袍加身 황포가신

글자풀이	누를 황(黃 huáng), 두루마기 포(袍 páo),
	더할 가(加 jiā), 몸 신(身 shēn).
뜻풀이	① 황포를 몸에 걸치다. ② 정변을 일으켜 권력을 장악하다.
출전	송(宋) 이도(李燾)
	『속자치통감장편·건륭원년(續資治通鑑長編·建隆元年)』

유래　　　송태조宋太祖 조광윤趙匡胤은 원래 주태조周太祖 곽위郭威 수하의 장수였다. 곽위가 죽은 후 그의 수양아들인 곽영郭榮(원명은 시영)이 즉위를 하니 바로 주세종周世宗이다. 조광윤이 세종 때 많은 전공을 세워 왕의 신임을 크게 받아 최정예군대인 금군禁軍의 군권을 장악하였고 전전도점검殿前都點檢직을 맡았다.

　얼마 후 주세종이 병으로 죽고 그의 일곱 살 나는 아들 곽종훈郭宗訓이 즉위하니 바로 주공제周恭帝이다. 이듬해에 북한北漢과 요遼나라가 연합하여 주나라를 공격하니 주나라는 위급한 상황에 처했다. 적을 막기 위해 조광윤이 대군을 이끌고 변경汴京에서 출발했으며 그의 동생 조광의趙匡義와 책사인 조보趙普도 동행했다.

　당시 후주황제가 연소하고 민심이 뒤숭숭했으며 장병들이 불안해 정권이 위태위태했다. 조광윤이 대군을 이끌고 변경을 떠나 북으로 20리쯤 가니 진교역陳橋驛이라는 곳에 도착했다. 이때 군사들 중에서 하늘에 또 다른 태양이 떴으니 황제를 갈아치워야 한다는 자가 있었다. 군사들은 모여서 이렇게 의논했다.

"지금 황제가 연소하고 나약하니 우리가 죽기 살기로 싸워 적을 이긴다 해도 그 공을 알아줄 사람이 없을 것이다. 그럴 바에는 하늘의 뜻에 따라 조점검을 황제로 추대한 후 계속 북진해 적과 싸우는 것이 좋을 것이다."

모두들 이 제안에 찬성했고 관원 한 사람을 뽑아 이를 조광의와 조보에게 알리기로 했다. 그 관원이 조광의를 찾아가 말을 끝내기도 전에 한 무리의 장수들이 몰려와서 칼을 꺼내들고 이렇게 말했다.

"우린 이미 결심을 내렸으니 조점검께서는 반드시 황위에 올라야 합니다."

이에 조광의와 조보는 기쁜 마음을 금치 못했다. 두 사람은 여러 장수들에게 군심을 안정시키고 절대 혼란을 조성해서는 안 되며 도성을 지키고 있는 대장인 석수신石守信과 왕심기王審琦에게 이 사실을 알리라고 명했다. 이 소식은 삽시간에 군영 전체에 퍼졌다. 장졸들은 함께 조광윤이 머무르고 있는 역관으로 몰려가서 조광윤이 기침하기를 기다렸다. 전날 저녁술을 마신 조광윤이 달게 잠을 자고 깨어나 보니 바깥이 떠들썩한지라 문을 열고 나와 보니 수하 장졸들이 큰 소리로

"조점검께서는 황제위에 오르시지요."

하고 소리쳤다.

조광윤이 말도 하기 전에 몇 사람이 우르르 몰려와 사전에 준비해 놓은 황포黃袍를 조광윤에게 입혔고 여러 사람들이 절을 하고 만세를 불렀다. 이어 조광윤을 말에 태우고 도성으로 돌아가기를 청했다.

조광윤은 말에 오르고서야 말할 겨를이 생겨 이렇게 말했다.

"모두들 나를 황제로 세웠으니 내 영을 그대로 받들겠는가?"

모두들 폐하의 영을 잘 받들겠다고 대답했다.

조광윤은 이런 영을 내렸다.

"도성에 도착한 후 태후와 어린 황제를 잘 보호할 것이며 조정의 대신들을 죽이거나 국고를 약탈하는 행위를 엄금한다. 이 명령을 잘 따르는 자는 이후 큰 상을 줄 것이고 위반하는 자는 엄하게 처벌할 것이다."

조광윤이 금군 통수인데다가 장령들이 황제로 추대했으니 그 영을 듣지 않는 자가 없었다. 군사들이 도성으로 회군하는 도중에 군율을 엄수했고 백성들을 추호도 범하지 않았다. 변경에 도착하여 석수신과 왕심기 등의 도움으로 손쉽게 도성을 장악하게 되었다. 이에 주공제는 울며 겨자 먹기로 황위를 조광윤에게 넘길 수밖에 없었다. 50여 년간 혼전을 거듭하던

5대가 이렇게 끝났다.

　이것이 바로 역사상 유명한 "진교병변"이다. 얼마 후 조광윤이 송宋나라를 건국하고 도성을 동경東京(현재 하남성 개봉)에 정하니 역사상 이를 북송北宋이라 칭했다.

揮汗如雨 휘한여우

글자풀이	휘두를 휘(揮ʰuī), 땀 한(汗 hàn), 같을 여(如 rú), 비 우(雨 yǔ).
뜻풀이	① 땀이 비 오듯 하다. ② 사람이 많다. 많은 사람들로 붐비다.
출전	『안자춘추·내편·잡하(晏子春秋·內篇·雜下)』

유래   춘추시대春秋時代 때 제경공齊景公이 안자晏子를 사신으로 초楚나라에 보냈다. 초나라 왕인 영왕靈王은 제나라를 안중에도 두지 않는 사람이었는데 제나라에서 안자를 파견한다는 소식을 듣고 이 기회에 제나라에 크게 망신을 주리라 생각했다.

안자가 사신단을 이끌고 초나라 도성의 성문에 이르니 초나라의 한 대신이 마중을 나왔다. 안자가 성문을 들어가려고 하자 그 대신은 성문 옆에 새로 파놓은 구멍을 가리키며 이렇게 말했다.

"선생께서는 체격이 왜소하니 이 구멍으로 입성하시지요."

안자는 초나라 왕이 제나라에 망신을 주려한다는 것을 알아차리고 이렇게 말했다.

"이는 개구멍이지 성문이 아닙니다. 나는 초나라에 사신으로 왔으니 응당 성문으로 들어가야지요. 허나 초나라가 '개나라'라고 한다면 함께 이 개구멍으로 들어갈 수도 있소이다."

이에 초나라 대신은 안자 일행을 성문으로 들어가게 할 수밖에 없었다. 이튿날 안자가 입궁하여 초나라 왕을 알현했다. 영왕은 짐짓 놀라는 체하며 말했다.

"제나라에 이토록 사람이 없단 말인가?"

안자가 답했다.

"제나라는 임치성臨淄에만 해도 사람이 수없이 많습니다. 길가는 행인들이 손을 들기만 해도 태양을 가리고 이들이 땀을 뿌린다면 땅에는 큰비가 오는 듯합니다揮汗如雨. 일 년 사시절 사람들로 붐비는데 어찌 제나라에 사람이 없다 하십니까?"

초령왕이 물었다.

"그렇게 사람이 많은 제나라가 왜 당신 같이 왜소한 사람을 사신으로 보냈단 말인고?"

안자가 대답했다.

"우리 제나라는 사신을 파견할 때 그 기준이 있답니다. 상등인은 명군이 있는 나라에 보내고 일반인은 평범한 군주의 나라에 파견하며 하등인은 무능한 군주의 나라에 보낸답니다. 저는 제나라에서 제일 하등에 속하는 사람인지라 초나라에 사신으로 오게 되었습니다."

이에 초나라왕은 말문이 막혀 버렸다. 안자는 자신의 기지와 대담함으로 나라와 자신의 명예를 지켰다.

諱疾忌醫 휘질기의

글자풀이   꺼릴 휘(諱 huì), 병 질(疾 jí), 꺼릴 기(忌 jì), 의원 의(醫 yī).

뜻풀이   ① 병을 감추고 치료를 꺼리다.

② 자기의 결점을 덮어 감추고 고치려 하지 않다.

출전   『한비자·유로(韓非子·喩老)』

유래   전국시대戰國時代 때 신의神醫 편작扁鵲이 채蔡나라를 경유하면서 채환공蔡桓公을 만났다. 편작은 채환공의 기색을 살피고 관심조로 물었다.

"대왕께서는 근래에 옥체가 어떠하신지요?"

채환공이 이렇게 답했다.

"나는 몸이 건강한 편이라 종래로 병이 난 적이 없소."

편작이 말했다

"아닙니다. 대왕께서는 이미 병환에 계십니다. 다만 병이 생긴 지 얼마 안 되어 느끼지 못할 뿐입니다. 지금 병은 피부에 머물러 있으니 고치기가 용이합니다.”

이 말을 들은 채환공이 웃으면서 말했다.

“나는 매일 배불리 먹고 잠도 잘 자는데 어찌 병이 있단 말이요? 그런 농담을 하지 마시오.”

채환공이 전혀 믿지 않는 것을 본 편작은 더 말해도 소용이 없음을 알고 하직을 고했다.
며칠이 지난 후 편작이 또 채환공을 만나러 왔다.
편작이 채환공의 기색을 자세히 관찰하고 나서 말했다.

“대왕께서는 틀림없이 병환에 계십니다. 이 며칠간 병환이 더 깊어져 이미 혈액에까지 미쳤으니 빨리 치료를 받지 않으시면 더 중해질 것입니다.”

채환공이 편작을 나무라며 말했다.

“의술을 행하는 자들은 병이 없는 사람을 병자취급을 하여 자신의 의술이 고명함을 보여주려 한단 말이지.”

이에 편작은 얼른 하직을 고했다.

또 며칠이 지나 편작이 세 번째로 입궁해 채환공을 만나 이렇게 말했다.

"대왕의 환후는 이미 창자와 위에까지 미쳤습니다. 이제 더 지체하시면 생명이 위험할 것입니다."

채환공은 편작이 매번 입궁해서는 다른 얘기는 없이 병이 있다는 말만 하는지라 불쾌감을 드러내고는 편작을 보는 체도 하지 않았다.

또 며칠이 지나 편작이 거리에서 병자들을 진찰하고 있는데 마침 채환공의 가마가 그 길을 지나가게 되었다. 편작이 채환공의 얼굴색을 보고는 두말없이 그 자리를 떴다. 채환공이 이를 보고 사람을 보내 그 원인을 묻자 편작이 이렇게 대답을 올렸다.

"제일 처음에는 대왕의 병이 그냥 겉에만 있어 뜨거운 물수건으로 찜질만 해도 고칠 수 있었고 병이 혈액에 미쳐도 침과 뜸으로 고칠 수 있었지요. 지난번에 대왕을 알현했을 때는 병이 창자와 위에 들어갔으니 약 한 첩만 드셔도 고칠 수 있었습니다. 허나 지금 대왕의 병은 이미 골수에까지 미쳐 신선이 와도 고칠 수가 없습니다."

편작의 말대로 며칠 후 채환공은 병으로 쓰러졌다. 그가 급히 사람을 보내 편작을 청해오라 명했으나 편작은 이미 어디론가 모습을 감추었고 며칠이 지나지 않아 채환공은 죽게 되었다.

禍起蕭墻 화기소장

글자풀이   재화 화(禍 huò), 일어날 기(起 qǐ),

               쓸쓸할 소(蕭 xiāo), 담 장(墻 qiáng).

뜻풀이   ① 재앙이(화가) 집안에서 일어나다.

            ② 내부에서 재난(분쟁)이 일어나다.

출전   『논어·계씨(論語·季氏)』

유래   춘추시대春秋時代 말, 공자孔子의 제자들인 자로子路와 염우冉友가 노魯나라의 귀족인 계손씨季孫氏의 책사로 일하게 되었다.

당시 노나라는 맹손孟孫과 숙손叔孫, 계손씨가 윤번으로 집권하고 있었으며 이들을 "삼환三桓"이라 불렀다. 이들 중 계손씨의 세력이 제일 막강했다. 계손씨는 자신의 정치세력을 확장하고 한층 다지기 위해 노나라의 부속국인 전유顓臾를 침공하려고 작심하고 이 일을 자로와 염우에게 맡겼다.

자로와 염우가 이 일을 공자에게 알리자 공자는 매우 불안해했다. 그는 계손씨가 전유를 침공하는 것은 불인불의不仁不義의 행위라고 인정했고 일단 군사행동을 시작하면 노나라의 정치안정에 영향을 주게 된다고 여겨 자로와 염우에게 이렇게 말했다.

"너희들은 나의 제자이니 내가 주장하는 '인仁'을 잘 알 것이다. 지금 너희는 계손씨의 책사로서 그의 정치행동에 대해 오롯이 책임을 져야 한다. 내 생각에는 현재의 이 착오적인 행위가 실행되지 않도록 너희들이 전력을 다해 막아야 할 것이다."

스승의 말에 염우가 이렇게 해석했다.

"저희들이 알기로 이 일은 계손대부께서 오래전부터 준비해온 것이고 그 성공을 위해 큰 결단을 내렸습니다. 게다가 계손대부는 맹손, 숙손 등과도 이미 합의를 본 상태입니다. 저희가 이 일을 알고 다른 의견을 제시했지만 계손대부는 들은 체도 하지 않았습니다. 스승님, 관건은 우리가 계손대부의 계획을 막지 않은 것이 아니라 막아도 전혀 효과가 없다는 것입니다."

염우의 해석을 듣고 난 공자가 아주 불쾌해하며 이렇게 힐난했다.

"지난 조대에 대부大夫로 있던 주임周任은 이런 말을 한 적이 있다. '일을 함에 있어서 책임적으로 해야 하고 그 일을 잘 할 수 없으면 그 자리를 떠나야 한다.'고 말이다. 지금 계손대부의 행동은 틀린 것이고 이 점을 너희들도 분명히 해야 할 것이다. 그러나 지금 너희들은 상대방이 하는 잘못된 행동을 온 힘을 다해 막지 않으니 이는 본연의 책무를 다하지 못한 것이다. 예를 들어 네가 호랑이와 무소를 기르는데 이들이 우리를 뛰쳐나갔다면 그 모든 책임을 주인에게만 돌릴 수 있겠느냐? 내가 걱정하는 바는 계손대부

의 위험은 전유를 침탈하는데서 오는 것이 아니라 바로 신변에서 재앙이

일어나는 것을 모르는 것이다.禍起蕭墻"

스승의 말을 듣고 난 염우는 그 가르침에 크게 감복했고 계손대부의 책

사 직을 그만 두었다고 한다.

機不可失 기불가실

글자풀이	베틀 기(機 jī), 아닐 불(不 bù), 옳을 가(可 kě), 잃을 실(失 shī).
뜻풀이	① 기회를 놓쳐서는 안 된다. ② 물실호기(勿失好機)하라.
출전	5대·후진(五代·後晉) 유구(劉昫) 등
	『구당서·이정전(舊唐書·李靖傳)』

유래　　　당唐나라 초반, 당태종唐太宗 이세민李世民이 즉위한 후 이정李靖에게 10만 대군을 주어 당나라를 배반한 동돌궐의 수령 힐리가한을 토벌하게 했다. 결과 힐리가한의 군대는 이정이 이끄는 당나라군에 패했고 급급히 당태종에게 사신을 파견해 강화를 청했다. 그러나 당태종은 힐리가한이 진심으로 항복하는 것이 아니라 숨 돌릴 기회를 얻기 위한 계책을 사용함을 간파했다. 이에 당태종은 겉으로는 강화를 받아들이는 척하며 사신을 동돌궐의 군영에 보내 군사들을 위로하게 했다.

　　이정은 당태종의 어심을 알아차리고는 부장인 장공근張公謹을 불러 기습을 단행해 일거에 힐리가한의 군대를 궤멸시키자고 제안했다. 장공근은 몹시 의아해하며 물었다.

　　"폐하께서 이미 화의를 승낙하셨고 사람을 동돌궐의 군영에 파견해 위문하는 마당에 어찌 기습을 한단 말입니까?"

이에 이정이 답했다.

"용병술의 핵심은 변화무쌍하고 행동이 신속한 것입니다 그렇지 않으면 기회를 잃게 되고 잃은 기회는 다시 오지 않는 법입니다機不可失. 예전에 한신韓信이 항우項羽의 퇴로를 차단해 승전한 것이 바로 좋은 사례입니다."

작전토의가 끝난 후 이정이 직접 1만의 기병을 이끌고 먼 길을 달려 기습을 단행했다. 이 전투에서 당나라군이 동돌궐의 군사들을 대패시키고 만여 명의 적을 죽였으며 10만여 명을 포로로 잡으니 나머지는 뿔뿔이 흩어졌고 힐리가한도 결국 생포되고 말았다.

鷄蟲得失 계충득실

글자풀이	닭 계(鷄 jī), 벌레 충(蟲 chóng), 얻을 득(得 dé), 잃을 실(失 shī).
뜻풀이	세간의 사소한 득실.
출전	당(唐) 두보(杜甫)『박계행(縛鷄行)』

유래   당나라의 대시인 두보杜甫는 집에서 닭을 몇 마리 키웠는데 닭들은 늘 벌레를 쪼아 먹곤 했다. 두보의 아내가 벌레들을 가엽게 여겨 닭들을 미워했다. 어느 날 아내는 닭들이 또 벌레를 쪼아 먹는 것을 보고 종에게 닭을 묶어서 장터에 가 팔아버리라고 분부했다.

종이 닭을 닭장에 가두어 넣고 한 마리씩 묶기 시작했다. 닭들이 어리저리 피하면서 지르는 울음소리가 몹시도 처량했다. 이 장면을 지켜본 두보가 마음이 아파 종에게 닭을 풀어주라고 말했다.

이 일에서 두보는 느낀 바가 있었다. 아내는 벌레를 불쌍히 여겨 닭을 팔아치우려 했는데 이는 벌레를 위험에서 구할 수는 있다. 그러나 팔아버린 닭은 결국 다른 사람에게 잡아먹히게 된다. 그러니 벌레와 닭 중에서 어느 쪽을 더 가엽게 여길 수가 있단 말인가?

두보는 생각을 이어갔다. 닭과 벌레 중 다 살릴 수는 없다. 벌레가 죽지 않으면 닭이 죽어야 한다. 내가 이번에는 닭을 구했지만 다음번에도 구할 수 있을 것인가? 닭은 결국 사람에게 잡아먹히는 운명을 피할 수 없게 된다. 사실 닭과 벌레는 미물에 불과하니 이들의 생사 때문에 우리가 너무 근심할 필요는 없을 것이다.

여기까지 생각한 두보는 시상이 떠올라 "박계행"이라는 시를 적어 내려갔다. 그중에 두 구절을 보자.

닭과 벌레의 이해득실 알 수 없으니	鷄蟲得失無了時
산속 누각에 기대어 차가운 강물 바라본다네.	注目寒江倚山閣

그 뜻인즉 닭이 벌레를 쪼아 먹고 사람이 닭을 묶는 이런 시비와 득실에 관한 문제는 늘 발생하게 되니 응당 높은 안목을 가지고 이런 자질구레한 일에 얽매이지 말라는 것이다.

鷄鳴狗盜 계명구도

글자풀이   닭 계(鷄 jī), 울 명(鳴 míng), 개 구(狗 gǒu), 훔칠 도(盜 dào).

뜻풀이   ① 계명구도. ② 보잘것없는 재능(이나 특기를 가진 사람).

　　　　 ③ 어중이떠중이.

출전   한(漢) 사마천(司馬遷)『사기·맹상군열전(史記·孟嘗君列傳)』

유래　　 전국시대戰國時代에 제齊나라의 맹상군孟嘗君이 진왕秦王의 초청을 받아 문객들을 거느리고 진秦나라에 갔다. 진왕은 맹상군의 재능을 높이 여겨 상국相國(재상)으로 삼으려 했으나 조정 대신들의 반대에 부딪쳤다. 그 이유인즉 맹상군이 제나라의 재상 신분이니 진나라를 위해 열과 성을 다할 수 없을 것이고 언제나 제나라의 이익을 첫자리에 놓을 것이라는 우려 때문이었다. 하여 진왕은 원래의 생각을 접고 오히려 맹상군을 연금했으며 후환을 제거하기 위해 맹상군을 죽이려 했다.

　　생명의 위험을 감지한 맹상군은 진왕이 총애하는 후궁에게 사람을 보내 구명을 부탁했다. 진왕의 비는 목숨을 구해줄 수는 있으나 그 대가로 흰 여우가죽으로 된 외투를 달라고 했다. 맹상군에게는 흰 여우가죽으로 된 외투가 있었으나 이미 진왕에게 진상한 뒤라 별 방법이 없어 근심이 태산 같았다. 이때 한 문객이 말했다.

"모두들 조급해 마십시오. 제가 가서 그 외투를 훔쳐올 것이니 이를 진왕이
총애하는 비에게 준다면 문제는 잘 풀릴 것입니다."

이날 밤, 그 문객은 개 울음소리를 흉내 내면서 진나라의 왕궁에 잠입한
후 그 외투를 훔쳐왔다. 맹상군이 이를 진왕의 비에게 주었고 진왕이 애첩
의 베개 밑 송사에 못 이겨 맹상군과 문객들을 풀어주었다.

맹상군이 문객들을 거느리고 길을 재촉해 함곡관函谷關에 다다르니 때는
이미 자정이 넘었고 성문은 굳게 닫혀 있어 성을 빠져 나갈 수가 없었다.
진나라의 규정에 따르면 닭이 홰를 쳐야 성문을 열고 사람들이 드나들 수
있었다. 맹상군은 진나라 왕이 마음을 바꾸어 추격군사를 보낼까봐 안절
부절 못했다. 성문이 닫혀 있으니 진나라 군사들이 잡으러 온다면 꼼짝 못

하고 잡힐 수밖에 없었다.

바로 이때, 문객중의 한 명이 닭울음소리를 흉내 내었는데 성 안의 다른 닭들이 따라서 홰를 쳤다. 성문을 지키는 군사들이 닭울음소리를 듣고 날이 밝는 줄 알고 성문을 열었다. 맹상군 일행은 쏜살같이 말을 달려 성을 빠져나갔다. 진나라 왕이 파견한 추격군사들이 함곡관에 도착했을 때는 맹상군 일행이 이미 제나라 경내에 들어선 후였다.

鷄犬不寧 _{계견불녕}

글자풀이	닭 계(鷄 jī), 개 견(犬 quǎn), 아니 불(不 bù), 편안할 녕(寧 níng).
뜻풀이	① 개나 닭까지도 편안하지 못하다. ② 소란스럽고 불안하다.
출전	당(唐) 유종원(柳宗元)『포사자설(捕蛇者說)』

유래　　　『포사자설』(땅꾼의 말)은 당唐나라의 유종원柳宗元이 지은『유하동집柳河東集』중의 유명한 문장이다. 글은 장蔣씨네 일가 삼대가 목숨을 걸고 독사毒蛇를 잡는 과정을 통해 부역에 시달리는 이들의 힘든 운명을 보여준다. 이는 살길이 막막한 백성들의 비참한 모습을 여실히 그려주었다. 그중에는 이런 말이 있다. '포악한 징세관리가 우리 마을에 왔다. 이들은 도처에서 고함을 지르고 내 집인 양 마음대로 백성의 집들을 휘젓고 다니는데 사람은 물론 개나 닭까지도 소란하고 불안스럽다鷄犬不寧.'

성어 "계견불녕"은 이에서 유래했으며 너무나 소란을 피워 집짐승들까지도 편안하지 못함을 형용한 것이다.

이 글은 징세관리들의 흉포함을 보는 듯이 표현했다. 유종원은 엄숙한 정치적인 자세로 현실을 직시했으며 조세라는 이 중요한 사회문제와 땅꾼이라는 전형적인 인물과 사건을 통해 당시 통치자들이 백성들의 고혈을 짜내는 현실에 일침을 가했다.

激濁揚淸 격탁양청

글자풀이   과격할 격(激 jī), 흐릴 탁(濁 zhuó),
          날릴 양(揚 yáng), 맑을 청(淸 qīng).

뜻풀이   ① 탁한 물을 흘려보내고 맑은 물을 끌어들이다.
          ② 악(惡)을 물리치고 선(善)을 권장하다.

출전   당(唐) 방현령(房玄齡) 등『진서·견수전(晉書·牽秀傳)』

유래   견수牽秀는 자가 성숙成淑이며 삼국三國시기 위魏나라의 안문
태수雁門太守를 지냈고 서진西晉 때는 사공종사중랑司空從事中郎에 임직했다.
견수는 언변이 뛰어났고 문재 또한 출중했으며 성격이 호방해 어릴 때부터
벌써 명성을 드날렸다. 진혜제晉惠帝 때에 이르러서는 상서尙書로 임명되었
다. 명성이 높아짐에 따라 견수는 교만해졌고 이런 말까지 했다.

"만약 나에게 재상 직을 맡긴다면 악을 징계하고 선을 권장할 것이며激濁揚
淸, 군의 통수로 임명한다면 그 어떤 강적도 물리쳐 불후의 업적을 쌓을 것
이다."

그러나 그 후에 발생한 일들은 그의 말과는 완전히 달랐다.

　기원 291년에 견수는 상서라는 요직을 맡고 있었는데 이때 서진의 황족들은 진혜제 사마충司馬衷이 지능이 떨어지는 임금이라고 여겨 "8왕의 난"을 일으켰다. 이때 견수는 나라의 안정을 도모하지 않았을 뿐만 아니라 여러 왕들과 결탁해 이들을 도왔다. 견수는 장사왕長史王인 사마우司馬又를 도와주었는데 사마우가 살해되자 다시 성도왕成都王 사마영司馬穎에게 빌붙었으며 하간왕河間王이 조정의 권력을 장악한 후에는 그의 하수인으로 전락했고 평북장군平北將軍을 제수받는다. 하간왕이 동해왕東海王 사마월司馬越과의 전쟁에서 패한 후 견수도 결국 사마월의 부하들에 의해 살해된다. 그러나 그가 말한 "격탁양청"이라는 말은 성어로 고착되어 전해졌다.

寄人籬下 기인리하

글자풀이	부칠 기(寄 jì), 사람 인(人 rén), 울타리 리(籬 lí), 아래 하(下 xià).
뜻풀이	① 남에게 의지하여 살아가다. ② 남에게 얹혀 살다.
출전	남조·량(南朝·梁) 소자현(蕭子顯)
	『남제서·장융전(南齊書·張融傳)』

유래   남북조南北朝 때 남제南齊에 장융張融이라는 선비가 있었다.
장융은 그 할아버지가 낭중郞中 장위張緯였고 아버지는 장사長史 장창張暢이
었다. 장융은 비록 체구가 왜소하고 생김이 추했으나 길을 갈 때면 가슴을
내밀고 머리를 쳐들고는 씩씩하게 걸었는데 다른 사람은 안중에도 없는 듯
했다. 장융은 반응이 민첩해 다른 사람의 묻는 말에 물 흐르듯 대답하곤
했다.

남제황제 소도성蕭道成은 장융의 재능과 덕을 아꼈고 그의 달변을 높이
샀다. 어느 한번은 소도성이 장융을 만난 자리에서 사도장사司徒長史 직에
봉하겠노라고 말했으나 오랫동안 교지를 내리지 않았다. 어느 날 장융이
비루먹은 말을 타고 궁에 왔다. 소도성이 이를 보고 물었다.

"경의 이 말은 너무 말랐구려. 하루에 먹이를 얼마나 먹이시오?"

이에 장융이 답했다.

"신은 이 말에게 한 석의 녹봉을 먹여주겠다고 약속했으나 사실은 그 정도로 먹이를 주지 않았습니다."

소도성이 장융의 뜻을 알아차리고는 즉시 교지를 내려 장융을 사도장사로 임명했다.

또 한 번은 소도성이 장융과 서예를 담론하던 중에 이렇게 말했다.

"경의 서예는 그 필법이 웅장하기는 하지만 아직도 '이왕二王'(王羲之, 王獻之)의 법도가 부족하구려."

장융이 소도성의 이 평가에 불복하며 말했다.

"폐하께서는 신에게 '이왕'의 법도가 부족하다고 말씀하실 것이 아니라 '이왕'이 신의 법도를 제대로 배우지 않았다고 해야 할 것입니다."

장융은 문장을 씀에 있어서 독창성이 있어야 하고 자신의 풍격을 형성해야 한다고 주장했다. 그는 『문율자서門律自序』에서 이렇게 적었다.

"남자대장부로서 문장을 쓸 때 응당 공자孔子가 『시』, 『서』를 편찬하고 『예』, 『악』을 제정하던 것을 본받아 자기의 창조성을 보여야 한다. 어찌 타인을

본받아 새처럼 다른 사람의 울타리 밑에서 남에게 의지해 살아간단 말인

가寄人籬下?"

家喻戶曉 가유호효

글자풀이	집 가(家 jiā), 깨우칠 유(喩 yù), 지게 호(戶 hù), 새벽 효(曉 xiǎo).
뜻풀이	집집마다 알다.
출전	한(漢) 유향(劉向)『열녀전·양절고자(列女傳·梁節姑姉)』

유래   한漢나라 학자 유향劉向이 편찬한 『열녀전烈女傳』에는 이런 이야기가 있다.

옛날 양梁씨 성을 가진 여자가 있었는데 사람들은 그를 양고梁姑라 불렀다. 양고는 두 아이와 함께 오빠네 식구들과 함께 살았다.

어느 날 오빠네 부부가 밭에 일하러 나가고 양고는 조카와 자기 아들을 돌보게 되었다. 그가 마당에서 빨래를 하고 있을 때 집에서 불이 나 삽시간에 큰 불로 번졌고 아이들은 빠져 나올 수가 없어 위급한 상황에 처했다.

양고는 위험을 무릅쓰고 집 안에 들어갔으며 꼭 조카를 먼저 구하겠다고 생각했다. 허나 집안은 연기로 가득 차 두 아이를 가려 볼 수가 없었고 한 아이를 안아 밖에 나와서 보니 자기 아들이었다. 이때 불길은 점점 커졌고 다시 들어가 아이를 구할 형편이 안 되었다. 양고는 속이 타들어가 대성통곡했다. 모여든 이웃 사람들이 너무 상심하지 말라고 위로하면서 필경 그녀가 조카를 구하기 위해 최선을 다했다고 말해 주었다. 이에 양고가 말했다.

"양나라의 집집마다에 내 속마음을 알릴 수도 없으니 그들이 어찌 내막을 안단 말입니까?戶告人曉 사람들은 내가 아들만을 구했다고 생각할 것이고 모두가 나를 자기밖에 모르는 의롭지 못한 사람으로 생각할 것입니다. 내가 무슨 낯으로 오빠네 부부와 양나라 사람들을 대한단 말입니까?"

양고는 여러 사람들의 권유에도 불구하고 불바다가 된 집 안에 뛰어 들어갔으며 결국 불에 타서 죽고 말았다.

후에 사람들은 양고가 말한 "호고인효"라는 네 글자에서 "가유호효"라는 성어를 만들었다.

價值連城 가치련성

글자풀이 값 가(價 jià), 값 치(值 zhí), 이을 련(連 lián), 성 성(城 chéng).

뜻풀이 ① 매우 귀중하다. ② 진귀하다.

출전 『한비자·화씨(韓非子·和氏)』

유래   춘추시대春秋時代 때 초楚나라에 변화卞和라는 사람이 살았는데 형산荊山이라는 곳에서 보기 드문 옥돌을 발견했다. 이 옥돌은 겉에 돌이 한 겹 싸여 있었고 돌로 된 이 껍질을 벗겨야 희대의 옥을 만들 수 있었다. 변화는 이 옥돌을 가지고 왕궁에 가서 초려왕楚厉王에게 바쳤다.

초려왕은 대신들에게 이 옥돌을 보여주었는데 많은 대신들이 이를 옥이 아니라 돌덩이라고 고했고 옥돌장인에게 보였으나 역시 돌덩이라는 답이 나왔다. 이에 화가 난 초려왕은 변화에게 임금을 기만한 죄를 물어 왼발을 잘라 버리는 형에 처했고 생각지도 못한 화를 당한 변화는 크게 상심했다.

려왕이 죽은 후 무왕武王이 왕위를 이었다. 변화는 또 옥돌을 지니고 왕궁에 가서 무왕에게 바쳤다. 허나 결과는 먼저 번과 마찬가지였고 무왕은 변화의 오른발을 잘라 버리라 명했다. 변화가 억울함을 주장했으나 소용이 없었다.

시간이 흘러 무왕이 죽은 후 문왕文王이 즉위했다. 변화는 더는 왕궁을

찾아가지 않고 옥돌을 지닌 채 형산 기슭에서 3일 동안 통곡을 했는데 눈
물이 다 마르고 결국 피눈물을 흘리게 되었다. 이 소문이 왕궁에까지 전해
졌고 문왕은 사람을 파견해 그 연유를 알아보라고 했다. 이들을 만난 변화
는 이렇게 말했다.

"내가 눈물을 흘리는 것은 내 신세를 한탄해서가 아닙니다. 내가 슬퍼하는
것은 분명 천하에 둘도 없는 옥벽을 돌이라고 하면서 거들떠보지 않기 때
문입니다. 또 분명 진솔한 사람인데도 임금을 기만한 죄를 묻는 건 왜서 일
까요? 정말 불공평한 세상입니다."

문왕이 변화가 한 말을 전해 듣고는 즉시 변화를 궁에 불러들이고 옥돌

장인에게 옥돌의 겉면에 싸인 돌을 벗기라고 명했다. 옥돌장인의 가공을 거치니 문왕은 세상에 보기 드문 옥벽을 얻게 되었으며 그 가치를 헤아릴 수 없었다. 價値連城 문왕은 이 옥벽을 국보로 지정하고 그 이름을 "화씨벽和 氏璧"이라 지었다.

監守自盜 감수자도

글자풀이	살필 감(監 jiān), 지킬 수(守 shǒu), 몸 자(自 zì), 도둑 도(盜 dào).
뜻풀이	자기가 관리하는 공공제물을 훔치다.
	(주로 공금을 착복하거나 업무상 횡령하는 것을 가리킴.)
출전	5대·후진(五代·後晉) 유구(劉昫) 등
	『구당서·양염전(舊唐書·楊炎傳)』

유래   당덕종唐德宗 때의 재상 양염楊炎은 풍채가 좋고 문장이 웅혼
하면서도 화려해 자신만의 풍격을 가지고 있었다. 재상이 된 후 양염은 나
라에 도움이 되는 큰일을 해냈다. 그러나 그는 개인적인 관계를 중히 여겨
조정대신들의 원망을 사기도 했다. 그와 함께 재상을 맡은 노기盧杞라는 사
람이 있었는데 양염은 노기가 추하게 생겼다고 늘 타박을 주곤 했으며 이
에 노기는 앙심을 품었다.

후에 양염이 좌복야左僕射로 전직을 하게 되자 노기는 복수할 기회를 노
렸다. 양염은 낙양洛陽에 저택을 가지고 있었는데 자신의 심복인 조혜趙惠
를 시켜 집을 팔도록 했고 조혜는 이를 관사官舍로 사들였다. 양염이 재상
직을 그만둔 후 어사가 양염을 탄핵했는데 그 이유는 "관리에게 사저를 팔
도록 핍박했고 집값을 높이 매겨 이득을 챙겼다."는 것이었다. 노기가 이

기회에 붙는 불에 기름을 붓는 격으로 양염은 자신이 관리하는 공공재물을 훔친 것이니 응당 참형에 처해야 한다고 주장했다. 이때의 당덕종은 양염을 더는 심복으로 여기지 않아 애주崖州에 유배를 보냈고 양염이 애주에서 백리 정도 떨어진 곳에 도착하자 사사賜死 즉 죽음을 명하였다.

漸入佳境 점입가경

글자풀이	점점 점(漸 jiàn), 들 입(入 rù),
	아름다울 가(佳 jiā), 지경 경(境 jìng).
뜻풀이	① 점점 좋은 경지(재미있는 경지)로 들어가다.
	② 상황이 점점 호전되다.
출전	당(唐) 방현령(房玄齡) 등『진서·고개지전(晉書·顧愷之傳)』

유래　　　　동진東晉의 대화가인 고개지顧愷之는 젊었을 때 대사마大司馬 환온桓溫의 참군參軍으로 있었다. 당시 지방할거세력들이 많았는데 환온은 늘 군사를 이끌고 이런 세력들을 토벌하곤 했다. 고개지가 환온을 따라 여러 해 동안 전국을 누볐으며 환온도 고개지를 신임해 두 사람은 깊은 우정을 쌓게 되었다.

　한번은 고개지가 환온을 따라 배를 타고 강릉江陵에 가서 군사를 시찰했다. 강릉의 관원들이 앞 다투어 환온을 찾아왔고 현지의 특산물인 사탕수수를 선물로 가져왔다. 이에 환온이 크게 기뻐하며 여러 사람들에게 함께 사탕수수를 맛보자고 권했다. 여러 사람이 함께 사탕수수를 먹으면서 정말 달다고 너도나도 극찬했다.

　이때 고개지는 강변의 경치를 구경하느라 사탕수수를 먹을 겨를이 없었다. 이를 본 환온이 일부러 기다란 사탕수수를 골라 그 끝마디를 고개지의 손에 쥐어주었다. 고개지는 세세히 살펴보지 않고 끝마디부터 먹기 시작했다.

환온이 일부러 고개지에게 사탕수수 맛이 단가고 물었고 옆의 사람들도 웃으면서 맛이 어떠냐고 물어왔다. 이때에야 고개지는 자신이 사탕수수의 끝마디를 먹고 있음을 발견했고 왜서 여러 사람들이 웃고 있는지도 알게 되었다. 그러나 고개지는 당황하지 않고 재치 있게 말했다.

"왜들 웃으시는 겁니까? 사탕수수는 끝마디부터 먹어야 제 맛이라는 걸 모르셨군요. 이렇게 먹는 방법을 두고 '점입가경'이라고 하는 겁니다漸入佳境."

여러 사람들은 이 말에 또 한 번 크게 웃었다.

사서의 기재로 보면 그 후에도 고개지는 사탕수수를 먹을 때 그 끝부터 먹었다고 하며 많은 사람들이 이를 본받았다고도 한다.

箭在弦上 전재현상

글자풀이   화살 전(箭 jiàn), 있을 재(在 zài),

활시위 현(弦 xián), 위 상(上 shàng).

뜻풀이   ① 화살이 이미 시위에 걸리다.

② 일의 형세가 그만둘 수 없는 상황에 놓이다.

③ 말을 하지 않을 수 없는 상황이 되다.

출전   송(宋) 이방(李昉) 등 『태평어람(太平御覽)』

유래   동한東漢 말에 하북河北의 원소袁紹와 조조曹操가 관도官渡에서 결전을 앞두고 있었다. 당시 진림陳琳은 원소 수하의 서기로 있었고 원소의 명을 받아 조조를 토벌하는 격문인 "위원소격예주爲袁紹檄豫州"를 썼는데 그 목적은 바로 전국의 백성들에게 함께 조조를 반대하도록 호소하는 것이었다. 진림의 격문은 아주 출중하여 이를 읽은 조조가 식은땀을 줄줄 흘렸고 오랫동안 낫지 않던 두통병도 저절로 나았을 정도라고 한다.

후에 원소가 패하여 도망쳤고 진림은 조조군에 포로가 되었다. 조조가 진림에게 이렇게 말했다.

"애초에 우리는 적이었으니 네가 나를 욕하고 심지어 없는 죄목까지 만들어낸 것까지는 용서할 수가 있다. 허나 너는 나의 조상 3대까지 욕보였다. 나의 잘못을 할아버지와 아버지가 책임져야 한단 말인가? 세상에 이런 억지가 어디 있는가?"

진림은 총명이 과인한 사람인지라 이렇게 조조에게 말했다.

"그때 저는 부득이한 사정이었습니다. 마치 화살이 이미 시위에 놓여 있어 쏘지 않을 수가 없는 형편이었습니다箭在弦上 쏠지 안 쏠지는 어찌 화살이 결정한단 말입니까?"

이는 진림이 자신의 죄를 벗기 위한 변명이었을 뿐이다. 조조는 원래부터 진림을 죽일 생각이 없었던지라 그의 죄를 용서해 주었고 자신의 서기로 일하게 하였다. 하여 진림의 재능은 더 크게 쓰이게 되었다.

交淺言深 교천언심

글자풀이   사귈 교(交 jiāo), 얕을 천(淺 qiǎn),

              말씀 언(言 yán), 깊을 심(深 shēn).

뜻풀이   ① 사귄지 얼마 안 되는 사람에게 어리석게 깊은 이야기를 하다.

              ② 교제는 깊지 못하나 이야기는 다정하다.

출전   한(漢) 유향(劉向) 『전국책·조책4(戰國策·趙策四)』

유래   전국시대戰國時代에 풍기馮忌라는 사람이 조趙나라 왕을 알현
하기를 청했는데 예부禮部의 관리가 그를 조왕에게 소개해 주었다. 조왕을
만난 풍기는 머리를 숙이고 무슨 말인가 할 듯 말 듯한 표정이었다. 조왕이
이를 의아하게 여겨 연유를 물으니 풍기가 이런 말을 했다.

"저의 친구가 복자服子에게 한 사람을 천거했으나 복자는 중시하지 않았
습니다. 친구는 복자를 찾아가 자기가 천거한 사람에게 무슨 문제라도 있
냐고 물었더니 복자는 이런 대답을 했습니다. '당신이 천거한 사람은 세 가
지 잘못을 범했습니다. 나를 보면서 웃었으니 그건 경박함이며 나에게 배
움을 청하면서도 선생으로 부르지 않았으니 이는 예절에 어긋나는 것입니
다. 또 첫 대면에 속심의 말을 하니 이는 순서에 맞지 않는 것입니다.'"

"저의 친구는 복자의 말에 찬성할 수가 없어 이렇게 반박했습니다. '그 말은 맞지 않습니다. 상대를 보면서 웃음을 짓는 것은 온화함을 보여주는 것이요, 가르침을 청하면서 선생으로 부르지 아니함은 이는 평시의 호칭일 뿐 진정한 스승을 말하지 않을 수도 있습니다. 또 친분이 없는데도 속심 말을 한 것은 솔직하고 겸허함을 보여준 것입니다. 옛적에 요堯임금께서는 초가집에서 순舜을 만났고 두 사람은 뽕나무 그늘의 밭고랑에 앉아 오랜 시간 얘기를 나누었는데 이때 요임금은 천하를 순에게 선양하기로 이미 결심을 내렸습니다. 이윤伊尹은 정鼎, 솥과 조俎, (도마)를 가지고 상商나라 탕왕湯王을 만나 이름을 고하기도 전에 이미 삼공三公으로 책봉되었습니다. 만약 교분이 적어 깊은 얘기를 나눌 수 없다면 요황제는 천하를 순에게 물려주지 않았을 것이요, 상탕은 이윤을 삼공으로 임명하지 않았을 것입니다.'"

풍기의 일장연설을 들은 조왕이 감개가 무량하여 말했다.

"지당한 말씀이군요."

이에 풍기가 다시 물었다.

"지금 제가 대왕과는 교분이 없사온데 깊은 얘기를 하려고 합니다. 허락해 주시겠습니까?"

조왕이

"당신의 가르침을 기꺼이 받으려 합니다."

고 대답하니 풍기는 자신이 생각해오던 바를 말하기 시작했다.

驕兵必敗 교병필패

글자풀이	교만할 교(驕 jiāo), 군사 병(兵 bīng),
	반드시 필(必 bì), 패할 패(敗 bài).
뜻풀이	교만한 군대는 반드시 패한다.
출전	한(漢) 반고(班固)『한서·위상전(漢書·魏相傳)』

유래   위상魏相은 서한西漢 때의 유명한 대신인데 한선제漢宣帝가 친정親政을 선포한 후 위상을 승상으로 임명해 백관을 관리하게 했다. 당시 한나라 군대는 늘 주변 국경에서 흉노匈奴의 군대와 충돌하곤 했다.

기원전 68년에 쌍방 간에는 또다시 전쟁이 일어났다. 한나라 군대가 차사車師라는 곳을 점령하자 흉노는 기마병을 파견해 차사를 습격했다. 이 소식을 접한 한선제는 즉시 대신들을 불러 대책을 의논했다. 노장인 조충국趙充國은 군사를 출동해 흉노를 공격함으로써 이들이 서역을 넘보지 못하게 해야 한다고 주장했다. 그러나 위상이 이를 반대하며 말했다.

"소신이 듣기로 반란을 평정하고 흉포한 무리들을 없애는 군대를 의병義兵
이라고 하고 의병은 필승의 군대라고 합니다. 또 적군이 공격해올 때 할 수
없이 응전하는 군대인 응병應兵은 적군을 반드시 무찌를 수 있다고 합니다.

상대의 토지와 금은보화를 목적으로 하는 군대를 탐병貪兵이라 하고 탐병
은 반드시 자중지란이 일어날 것이라 합니다. 그리고 넓은 국토와 인구를
턱 대고 다른 나라에 가서 위세를 부리는 군대를 교병驕兵이라 하옵고 교
병은 반드시 소멸될 것이라 알고 있습니다驕兵必敗. 현재 각지의 관원들을
잘 다스려야 할 때이며 법을 어기는 일들도 늘어나고 있습니다. 게다가 때
때로 가뭄이 들어 국력이 아직은 회복되어야 합니다. 때문에 작금의 초미
의 대사는 흉노를 치는 것이 아니라 조정을 일신하고 관리들의 적폐를 다
스리는 것인 줄로 알고 있습니다. 폐하께서 숙고해 주시기를 삼가 간청하
는 바입니다."

한선제는 위상의 말을 곰곰이 분석해 보고는 도리가 있음을 알고 흉노
토벌계획을 취소하라 명했다.

蛟龍得水 교룡득수

글자풀이	교룡 교(蛟 jiāo), 용 룡(龍 lóng), 얻을 득(得 dé), 물 수(水 shuǐ).
뜻풀이	영웅이 때를 만나다.
출전	『관자·형세(管子·形勢)』

유래　　　　양대면楊大眠은 북위北魏 무도武都 태생이다. 어려서부터 고수를 찾아 무예를 배웠고 십수 년 동안 심산 속에서 무예를 갈고 닦았다. 스승이 그에서 하산을 허락했을 때 그의 무예는 높은 수준에 이르러 무기면 무기요, 권법이면 권법 정통하지 않은 것이 없었다. 특히 경공輕功(빨리걷기 무공)이 뛰어 났는데 당시에는 비할 자가 없을 정도였다. 그가 걷기 시작하면 마치 날아가는 듯 했고 빠른 말을 달려도 따라잡을 수가 없었다.

당시 북위 효문제孝文帝는 제齊나라를 정벌하려 했다. 효문제는 군량을 많이 비축하는 한편 능력 있는 자들을 널리 모아 군을 확충하려 했다. 그는 상서 이충李衝에게 좋은 날을 정해 연병장에서 인재를 선출하라고 명했다.

이 소식을 접한 양대면은 즉시 응시를 했다. 그는 3장 남짓한 끈을 꺼내 한쪽 끝은 자기의 머리칼을 묶고는 쏜살같이 앞으로 달렸다. 사람들이 살펴보니 양대면의 머리칼에 연결한 끈이 곧추 서 있었고 양대면이 점점 빨리 달리니 공중으로 날아가는 듯 했다. 상서 이충이 수하 군졸에게 말을 달려 뒤쫓도록 했으나 따라잡을 수가 없었다. 양대면이 다시 연병장에 들어오니 감탄하지 않는 자가 없었고 모두들 박수갈채를 보냈다.

이를 본 이충이 놀라움을 금치 못하며 말했다.

"이 몇 년간 이처럼 대단한 재능을 가진 사람을 본 적이 없다. 이런 능력은 몇 백 년 간 연마해도 쉽게 얻어지는 것이 아닐 것이다."

이충은 흔쾌히 양대면을 수하 군사로 편입시켰다. 어느 날, 양대면은 동료들과 술을 마시면서 기쁜 마음을 이렇게 표현했다.

"지금의 양대면은 마치 교룡이 물을 만난 것과 같다蛟龍得水. 지금부터는 내가 가진 능력을 마음대로 발휘해 조만간 높은 직에 오를 것이니 당신들과는 다른 몸이 될 것이다."

얼마 후 효문제가 어명을 내려 양대면을 장군으로 임명했으며 북위의 대군을 인솔해 남조의 제齊, 량梁 연합군과 싸우도록 했다. 양대면은 이번 전쟁에서 제나라와 양나라의 군대를 대파했다. 그중의 한 전투에서 양대면은 천군만마 중에서 적군 장수의 수급을 베어 옴으로써 북위 군사의 사기를 크게 진작시켰고 자신의 능력도 남김없이 보여주었다. 이 "교룡"이 이끄는 북위군은 대승을 거두게 되었고 그 후 양대면은 평동장군平東將軍으로 임명되었다.

脚踏實地 각답실지

글자풀이	다리 각(脚 jiǎo), 밟을 답(踏 tà), 열매 실(實 shí), 땅 지(地 dì).
뜻풀이	일하는 것이 견실(착실)하다.
출전	송(宋) 소백온(邵伯溫)『소씨문견전록(邵氏聞見前錄)』

유래　　　북송北宋 영종英宗 때 사마광司馬光은『자치통감資治通鑑』의 집필을 책임지게 되었다. 그는 수많은 역사 서적을 연구하고 널리 자료를 모아 연대순으로 역사서를 집필해 마침내 294권에 달하는 거작을 완성했다. 이는 서한西漢의 사마천司馬遷이 집필한『사기史記』와 함께 중국 역사서중의 쌍벽을 이루며 지금까지도 세인의 추앙을 받고 있다.

　소옹邵雍과 사마광은 북송시기의 비슷한 연대에 생활한 학문의 대가였고 두 사람은 절친한 사이였다. 이들은 늘 조정의 일들을 평가하고 학문을 비교하곤 했다.

　소옹은 사물에 대한 관찰력이 뛰어나고 관상술에도 조예가 깊어 벗들이 때때로 찾아와 자신의 사람됨을 봐달라고 부탁하곤 했다. 소옹은 벗들의 관상을 일일이 봐주었는데 적중한 부분이 많아 벗들은 소옹의 능력에 탄복하곤 했다.

　어느 한번은 사마광이 찾아와 관상을 보고 평가를 내려달라고 부탁하면서 이렇게 말했다.

"소옹선생이 보시기에 나는 어떤 사람입니까?"

소옹은 기다렸다는 듯이 대답했다.

"당신은 일을 착실하게 처리하는 사람입니다.脚踏實地" 이는 사마광이 학문
을 연구함에 있어서 각고의 노력을 기울이고 참답게 임함을 말한 것이다.

이를 들은 사마광이 소옹을 자신의 지기로 삼았다는 일화가 있다.

揭竿而起 게간이기

글자풀이	높이 들 게(揭 jiē), 지레 간(竿 gān),
	말 이을 이(而 ér), 일어날 기(起 qǐ).
뜻풀이	① 봉기하다. ② 반기를 들다.
출전	한(漢) 가의(賈誼) 『과진론(過秦論)』

유래   진승陳勝은 자가 섭涉이고 초楚나라 사람이다. 진승은 진秦나라 말 봉기군 수령 중의 한 명으로 오광과 함께 대택향大澤鄕에서 봉기를 일으켜 반진反秦 봉기의 선구자가 되었다. 그 후 진군陳郡에서 왕으로 칭하고 장초張楚정권을 세웠다.

    진승은 빈한한 가정에서 태어났다. 집은 허름했고 문은 새끼줄로 나무판자를 걸어 대신했으며 창문은 낡은 독을 벽에 걸어 놓아 대신했고 먹고 입는 것마저 부족해 그 생활이 극빈하였다.

    그러던 어느 해, 진승은 변방주둔병으로 뽑혔고 함께 가는 사람은 900명 정도였다. 행군 도중 며칠 동안 내린 비로 길은 진흙탕으로 변해 걷기조차 힘들었으나 모두가 규정된 도착기일을 지키기 위해 사력을 다해 걸었다. 허나 이런 행군속도로는 제 시간에 도착할 수 없었다. 진나라의 법은 매우 가혹하여 규정된 도착기일을 어기게 되면 목을 베었다. 진승은 규정된 날

에 국경에 도착하지 않으면 목이 날아나고 제 날에 도착한다고 해도 힘들어 죽을 것이니 그럴 바에는 반란을 일으키는 것이 옳다고 여겨 결연히 진나라 왕조에 항거하는 반기를 들었다.

기의를 일으킨 농민들은 적수공권이었고 아무것도 가진 것이 없었다. 이들은 나무 가지를 베어 무기로 삼았고 참대장대를 높이 들어 봉기군의 깃발로 삼았다揭竿而起. 진나라의 백성들은 오래전부터 조정의 학정에 불만이 컸던지라 진승이 봉기를 일으키자 곳곳에서 합류했고 원래의 6국의 제후와 귀족들도 이 기회를 이용해 군사를 일으켜 진나라 조정에 항거했다. 몇 년 간의 혼전을 거친 후 결국 진나라는 멸망했다.

捷足先登 첩족선등

글자풀이 빠를 첩(捷 jié), 발 족(足 zú), 먼저 선(先 xiān), 오를 등(登 dēng).

뜻풀이 ① 행동이 민첩한(발 빠른) 사람이 먼저 목적을 달성한다.

② 빠른 것이 승리한다.

출전 한(漢) 사마천(司馬遷) 『사기·회음후열전(史記·淮陰侯列傳)』

유래 한고조漢高祖 유방劉邦은 천하를 얻은 후 대장大將 한신韓信의 관직을 계속 강등시키고 그가 장악했던 병권마저 삭탈했으며 이에 한신은 도성에서 한가한 세월을 보내게 되었다. 유방이 황제로 등극한 후에 10년째 되는 해에 대장 진희陳豨가 반란을 일으키니 유방이 직접 대군을 이끌고 토벌했으며 한신은 도성에 남겨 두었다.

유방이 대군을 이끌고 출발한 후 조정은 태후太后 여치呂雉와 승상丞相 소하蕭何가 잠시 맡게 되었다. 이때 한신이 모반을 꾀한다고 여치황후에게 고발하는 자가 있었다. 이에 여치는 소하와 함께 한신을 속여서 미앙궁未央宮에 입궁하도록 한 후 죽여 버리기로 계책을 마련했다. 한신은 죽기에 앞서 하늘을 우러러 이렇게 탄식했다.

"애초에 괴통蒯通의 권고를 받아들였더라면 천하의 한신이 이런 최후를 맞을 일이 없었을 것을! 이는 하늘의 뜻이로다."

유방이 진희의 반란을 평정하고 도성에 돌아오니 한신은 이미 죽은 뒤였다. 유방은 기쁘면서도 한편으로는 애석해 하면서 황후 여치에게 물었다.

"한신이 죽기 전에 무슨 말을 하였소?"

여치는 한신이 했던 말을 그대로 전했다. 유방이 이를 듣고는 크게 화를 내면서 즉시 사람을 보내 괴통을 잡아 와서는 국문을 하면서 이렇게 물었다.

"네놈이 한신에게 역모를 권했다고 하던데 정말이냐?"

괴통이 전혀 두려운 기색이 없이 솔직하게 말했다.

"그렇습니다. 폐하! 허나 바보 한신이 나의 권고를 듣지 않고 결국은 죽음을 면치 못했습니다. 만약 한신이 제 권고를 들었더라면 그때는 병권을 잡고 있었으니 누가 감히 한신을 건드리고 죽음이 또 웬 말이겠습니까?"

유방이 화가 나서 괴통을 큰 기름 가마에 삶아 죽이라고 명했다.
이에 괴통이 말했다.

"폐하, 저를 이렇게 처벌하는 것은 큰 잘못을 저지르는 것입니다."

유방이 큰 소리로 물었다.

"괴통아, 그럼 어떻게 너를 벌하는 것이 옳단 말이냐?"

괴통이 이런 대답을 올렸다.

"폐하, 소인의 말을 들어 보시오서. 십 수 년 전에 진秦나라가 멸망할 때 정권은 마치 중원대지에서 달리는 사슴과도 같아 포부가 있는 사람이라면 너도나도 이 사슴을 먼저 손에 넣으려 했습니다. 허나 누가 이 사슴을 잡을 수 있을까요? 바로 발이 제일 빠른 사람, 동작이 제일 날랜 사람이 가장 먼저 목적을 달성할 것입니다捷足先登. 이런 상황에서 제가 한신에게 사슴을 잡으라고 권한 것이 무슨 죄가 된단 말입니까? 게다가 그때 소인은 한신의 수하였으니 그를 위해 충성을 다하는 것이 응당한 일이지요. 또 그때 천하를 쟁탈하려는 사람이 수없이 많았으나 이들의 능력이 부족했을 뿐인데 폐하께서는 그럼 이 사람들을 모두 기름 가마에 넣으시렵니까?"

괴통의 변명을 듣고 난 유방은 화가 가라앉았고 괴통의 변명이 아주 도리가 있다고 생각하게 되었다. 그는 괴통의 재능을 아껴 결국은 풀어 주었다.

竭澤而漁 갈택이어

글자풀이	다할 갈(竭 jié), 못 택(澤 zé),
	말 이을 이(而 ér), 고기 잡을 어(漁 yú).
뜻풀이	① 못의 물을 말려 고기를 잡다.
	② 눈앞의 이익만 보고 장래를 생각하지 않다.
	③ 장래를 생각하지 않고 남김없이 긁어내다.
출전	전국·진·여불위(戰國·秦·呂不韋) 등
	『여씨춘추·효행람·의상(呂氏春秋·孝行覽·義賞)』

유래   기원전 636년 진晉나라의 공자 중이重耳가 진나라에 돌아와 즉위를 하니 바로 진문공晉文公이다. 당시 조趙, 위衛, 진陳, 채蔡, 정鄭 등 제후국들은 모두 강대한 초楚나라를 지지하고 송宋나라만이 진나라를 지지했다. 초나라 위왕이 이를 괘씸하게 여겨 대장군 자옥子玉에게 군사를 주어 송宋나라의 도읍인 상구商丘를 포위하게 했다.

막강한 군사력을 자랑하는 초나라 군사의 공격을 받게 된 송성왕宋成王이 진문공에게 구원을 청했다. 송宋나라의 구원요청을 받은 진문공은 즉시 외숙부인 호언狐偃을 불러 대책을 토론했다. 호언은 송宋나라를 구하는 것이 진나라의 국위를 높일 수 있는 일이라며 즉시 군사를 파견해야 한다고 주장했다.

이에 진문공이 물었다.

"초나라의 군사력이 우리 진나라를 압도하니 이 전쟁에서 이길 방법이 있
겠습니까?"

호언은 예의를 따지는 사람은 번거로움을 마다하지 않고 싸움에 능한
사람은 기만전술도 마다하지 않으니 기만전술을 씀이 가당하다고 주장했
다. 진문공은 호언이 내놓은 대책에 미심쩍은 부분이 있다고 생각했다. 왜
냐하면 진나라의 군사는 수적으로나 실력적으로 초나라 군대와 비교할 바
가 못 되기 때문이었다. 진문공은 조정대신인 옹계雍季를 불러 어떤 대안이
있는지 물었다. 옹계는 호언의 계책을 반대하면서 이렇게 말했다.

"어떤 사람이 고기를 잡으려고 못의 물을 다 말려버린다면竭澤而漁 못에 있
는 고기를 다 잡을 수는 있겠지요. 허나 이후에는 이 못에서 더는 고기를
잡을 수 없을 것입니다. 또 어떤 사람이 산짐승을 잡으려고 산에 불을 놓아
수림을 다 불태워 없앤다면 많은 산짐승을 잡을 수는 있겠으나 그 이듬해
부터는 잡을 짐승이 더는 없을 것입니다. 기만전술은 간혹 사용할 수 있겠
으나 자주 사용하게 되면 그 효력을 잃게 될 것이오니 장구지책이 아닌 줄
로 압니다."

호언은 옹계의 말이 가당치 않다고 여겼다. 당시 여러 제후국간의 관계

로 볼 때 진나라와 초나라간의 충돌은 피할 수 없는 상황이었다. 결국 진문
공은 호언의 손을 들어 주었고 양국 간에는 전쟁이 발발했다. 강대한 초나
라 군대와 맞서 호언은 적군의 예봉을 피하면서 지혜로운 계책을 써서 오
록五鹿을 점령했으며 3월에는 조나라의 도읍까지 손에 넣으니 초나라 군대
는 송宋나라에서 철군하는 수밖에 없었다.

解衣推食 해의추식

글자풀이	풀 해(解 jiě), 옷 의(衣 yī), 밀 추(推 tuī), 밥 식(食 shí).
뜻풀이	① 옷을 벗어 남에게 입히고 자기의 음식을 남에게 주어 먹게 하다. ② 남에게 은혜를 베풀다. ③ 각별히 돌보다(보살피다).
출전	한(漢) 사마천(司馬遷)『사기·회음후열전(史記·淮陰侯列傳)』

유래　　진秦나라 말 천하가 크게 어지러웠다. 초패왕楚霸王 항우項羽가 한漢나라 장군 한신韓信과 누차 접전했으나 번마다 패하고는 뾰족한 대책이 없었다. 그도 그럴 것이 수하에 한신을 대적할만한 장수가 없었으니 급해난 항우는 불안에 떨 수밖에 없었다.

　　이때 어떤 사람이 항우에게 높은 관직과 미녀로 한신을 투항하도록 하자는 계책을 내놓았다. 항우는 이 계책이 통할 것이라 잘 믿지 않으면서도 한번 시도해보자고 생각해 무섭武涉을 밀사로 항우에게 파견했다.

　　무섭이 한신을 만나서 말했다.

"작금에 장군께서는 병권을 잡고 있으니 어찌 한왕의 수하로만 계신단 말입니까? 오히려 왕으로 칭하거나 초패왕과 힘을 합친 후 한나라를 쳐서 패

왕과 함께 천하를 도모하는 것이 더 좋지 않겠습니까?"

이에 한신이 말했다.

"이전에 나는 항왕의 수하에서 말단군직에 있었는데 항왕項王은 내가 하는 말에 종래로 귀를 기울이지 않았고 내가 내놓은 계책도 전혀 받아들이려 하지 않았기에 나는 결국 한왕漢王을 찾아가게 되었습니다. 한왕은 나에게 상장군上將軍을 제수하고 한나라의 전부의 군사들을 지휘하게 하시였습니다. 특히 내가 내놓는 계책을 다 받아들이고 나와는 형제처럼 지냈으며 자신이 입는 옷을 나에게 주고 자신이 먹는 음식을 나에게 주어 먹도록 했소이다解衣推食. 하여 지금의 한신이 있는 것입니다. 나에게 한왕은 그 은혜가 태산 같고 그 정이 바다와 같이 깊은데 만약 내가 그분을 배반한다면 천하의 웃음거리가 될 것이니 나는 죽더라도 한왕에게 충성할 것입니다. 항왕의 호의는 잘 알았으니 감사하다고 대신 전해주시오."

무섭은 한신의 마음을 움직일 수 없음을 알고는 초나라 군영으로 돌아가 항우에게 그 결과를 아뢰었다.

借花獻佛 차화헌불

글자풀이	빌릴 차(借 jiè), 꽃 화(花 huā), 드릴 헌(獻 xiàn), 부처 불(佛 fó).
뜻풀이	① 남의 꽃을 빌어 부처에게 바치다. ② 남의 것으로 인심을 쓰다.
출전	『과거현재인과경(過去現在因果經)』

유래　　　불교의 공양품 중에서 꽃은 많이 사용되는 공양물이면서 제일 깊은 의미를 가지기도 한다. 불본생 이야기의 기록에 따르면 선혜善惠라고 하는 파라문이 연화성蓮花城으로 찾아가는 도중에 연등부처燃燈佛가 연화성에 와서 불법을 강한다는 소식을 듣게 되었다. 선혜는 연등불에게 생화를 공양품으로 드리려 생각했다. 허나 국왕이 이미 연화성의 모든 생화를 거둬 연등불에게 드리기로 했기에 생화를 구할 수가 없게 되었다.

　선혜가 연화성 이곳저곳을 돌아다니며 생화를 찾아 헤매고 있을 때 어느 우물가에서 젊은 여인을 만나게 되었다. 그 여인은 일곱 송이의 우담바라화를 담은 옥병을 들고 있었다. 선혜가 여인에게 다가가서 연유를 말하고 꽃을 자신에게 팔라고 청했다. 그 여인이 선혜의 불심에 감동되어 꽃 다섯 송이를 주겠다고 대답했고 나머지 두 송이는 대신 부처에게 공양해 자신도 공덕을 쌓을 수 있게 해달라고 선혜에게 부탁했다. 그는 또 선혜가 불법의 도를 깨우치기 전까지 자신과 부부로 있어야 한다는 조건부를 달았는데 선혜는 꽃을 얻기 위해 그 요구를 들어주기로 했다.

선혜가 꽃을 연등불에게 공양하니 연등불은 선혜에게 계를 내려주면서 무량겁 후에 반드시 성불할 수 있을 것이며 석가모니로 부르리라 알려주었다. 여기서 꽃을 빌려준 여인은 바로 석가모니가 성불하기전의 아내인 아쇼다라의 전신이다.

金屋藏嬌 금옥장교

글자풀이 쇠 금(金 jīn), 집 옥(屋 wū), 감출 장(藏 cáng), 아리따울 교(嬌 jiāo).

뜻풀이 ① 훌륭한 집에 미인을 감추어두다.

② 첩을 들이다. ③ 아내를 얻다.

출전 한(漢) 반고(班固)『한무고사(漢武故事)』

유래 서한西漢때 교동왕膠東王 유철劉徹의 고모인 관도장공주館陶長公主 유표劉嫖가 진영陳嬰의 손자에게 시집가 딸을 낳으니 그 아명을 아교阿嬌라 했다. 아교는 성격이 활달해 주변 사람들의 사랑을 독차지했다.

그때 유철도 몇 살 밖에 안 되는 어린애였다. 하루는 유철이 고모네 집에 놀러가게 되었다. 장공주가 총명한 조카 유철이 귀여워 무릎에 앉히고는 농담조로 물었다.

"너 장가갈 생각이 없느냐?"

그리고는 옆에 서있는 시녀를 가리키며 말했다.

"이 여인한테 장가가는 건 어떠하냐?"

유철이 안 된다고 대답했다. 장공주를 모시는 시녀들이 여러 명 있었는데 공주는 한 명씩 가리키면서 유철에게 어떤 여인에게 장가가겠느냐고 물었다. 어린 유철은 한사코 머리를 저으며 장가를 가지 않겠다고 말했다. 마지막에 공주는 딸 아교를 가리키면서 아내로 삼을 의향이 있냐고 유철에게 묻자 유철은 웃으면서 바로 대답했다.

"만약 아교가 나에게 시집온다면 저는 세상에서 제일 아름다운 집을 지어 아교가 살도록 할 것입니다金屋藏嬌."

유철은 어른이 된 후 과연 아교를 아내로 맞이하고 후에는 황후로 책봉했다.

筋疲力盡 근피|역진

글자풀이   힘줄 근(筋 jīn), 피곤할 피(疲 pí), 힘 력(力 lì), 다할 진(盡 jìn).

뜻풀이   기진맥진하다.

출전   송(宋) 이강(李綱)『병우(病牛)』

유래   이강李綱은 송宋나라 때의 항금抗金명장으로 사람됨이 강직하고 나라에 대한 충성심이 남달랐다. 그는 금나라와의 항쟁을 일관하게 주장하면서 화의를 반대했으며 이 때문에 여러 번 강등당하고 유배를 갔다. 그러나 그는 관직에 있을 때나 유배를 가서도 여전히 항금의 대책을 써서 조정에 올렸다. 비록 이런 대책들이 받아들여지지 않았지만 그는 전혀 낙심하지 않았다. 그의 이런 올곧은 마음은 적들도 존경심이 생기게 했으며 송宋나라의 사신이 금金나라에 가면 이강의 안부를 묻는 경우가 적지 않았다.

이강은 "병우病牛" 즉 병든 소라는 시를 지었는데 그 제목이 병든 소이기는 하나 사실은 이를 빌어 자신의 포부와 심경을 보여준 것이다. 그 내용은 다음과 같다.

밭 갈고 농사지어 뒤주마다 채웠건만   耕犁千亩實千箱 경리천묘실천상

힘 다하여 지친 몸 누가 동정하랴?   力盡筋疲誰復傷 역진진피수복상

백성들 모두가 배부를 수 있다면   但得衆生皆得飽 단득중생개득포

여위고 병들어 석양아래 누워도 마다하지 않으리.

不辭羸病臥殘陽 불사영병와잔양

시는 소가 주인을 위해 천백묘의 땅을 부지런히 가꾸어 뒤주마다 넘쳐
나게 해주었건만 기진맥진한 소를 전혀 동정하고 가엾게 여기는 이가 없는
상황을 먼저 설명하고 이어 백성들이 배불리 먹는다면 힘들어 쓰러지더라
도 기꺼이 받아들이겠다는 저자의 포부를 보여준다.

錦囊妙計 금낭묘계

글자풀이	비단 금(錦 jǐn), 주머니 낭(囊 náng), 묘할 묘(妙 miào), 셈할 계(計 jì).
뜻풀이	① 비단주머니속의 묘계.
	② 제때에 긴급한 문제를 해결할 수 있는 묘책.
출전	명(明) 나관중(羅貫中) 『삼국연의(三國演義)』제54회

유래   동한東漢 말 오나라 왕 손권孫權이 대도독 주유周瑜의 계책을 가납하여 여동생 손상향孫尙香을 가짜로 유비劉備에게 첩실로 준다고 하고는 유비더러 강동江東에 영친迎親을 오라고 초청한다. 초청을 받은 유비는 강동에 갔다가는 십중팔구 좋은 일이 없을 것이라 생각하고 이 혼사를 거절하려 했다. 관우關羽와 장비張飛도 유비의 생각에 동조했으나 책사 제갈량諸葛亮만은 유비가 초청을 받아들여 강동에 가야 한다고 주장했고 결국 유비는 오나라에 가기로 결심했다.

출발에 앞서 제갈량은 유비를 수행하게 된 장군 조운趙雲에게 금낭錦囊(비단주머니) 세 개를 주면서 이렇게 당부했다.

"이 세 개 금낭에는 세가지 묘책이 들어있다네. 강을 건넌 후 첫 번 째 금낭을 열어보고 그 후 긴급한 상황이 닥쳐 처리하기 힘들게 되면 나머지 금낭을 열어보시게. 그러면 꼭 묘책이 있을거네."

조운이 유비의 신변을 보호하면서 강을 건넜다. 배가 맞은 켠에 닿자마자 조운이 첫 번째 금낭을 열어보고 그 계책대로 수행했다. 조운은 병사들에게 혼례용품을 대량 구입하면서 오나라의 관원들과 백성들에게 유비가 이미 강을 건너 손상향과 결혼하러 왔음을 크게 알렸다.

오나라의 원로인 교현喬玄이 이를 알고 즉시 손권의 어머니인 오吳태후를 찾아뵙고 축하를 했다. 그러나 오태후는 발끈 화를 내며 즉시 손권을 불러와서 사전에 태후인 자신에게 이 중대사를 알리지 않았는가고 문책했다.

이에 손권이 황망히 아뢰었다.

"소자는 누이를 유비에게 시집보내려는 것이 아니옵고 이를 구실로 유비를 오나라에 오도록 유인하고 기회를 보아 죽이려 합니다."

오태후는 이 계책이 달갑지 않았으나 아들의 대업을 위해 일단 감로사 甘露寺에 가서 유비를 만나보기로 했다. 만나서 마음에 들면 사위로 삼고 마음에 들지 않으면 손권에게 맡겨 처리하도록 할 심산이었다.

조운이 유비를 경호하며 감로사에 도착해 살펴보니 곳곳에 병사들이 매복해 있었다. 조운은 유비에게 즉시 오태후를 찾아가 손권이 감로사에 병사들을 매복시키고 유비일행을 죽이려 함을 알리도록 했다. 오태후를 만난 유비는 목숨을 구해줄 것을 눈물로 호소했다. 오태후가 유비를 만나보니 그 용모가 훤하고 기품이 있는지라 마음속으로 매우 흡족해했고 유비를 사위로 맞이하기로 작심했다. 그는 손권을 불러 한바탕 훈계하고 즉시 매복군사들을 철수시키도록 했다. 이로 하여 유비는 죽을 고비를 무사히 넘기게 되었다.

유비와 손상향은 오태후의 주선으로 혼례를 치르게 되었다. 혼례를 치른 유비는 한동안 신혼의 즐거움에 젖어 다른 일들은 생각하지 않았다. 조운이 여러 번 만나 뵙기를 청했으나 좀처럼 만날 수가 없었다. 이렇게 나아가다가는 큰일을 그르칠것이라 생각한 조운이 두 번 째 금낭을 열어보았는데 그 속에 들어있는 계책을 읽어보고 무릎을 탁 쳤다. 그는 즉시 유비를 찾아가 이렇게 고했다.

"조조가 허창許昌의 군사를 출발시켰다니 형주荊州가 위험에 처했습니다. 주공께서는 속히 촉으로 돌아가셔야 합니다."

이를 들은 유비는 상황이 상황인지라 즉시 신혼 부인과 함께 촉나라로 향했다. 도중에 오나라가 파견한 추격군사들과 여러 번 조우하게 되었는데 이때 조운이 세 번 째 금낭의 묘계를 사용하게 된다. 유비일행은 "부인을 내세우고 접전을 피한다"는 계책대로 매번 부인 손상향이 나서서 동오군사의 장군을 꾸짖어 길을 열게 했고 결국 유비일행은 무사히 촉나라로 돌아갔다.

이렇게 제갈량은 세 가지 금낭묘계로 유비를 위험에서 구해냈다. 결국 주유의 계책은 무위로 끝났으며 "주랑이 묘책으로 천하를 얻으려 했으나 부인도 잃고 병사들도 잃었다"는 웃음거리를 남기게 되었다.

盡忠報國 진충보국

글자풀이	다할 진(盡 jìn), 충성할 충(忠 zhōng),
	알릴 보(報 bào), 나라 국(國 guó).
뜻풀이	충성을 다하여 나라에 보답하다.
출전	당(唐) 이연수(李延壽)『북사·안지의열전(北史·顔之儀列傳)』

유래   남북조南北朝때 북주北周에 정직하고 충성심이 강한 조정대신이 있었으니 바로 안지의顔之儀였다. 당시 주선제周宣帝가 자기 뜻대로 어명을 내리군 했으며 일처리에서 나라의 율법을 따르지 않아 국정이 혼란해졌다. 안지의가 주군의 이런 행태에 대해 충정으로 간언했는데 때로는 쓴소리도 마다하지 않았다. 이에 주선제는 안지의를 심히 불쾌하게 생각했고 어느 한번은 안지의를 죽이려 했으나 조정대신들이 모두 안지의를 살려줄 것을 간청하니 목숨을 살려주었다.

주선제는 즉위한지 일 년도 못되어 죽었고 어린 주정제周靜帝가 왕위를 승계하게 되었다. 조정대신들인 유방劉昉, 정택鄭澤 등이 전쟁에서 큰 공을 세우고 이미 조정의 대권을 손에 넣은 외척장군 양견楊堅을 승상으로 추대해 주정제를 보필하도록 할 타산이었다. 그러나 다른 대신들이 이에 불복할 것을 우려해 주선제의 유서를 가짜로 만들어놓고는 안지의에게 유서에

서명을 하고 발표하도록 했다. 그러나 안지의는 조서가 가짜임을 알고는
끝까지 서명을 거부했다.

이를 알게 된 양견이 크게 노하여 유방 등에게 가짜유서를 안지의에게
다시 가져가라고 시켰다. 그러자 안지의가 분노를 참지 못하고 유방을 가
리키면서 욕했다.

"지금 선제께서 붕어하시고 새로운 주군께서 연소한 상황입니다. 선제의
은총을 받아온 당신들은 응당 충성을 다하여 나라에 보답해야 마땅하거늘
왜 조정의 대권을 다른 사람에게 맡기려 한단 말입니까? 나 안지의는 목숨
을 내놓을지언정 선제를 기만하고 배신하는 행위를 절대 하지 않을 것입
니다."

유방은 안지의의 태도가 강경함을 보고는 자신이 안지의의 이름으로 유서에 서명했다. 결국 양견이 조정대권을 장악하게 되었고 안지의를 서쪽 변경의 군수郡守로 강등시켰다.

近水樓臺 근수루대

글자풀이　　가까울 근(近 jìn), 물 수(水 shuǐ), 다락 루(樓 lóu), 돈대 대(臺 tái).

뜻풀이　　① 물가에 있는 누대에 제일 먼저 달빛이 비친다.

　　　　　② 위치나 관계가 가까운 사람이 더 많은 덕을 본다.

출전　　　송(宋) 유문표(俞文豹)『청야록(清夜錄)』

유래　　　북송北宋의 범중엄范仲淹은 사람됨이 정직하고 겸손했으며 특히는 인재를 사용하는 안목이 대단했다. 항주杭州에서 지부知府로 임직할 때 그의 수하 관원들은 대부분 자신들의 능력을 잘 발휘할 수 있었다. 그러나 항주 산하의 먼 현에서 일한 소린蘇麟이라는 순검관巡檢官은 범중엄을 만날 기회가 드물었기에 범중엄의 천거나 발탁을 받은 적이 없어 매우 유감으로 여겼다.

　어느 날 소린은 범중엄과 공사를 담론하는 기회를 타서 시 한수를 적어 범중엄에게 올렸다. 이 시중에는 이런 두 구절이 있다.

　근수루대선득월　　　近水樓臺先得月

　향양화목이위춘　　　向陽花木易爲春

물가에 있는 누각에 오르면 달의 투영을 먼저 볼 수 있고,

밝은 빛 속에서 꽃과 나무를 보면 가장 쉽게 봄이 왔음을 알 수 있네

소린은 이 두 구절을 빌어 범중엄에 대한 불만을 표출했으며 이는 범중엄과 가까이에 있는 사람들은 모두 혜택을 받았음을 암시하는 뜻이다. 이를 본 범중엄이 그 뜻을 알아차리고 소린의 생각과 바라는 바를 물어본 후 알맞은 직위를 마련해 주었다.

九死一生 _{구사일생}

글자풀이	아홉 구(九 jiǔ), 죽을 사(死 sǐ), 한 일(一 yī), 날 생(生 shēng).
뜻풀이	구사일생
출전	초(楚) 굴원(屈原)『리소(離騷)』

유래　　　초楚나라의 대시인 굴원屈原은 간사한 무리들의 모함으로 정
배살이를 하게 되었다. 힘든 정배살이를 하면서도 굴원은 초나라의 백성들
을 근심하고 나라의 운명을 걱정했다. 그가 쓴 장편서사시『리소』중에는
이런 구절이 있다.

나는 늘 큰 한숨을 쉬고
옷소매로 흐르는 눈물을 훔친다.
시시각각 초나라 백성들을 생각하나니
그들은 힘들게 살아간다.
나는 아름다운 품행을 쌓으려는 마음이었것만
관직까지 삭탈되는 수모를 겪었나니
내가 이런 수모와 정배살이를 당하고 있음은
내 몸에 혜초를 지니고 있음이요,

방초와 아름다운 꽃을 가지고 있음이라.

걱정할 것 뭐 있으랴

내가 진정 좋아하는 것이 있다면

이를 위해 아홉 번 목숨을 바치더라도

한 점의 후회 없을 터.

"구사일생"이라는 성어는 바로 이 시구에서 파생된 것이라고 한다.

酒池肉林 주지육림

글자풀이   술 주(酒 jiǔ), 못 지(池 chí), 고기 육(肉 ròu), 수풀 림(林 lín).

뜻풀이   ① 온갖 향락이 극에 달하다. ② 온갖 사치를 다한 술자리

출전   한(漢) 사마천(司馬遷)『사기·은본기(史記·殷本紀)』

유래   상商나라 주왕紂은 이름이 신辛이었는데 황음무도하고 잔혹한 성격이어서 사람들은 그의 이름을 언급하지 않고 아예 "상주商紂"라고 불렀다. 여기서 "주"는 잔혹하고 정의감이 전혀 없다는 뜻을 담고 있다.

주왕의 사치는 극에 달한 정도였다. 그는 방대한 규모의 별궁과 화원을 여러 곳에 만들어 놓았다. 그중 도성에 세운 녹대鹿臺는 길이가 3리, 높이가 천자라는 말도 있었는데 그 안에는 전국 각지들에서 수탈해온 진귀한 식물과 짐승들이 넘쳐났다. 주왕은 하루 종일 음주와 향락을 즐겼으며 술을 마시는 사람들을 위해 사구沙丘라는 곳에 있는 어화원에 술로 채운 못을 만들었는데 그 크기가 배를 탈수 있을 정도였다. 여기에 드는 술을 만들고 남은 지게미가 작은 산처럼 쌓였고 그 길이가 7리나 되었다고 한다. 주왕은 또 사람을 시켜 고기를 나무에 걸어놓도록 했는데 멀리서 보면 마치 수풀처럼 보인다 해서 사람들은 "육림肉林"이라 불렀다. 몇 천 명에 달하는 젊은 남녀들이 주왕의 향락을 위해 날을 새우면서 모셔야 했다.

주왕은 극도로 사치한 이런 생활을 유지하기 위해 백성들에게서 거두는 세금을 계속 높였으며 이에 불만을 품은 자가 있으면 잔혹한 형벌로 다스렸다. 이런 학정은 결국 민심의 이반을 초래할 수밖에 없었고 주무왕周武王이 상주를 토벌하자 주왕의 부하와 군사들이 주무왕을 따르게 되었고 결국 상나라는 멸망하고 주왕은 분신자살을 하게 되었다.

居安思危 거안사위

글자풀이	살 거(居 jū), 편안 안(安 ān), 생각할 사(思 sī), 위태할 위(危 wēi).
뜻풀이	편안한 처지에 있을 때에도 위험할 때의 일을 미리 생각하고 경계하다.
출전	춘추·로(春秋·魯) 좌구명(左丘明)
	『좌전·양공11년(左傳·襄公十一年)』

유래　　기원전 562년 정간공鄭簡公이 군사를 내어 송宋나라를 공격했다. 정나라와 동맹을 맺고 있던 초楚나라는 정나라가 사전에 통지를 하지 않고 독자적으로 군사행동을 했다고 앙앙불락했다. 한편 진晉나라는 송宋나라를 동맹국으로 생각하고 있던 차라 정나라가 송宋나라를 공격한 것은 진나라를 안중에 두지 않는 행위라고 여겼다. 이에 진나라와 초나라가 연합군을 구성해 정나라를 혼내주려 했다.

　　상대부上大夫 위강魏絳이 이끄는 진나라의 선두부대가 파상공세를 펼치니 정나라 군대는 크게 저항할 엄두도 내지 못했으며 얼마 지나지 않아 정나라의 여러 성이 진나라 군의 수중에 들어갔다.

　　정세가 급변하자 정간공은 위강의 군영에 사람을 보내 항복할 의사를 밝히는 한편 진도공晉悼公에게도 사신을 보냈다. 정나라의 사신은 진도공에게 이렇게 아뢰었다.

"대왕께서 정나라 공격을 멈추어 주신다면 우리는 진나라의 신하로 자처
할 것이며 해마다 명마 5백 필을 진상할 것입니다."

진도공은 원래부터 정나라를 멸망시킬 뜻이 없었고 따끔하게 교훈을 주
려는 생각이었는데 정나라가 명마 5백 필을 진상하겠다고 하니 즉시 정나
라의 청을 들어 주었다.

진나라의 은혜에 보답하기 위해 정간공은 진나라에 대량의 선물을 보냈
다. 그중에는 유명한 악사 세 명과 전차 백대, 가희 16명과 많은 악기들이
포함되었다. 진도공은 이번 전쟁에서 위강의 공이 제일 크다고 여겨 정나
라의 진상품 중에서 절반을 갈라 위강에게 하사하면서 이렇게 말했다.

"이 몇 년 간 경이 나를 위해 여러가지 방책을 내놓았고 모든 일이 순조롭
게 진행되었소. 우리는 함께 연주를 하는 것처럼 잘 들어맞았으니 이 얼마
나 좋은 일인가! 이제는 함께 누려봅시다."

그러나 위강은 이를 기어이 받지 않으면서 이렇게 연유를 말했다.

"이번의 승리는 조상의 홍복과 대왕의 영명함이 계셨고 또 수많은 장졸들
이 힘을 합쳐서 이룬 것이오며 이는 소신의 공이라 할 수 없나이다. 대왕께
서 안락함을 누리면서도 나라에 할일이 많으심을 생각하시기 바랍니다.

『서경(書經)』에는 '거안사위, 사칙유비, 유비무환居安思危,思則有備,有備無患 편 안할 때 위태로움을 대비하면 화를 피할 수 있다'라는 좋은 말이 있습니다. 군왕께서 안락할 때 나라에 아직 우환이 있음을 먼저 생각하신다면 이는 저에게 내리는 최고의 상이라고 생각합니다."

위강의 말에 진도공은 큰 감동을 받았고 위강의 의견을 따르기로 했다.

擧棋不定 거기불정

글자풀이	들 거(擧 jǔ), 바둑 기(棋 qí), 아닐 불(不 bù), 정할 정(定 dìng).
뜻풀이	① 바둑돌을 손에 쥔 채로 두지 못하다.
	② 주저하며 결정짓지 못하다.
출전	춘추·로(春秋·魯) 좌구명(左丘明)
	『좌전·양공 25년(左傳·襄公二十五年)』

유래　　　　기원전 575년에 위헌공衛獻公이 국군으로 되었다. 그가 다스리는 위나라는 원성이 하늘에 사무치고 왕의 통치는 붕괴직전까지 갔다. 이에 조정의 대신인 녕회자寧會子와 손문자孫文子가 이렇게 두고 보다가는 위나라가 망할 것임이 틀림없다고 생각했다. 이들은 위헌공을 외국으로 추방시켜 국내의 모순을 완화한 후 새로운 왕을 추대해 조정의 기강을 다시 잡았다.

　　어느덧 12년 세월이 흘렀다. 이해 녕회자는 중병에 걸렸다. 와병중에 녕회자는 위헌공을 축출했던 과거를 돌이켜보며 후회를 금치 못했고 이런 불명예스러운 일이 자신의 명예에 영향을 줄 것으로 생각했다. 그는 임종을 맞아 아들 녕도자寧悼子에게 이렇게 당부했다.

"12년전 나는 대신들을 이끌고 위헌공을 이 나라에서 축출했다. 내가 죽은 후 너는 방법을 대서 위헌공을 다시 나라에 모셔와 신하의 몸으로 왕을 쫓아낸 나의 잘못을 조금이나마 속죄할 수 있도록 하라."

녕도자는 눈물을 머금고 부친의 부탁을 받아 들었고 꼭 그렇게 하리라 굳게 다짐했다.

녕도자가 부친의 유훈을 받들어 헌공을 모셔와 국군으로 추대하려 한다는 소식을 들은 위헌공은 즉시 측근을 위나라에 파견해 이런 전갈을 보냈다.

"내가 위나라에 가서 왕으로 된다면 꼭 어진 정치를 베풀고 과거의 잘못을 묻지 않을 것이다. 또 조정의 일을 전혀 묻지 않을 것이고 모든 일은 녕도자 자네가 결정하도록 맡길 것이며 나는 명목상의 왕으로만 있을 것이다."

이에 녕도자가 조정 대신들에게 위헌공을 귀국시켜 왕으로 옹립하자고 제안하니 대신들은 너도나도 이를 반대해 나섰다. 대신 숙의叔儀가 이렇게 말했다.

"국왕에 대한 여러 공들의 마음가짐이 너무 가벼운 것 같아 마치 바둑 한판을 두는 일보다도 대수롭지 않게 생각하는 것 같소이다. 바둑을 둘 때 바둑돌을 들고 어디에 둘지 몰라 주저한다면 이는 필시 질수밖에 없습니다. 擧棋不定 국군의 옹립과 폐위 역시 이러합니다. 오늘 그를 왕위에서 쫓아내고 내일 다시 모셔 온다면 이는 아이들 장난과도 같은 것이며 필시 멸족의 화를 불러오는 일입니다."

그러나 넝도자가 고집을 부려 얼마 후 헌공을 모셔왔다. 후에 생긴 일은 숙의가 말하던 대로였다. 위헌공은 왕위에 오르자마자 넝도자의 온 가족을 죽여 버렸다.

擧足輕重 거족경중

글자풀이	들 거(擧 jǔ), 발 족(足 zú),
	가벼울 경(輕 qīng), 무거울 중(重 zhòng).
뜻풀이	① 일거수일투족이 전체에 중대한 영향을 끼치다.
	② 지위가 중요한것을 가리킴.
출전	남조(南朝)·송(宋) 범엽(范曄)
	『후한서·두융전(後漢書·竇融傳)』

유래　　　서한西漢 때 두융竇融의 가문은 대대로 하서河西에서 관리로 있었다. 왕망王莽이 정권을 잡았을 때 두융을 파수波水장군으로 임명했고 그 후 두융은 봉기군 수령 유현劉玄에게 귀순해 거록태수巨鹿太守직을 맡았다. 유현의 봉기군이 와해된 후 두융은 주천酒泉, 돈황敦煌 등 5개 군의 두령들과 연합해 하서지역에 할거하면서 하서 5군五郡 대장군으로 있었다. 하서지역은 민풍이 질박했고 게다가 두융이 어진 정치를 펼치니 경내의 관리와 백성들이 평화롭게 지내게 되었고 국고가 튼실해졌으며 양곡이 넘쳐났다. 따라서 군사력이 막강해졌고 타 지역의 백성들이 하서를 많이 찾았다.

　한漢나라 광무제光武帝 유수劉秀가 나라를 세운 후 두융은 한나라에 귀순할 마음이 있어 장사長史 유균劉鈞을 광무제에게 사신으로 파견하여 자신의

뜻을 밝혔고 귀한 말을 선물로 바쳤다. 광무제가 크게 기뻐하며 두융을 양주목涼州牧으로 책봉하고 황금 2백 근을 하사했으며 조서를 써서 유균에게 보냈다.

　이 조서에서 유수는 하서 5군을 다스려 이룬 두융의 치적을 높이 치하하고 만나고 싶은 절절한 마음을 보여주었으며 당시의 정치와 군사정세를 세세히 분석했다. 그중에서 유수는 한나라와 두융의 관리지역 사이에 익주益州의 공손술公孫述과 천수天水의 외효隗囂의 세력이 있음을 강조하고 이들이 천하통일에 큰 위협으로 된다고 지적했다. 광무제는 이런 정세에서 두융의 선택이 전반 국면에서 관건적인 역할을 하게 되며 두융의 일거수일투족이 전체에 지대한 영향을 끼칠 수 있음을 강조했다.

　"거족경중"이라는 성어는 바로 이 이야기에서 유래했다.

捲土重來 권토중래

글자풀이   말 권(捲 juǎn), 흙 토(土 tǔ), 거듭할 중(重 chóng), 올 래(來 lái).

뜻풀이   ① 한번 패했다가 세력을 회복하여 다시 쳐들어오다.

        ② 실패후 재기를 다짐하다. ③ 권토중래하다.

출전   당(唐) 두목(杜牧)『제오강정(題烏江亭)』

유래   초한楚漢전쟁에서 패한 항우는 강동江東의 고향사람들을 볼 면목이 없다고 생각하여 오강烏江에서 투신자살하였다. 그러나 백만 명의 한나라 군사들의 겹겹한 포위를 필마단기로 뚫은 그의 영웅적 기개는 줄곧 후세 사람들속에 미담으로 남았고 많은 사람들이 항우의 최후를 애석해 했다. 당나라 시인 두목杜牧은『제오강정』이란 시에서 이렇게 항우를 쓰고 있다.

승패는 병가에서도 기약할 수 없는 일	勝敗兵家不可期
치욕을 참고 견디는 것이 남아로다.	包羞忍恥是男兒.
강동에 재주가 뛰어난 이 많으니	江東子弟多才俊
권토중래 했더면 어찌 되었을까.	捲土重來未可知.

"권토중래"라는 성어는 이 고사에서 유래되었다. 원래의 뜻은 실패했더

라도 재기할 수 있음을 뜻하는 것이다. 현대인들은 반동세력들의 미친 듯
한 반격을 비유하여 많이 사용한다.